Sabine Thomsen
Die württembergischen Königinnen

Sabine Thomsen

Die württembergischen Königinnen

Charlotte Mathilde, Katharina,
Pauline, Olga, Charlotte –
ihr Leben und Wirken

Silberburg-Verlag

Sabine Thomsen, Jahrgang 1944, ist in einem schwäbischen Pfarrhaus aufgewachsen und lebt in Stuttgart. Sie beschäftigt sich seit vielen Jahren mit der württembergischen Landesgeschichte, wozu sie schon früh durch den Landeshistoriker Professor Hansmartin Decker-Hauff angeregt wurde. Die Historikerin leitet Kultur- und Studienreisen und hält Vorträge. Die Recherchen zu diesem Buch führten sie unter anderem nach London sowie nach Ratibořice in Böhmen und in die Schweiz.

Bild auf der Einbandvorderseite:
Das Diadem Königin Paulines mit den Porträts der fünf württembergischen Königinnen.

Vorderes Vorsatzblatt:
Diese Lithographie von Friedrich Wagner zeigt den Schlossplatz in Stuttgart im Jahr 1863.

Frontispiz:
Der Königsthron aus dem Ordenssaal von Schloss Ludwigsburg. Er soll von Nikolaus Friedrich von Thouret um 1810 entworfen worden sein.

2. Auflage 2007

© 2006/2007 by Silberburg-Verlag GmbH,
Schönbuchstraße 48, D-72074 Tübingen.
Alle Rechte vorbehalten.
Umschlag- und Buchgestaltung: Wager ! Kommunikation, Altenriet.
Druck: Offsetdruckerei Karl Grammlich, Pliezhausen.
Printed in Germany.

ISBN: 978-3-87407-714-9

Besuchen Sie uns im Internet
und entdecken Sie die Vielfalt unseres Verlagsprogramms:
www.silberburg.de

Inhalt

Zum Geleit

In den 112 Jahren, in denen Württemberg Königreich war, regierten vier Könige das Land. An ihrer Seite standen fünf Königinnen, da König Wilhelm I. nach dem Tod der Königin Katharina eine zweite Ehe einging. Schon die Herkunft der württembergischen Monarchinnen weist auf ihre unterschiedlichen Persönlichkeiten hin: Großbritannien, zwei Mal Russland, Württemberg und Schaumburg-Lippe.

Bisher blieb das Bild dieser Frauen eigenartig blass. Das hat seinen Grund nicht nur darin, dass die regierenden Könige im Zentrum des Interesses standen. Vielmehr ist es nicht einfach, über das Leben und Wirken der Königinnen zu forschen, weil insbesondere die privaten Nachlässe nur noch bruchstückhaft vorhanden sind. Nur die offiziellen Engagements und Aktivitäten zu dokumentieren, würde dagegen die Lebensbeschreibungen verkürzen.

Die Historikerin Sabine Thomsen hat sich der Mühe unterzogen, aus Anlass des 200. Jahrestages der Erhebung Württembergs zum Königreich den Biografien der fünf Königinnen nachzugehen. Nun liegt als Ergebnis ihrer aufwändigen Recherchen ein Buch vor, welches unsere Kenntnis dieser beeindruckenden Frauen bedeutend erweitert und vertieft. Gleichgültig, wie man nun ihre Bedeutung einschätzt: Fest steht, dass eine Königin ihre privaten Interessen hinter die des Staates zurückstellen musste und ihre Position als Herrscherin ohne eine hohe Disziplin nicht zu bewältigen war. Was die Wohltätigkeit anbetraf, so wurde sie zwar von einer »Landesmutter« erwartet, aber die Monarchinnen konnten trotzdem eigene Schwerpunkte setzen und damit ihren offiziellen Verpflichtungen einen persönlichen Stempel aufdrücken.

Ich freue mich, dass in diesem Buch die Königinnen von Württemberg eine längst überfällige Würdigung erfahren haben, und wünsche ihm viele interessierte Leserinnen und Leser.

Diane Herzogin von Württemberg

Vorwort

In den vergangenen zwei Jahren, in denen ich mich intensiv mit den württembergischen Königinnen befasst habe, ist mir jede einzelne von ihnen „ans Herz gewachsen". Ich stelle sie mir vor, Katharina, leidenschaftlich und ehrgeizig, und Olga, zart und zerbrechlich, jedoch von eisernem Charakter. Daneben stehen die rechtschaffene Pauline sowie die praktisch begabte Charlotte Mathilde. Charlotte, die letzte der Königinnen, war bereits eine vergleichsweise unabhängige, selbständige Frau. In den folgenden Kapiteln sollen Sie, liebe Leserinnen, liebe Leser, einen Einblick gewinnen in das Leben dieser Frauen am württembergischen Königshof.

Im Zuge der Recherchen zu diesem Buch habe ich immer wieder hilfsbereite Menschen getroffen, die mich in vielfältiger Weise unterstützt haben. Bei all jenen möchte ich mich hierfür herzlich bedanken.

Mein besonderer Dank gilt I. K. H. Diane Herzogin von Württemberg für ihre einleitenden Worte. Gleichfalls möchte ich Dr. Gerhard Raff danken, ohne dessen Anregung dieses Buch nicht zustande gekommen wäre, sowie Harald Schukraft für seine engagierte Begleitung des Buchvorhabens und die vielen Ratschläge zu landeshistorischen Themen. Auch fand ich viel Unterstützung bei Dr. Eberhard Fritz im herzoglichen Hausarchiv in Altshausen. Wichtige praktische Hilfe im Umgang mit der Computertechnik durfte ich von Michael Kühler und vor allen Dingen von meiner Familie erfahren. Ihnen allen gilt mein herzlicher Dank, ebenso allen Mitarbeitern des Silberburg-Verlags für die gute und vertrauensvolle Zusammenarbeit.

Zum Schluss möchte ich an die Worte erinnern, die mein verehrter und geliebter Onkel, Professor Hansmartin Decker-Hauff, seine Studenten gelehrt hat. Er meinte, man solle zum besseren Verständnis mancher politischen Entscheidung eines Herrschers immer auch einen Blick auf die jeweilige Gemahlin und deren Familienverknüpfungen werfen, kurz: »Vergesset mir die Fraue net!«.

Sabine Thomsen

Königin

Charlotte Mathilde

Prolog

Nie zuvor hat ein württembergisches Herrscherpaar seiner äußeren Erscheinung wegen so viele Spötter und Karikaturisten derart herausgefordert wie König Friedrich und seine englische Gemahlin Charlotte Mathilde. Im damals absolutistisch regierten Württemberg durften Spötteleien über den Regenten nur verhalten geäußert werden, doch konnten sich im weitaus liberaleren England so berühmte Karikaturisten wie zum Beispiel James Gillray entfalten und fanden auch reichlich Stoff für ihre spitzen Federn. Die Royals gaben sich darüber amüsiert; speziell über manche politische Satire Gillrays wurde sehr gelacht. Der Herzog von Württemberg, genannt »der dicke Friedrich«, besaß hingegen nicht so viel Humor. Jedenfalls waren offiziell die kleinen, frechen Karikaturen, die aus Anlass der Londoner Prinzenhochzeit entstanden waren, im Land verboten. »Der Kuss« oder »The Bridal Night« (»Die Hochzeitsnacht«) hießen die Zeichnungen, in denen man sich Gedanken über die Liebesbeziehung zwischen den beiden schwergewichtigen Brautleuten machte.

Immer wieder gab der Körperumfang des fürstlichen Paares Anlass zu ironischen Bemerkungen oder kleinen Sticheleien. So hielt beispielsweise der Maler Ludwig von Gaisberg im Bild fest, wie beide Arm in Arm beschwingt bei einem Hofball auftreten. Ein wenig Satire würzt die Szenerie. Man sieht das Paar von hinten. Auch Kaiser Napoleon I. von Frankreich soll nach einem Treffen mit Friedrich spöttisch geäußert haben: »Der liebe Gott hat den württembergischen Herzog nur erschaffen, um zu zeigen, wie dehnfähig die menschliche Haut ist, ohne dass sie platzt.«

Unfreiwillig komisch wirkt auf den heutigen Betrachter der Kupferstich »König Friedrich auf dem Totenbett«, wo sich dessen gewaltiger Bauch weit über den Sarg hinauswölbt. Die damaligen Untertanen jedoch, gewöhnt an den Anblick ihres voluminösen Königs, blie-

Königin Charlotte Mathilde von Württemberg, gemalt als junge Herzogin von Philipp Friedrich Hetsch, 1799. Das Bild hängt heute in Schloss Ludwigsburg.

Die Karikatur von James Gillray »Le Baiser à la Wirtembourg« (kolorierter Stich, 1797) ist anlässlich der Hochzeit des württembergischen Prinzen Friedrich mit der englischen Königstochter entstanden.

ben gefasst, als sie ihm die letzte Ehre erwiesen. Für Generationen von schwäbischen Schulkindern bleibt allerdings der Schreibtisch des »dicken Friedrich« unvergessen. Staunend standen sie im Schloss Solitude davor und lauschten den Berichten, wonach der Tisch halbrund ausgeschnitten werden musste, um für den Bauch des Königs Platz zu schaffen. Leider ruht das gute Stück heute in den Magazinen. Auch beim Wiener Kongress, an dem König Friedrich zeitweise teilgenommen hatte, war an der kaiserlichen Hoftafel Friedrichs Platz durch den entsprechenden Tischausschnitt gekennzeichnet.

Königin Charlotte Mathilde war auch im Alter überaus beleibt. Doch war sie ein so liebenswerter Mensch, dass keiner spottete, man sich vielmehr Sorgen um ihre Gesundheit machte. Vor allem besaß sie offensichtlich viel Humor und Selbstironie. Bei ihrer Englandreise, die sie noch ein Jahr vor ihrem Tod unternahm, bat sie ihren Bruder, den englischen König Georg IV., um einen Tragsessel, damit man sie von Bord hieven könne. Sie befürchtete nämlich, angesichts ihrer Körperfülle könnte der schmale Schiffssteg zusammenbrechen, wenn sie ihn beträte. Eine Frau also, die über sich selbst lachen konnte.

Der Bräutigam

Zur Zeit seiner Brautwerbung um die Princess Royal von Großbritannien im März 1796 in London zeichnete es sich bereits ab, dass Prinz Friedrich in Kürze die Regentschaft in Württemberg antreten würde. Schon zu diesem Zeitpunkt musste er immer wieder seinen kränkelnden Vater, Herzog Friedrich Eugen, in den Regierungsgeschäften unterstützen. Mit dessen Tod am 23. Dezember 1797 endete auch jene merkwürdige Regierungsperiode, in der im Abstand von nur zwei Jahren sich die drei württembergischen Herzogsbrüder – Carl Eugen, Ludwig Eugen und Friedrich Eugen – nacheinander ablösten. Nun war der Weg frei für den ehrgeizigen und dynamischen erstgeborenen Sohn Friedrich Eugens, der sich dazu berufen fühlte, Württemberg zu einer wesentlich größeren Bedeutung innerhalb der Staaten Europas zu verhelfen, als dies unter seinen Vorgängern der Fall war. Dabei sollten ihm seine verwandtschaftlichen Beziehungen, einerseits zum Kaiserhaus in Wien und andererseits zum Zarenhof, nützlich sein. Darüber hinaus auch eine eheliche Verbindung mit

England einzugehen war deshalb politisch ein kluger Schachzug für den am Beginn seiner Regierungslaufbahn stehenden württembergischen Prinzen.

Friedrich war am 6. November 1754 in der pommerschen Garnisonsstadt Treptow an der Rega geboren worden und erst im Jahre 1790 nach Württemberg, in das Land seiner Vorfahren, gekommen. In Ludwigsburg, unweit des Schlosses seines Onkels Carl Eugen, hatte er sich niedergelassen und ein kleines Palais mit einem schönen Garten gekauft. Heute befindet sich in diesem Gebäude der Ratskeller, im ehemaligen Garten kann man noch einen hübschen barocken Pavillon aus dieser Zeit bewundern.

Bevor Friedrich nach Württemberg kam, war er, wie sein Vater, zunächst in den preußischen Militärdienst eingetreten, doch hatte er sich mit dem Preußenkönig überworfen und nutzte deshalb seine Verbindung zum Zarenhof, um in russische Dienste zu wechseln. Zarin Katharina II. berief ihn zum Gouverneur in Finnland, diese Militärkarriere endete jedoch abrupt mit einem Skandal um seine erste Ehe und er musste Russland Hals über Kopf verlassen. Deshalb erwarb Friedrich Ende des Jahres 1787 das Gut Bodenheim bei Mainz, wo er für einige Zeit seinen Wohnsitz nahm und mit seinen Kindern das Landleben genoss, bis er nach drei Jahren endgültig in Württemberg seinen Einzug hielt.

Dort hatte sein Vater, Herzog Friedrich Eugen von Württemberg, die Regierung des Landes übernommen, nachdem dessen Brüder Carl Eugen und Ludwig Eugen kurz hintereinander verstorben waren. Friedrich Eugen war verheiratet mit einer Nichte Friedrichs des Großen, Sophie Dorothee von Brandenburg-Schwedt, aus dieser Ehe gingen zwölf Kinder hervor. Die Söhne beschritten vorwiegend die militärische Laufbahn, während den Töchtern teilweise bedeutende Heiraten in die europäischen Fürstenhäuser gelangen: So vermählte sich die älteste Tochter, Sophie Dorothea, mit dem russischen Kronprinzen und späteren Zaren Paul I. Elisabeth, eine andere Tochter, ehelichte den Habsburger Kaiser Franz I. Leider starb sie nach kurzer Ehe bei der Geburt eines Kindes. So kam es, dass Friedrich mit beiden Kaisern, Paul I. und Franz I., direkt verschwägert war.

Das Königspaar beim Hofball.
Aus dem Skizzenbuch des Ludwig von Gaisberg, 1811.

Friedrich selbst hatte auf Anraten des Preußenkönigs im Jahre 1780 geheiratet und zwar die Tochter Herzog Karl Ferdinands von Braunschweig-Wolfenbüttel und seiner Gemahlin, der englischen Prinzessin Augusta: die junge, erst 16-jährige Auguste Karoline Friederike Luise. Sie gebar ihrem Gatten in nur sechsjähriger Ehe vier Kinder, die beiden Söhne Wilhelm und Paul sowie die Tochter Katharina. Eine weitere Tochter, Auguste Sophie Dorothea, verstarb mit wenigen Monaten. Diese Ehe stand von Beginn an unter keinem guten Stern. Schon nach dem ersten Ehejahr wollte sich die junge Frau wieder scheiden lassen, denn sie kam mit dem aufbrausenden, manchmal recht groben Wesen ihres Mannes nicht zurecht. Doch erst im Jahre 1786 trennte sich das Paar endgültig.

Skandal am Zarenhof

Durch die Vermittlung seiner Schwester Sophie Dorothea, in Russland Großfürstin Maria Feodorowna, war Prinz Friedrich im Oktober 1782 mit seiner Frau Auguste und den Kindern an den Zarenhof nach Sankt Petersburg gekommen. Immer wieder wurde er von dort aus in militärischer Mission in die Krisengebiete, vor allem auf die Krim, abkommandiert. Derweilen sorgte seine noch recht unerfahrene, aber reizende und hübsche junge Ehefrau in der Petersburger Gesellschaft für Furore. Durch ihre charmante Ausstrahlung, ihre vorbildlichen Manieren und ihr ansprechendes Äußeres avancierte sie schnell zur Favoritin der Zarin Katharina. Sie nahm Auguste unter ihre Fittiche, besonders, wenn der Ehemann sich wieder einmal ausfallend gegen seine Frau benahm, was offenbar häufiger geschah.

Doch dann verstrickte sich die Prinzessin in ein amouröses Abenteuer mit einem Höfling und man munkelte, sie sei mit der Wahl dieses Liebhabers ausgerechnet der großen Katharina höchstselbst in die Quere gekommen. Jedenfalls forderte Auguste damit nicht nur den Zorn und die Eifersucht ihres zurückgekehrten Ehemannes heraus, sie verlor auch die Gunst der Zarin. Es kam zu lautstarken und handgreiflichen Auseinandersetzungen zwischen den Ehegatten, auch von

Scheidung war die Rede. Friedrich fühlte sich zutiefst gedemütigt und berichtete dem Vater Augustes in Braunschweig vom Fehlverhalten seiner Tochter, der sich mit ihm beriet, wie weiter zu verfahren sei.

Auch die Zarin hatte ein Wort mitzureden. Sie entließ Friedrich aus russischen Diensten und verwies ihn, mitsamt den Kindern, vom Sankt Petersburger Hof. Was Katharina allerdings bewog anzuordnen, dass Auguste von ihren Kindern getrennt wurde und nicht nach Deutschland zurückkehren durfte, ist heute nicht mehr nachvollziehbar. 14 Tage nach Friedrichs Abreise aus Russland wurde Auguste nach Estland, in das entlegene Schloss Lohde geschickt. Unter der Aufsicht eines von der Zarin eingesetzten Vertrauten, des pensionierten Hauptmannes Wilhelm von Pohlmann, lebte Auguste dort noch zwei Jahre, wohl wie in einem Kerker. Sie durfte den Ort nicht verlassen und auch ihre Vertrauten und Bediensteten wurden von ihr fern gehalten und hatten kaum mehr Kontakt zu ihr. Pohlmann hat wohl die missliche Lage der jungen Frau ausgenutzt und sie in dieser Zeit zu seiner Geliebten gemacht. Im September 1788 erhielt Friedrich von Württemberg einen kurzen Brief der Zarin, Auguste sei auf Schloss Lohde eines plötzlichen Todes, an einem Blutsturz, gestorben und sofort bestattet worden. Dieselbe knappe Mitteilung erhielt auch Augustes Vater in Braunschweig. Nachforschungen, die sowohl vom Braunschweiger Hof aus wie auch von Prinz Friedrich sofort nach Bekanntwerden des Ablebens angestellt wurden, sind anscheinend im Sande verlaufen.

Manche Ungereimtheiten in Zusammenhang mit Augustes Tod waren natürlich Nährboden für die wildesten Gerüchte. Immer neue Versionen vom Geschehen auf Schloss Lohde machten die Runde; an den deutschen Fürstenhöfen war jeder Höfling begierig auf den neuesten Klatsch. Man sprach von Giftmord, entweder im Auftrag der Zarin Katharina oder des betrogenen Ehemannes. Auch von einer ungewollten Schwangerschaft und dem Tod bei der Geburt war die Rede. Augustes Mutter glaubte immer daran, dass ihre Tochter noch am Leben sei, sie vermutete sie irgendwo weit in Sibirien.[1]

Nur in Württemberg war dieses Thema tabu. Man sprach nicht über die erste Frau Friedrichs, nichts erinnerte an sie, es gab auch kein Bild von ihr, für die Kinder war ihre Mutter einfach gestorben. Erst

Jahre später hat Augustes Sohn Wilhelm die Suche nach dem Sarg und dessen Öffnung veranlasst. Da konnte man die wahre Todesursache feststellen und bekam die traurige Gewissheit, dass sie tatsächlich bei der Geburt eines Kindes verblutet war, weil man ihr jede Hilfe versagt hatte. Inwieweit Zarin Katharina in den für die Zeitgenossen rätselhaften Tod der jungen Prinzessin eingeweiht war, wissen wir nicht. Es ist anzunehmen, dass der Schlosshauptmann eigenmächtig gehandelt hat, wohl aus Furcht vor Entdeckung seiner Affäre. Er hat alle Spuren vernichtet und die schnelle Bestattung in der nahen Kirche in Goldenbeck betrieben.

Heiratsabsichten

Obwohl Herzog Friedrich offensichtlich keine Schuld am grausamen Tod seiner ersten Gemahlin anzulasten war, so haftete seiner Person doch das an, was man auf Schwäbisch ein »Gschmäckle« nennt. Er war zumindest in einen Skandal verwickelt. Als möglicher Heiratskandidat wurde er deshalb nicht überall mit offenen Armen empfangen. Wenn es nur um seine privaten Wünsche gegangen wäre, hätte er, mit inzwischen 40 Jahren und drei Kindern, gar nicht wieder geheiratet. Doch er strebte nach dem Thron in Württemberg, und einem herzoglichen Hofstaat musste auch eine Herzogin präsentiert werden.

Als im März 1796 die Brautwerber des württembergischen Prinzen mit ihrem Anliegen bei König Georg III. vorstellig wurden, zögerte dieser sehr lange, seine Zustimmung zu geben. Er hatte Sorge, seine Lieblingstochter, die am 29. September 1766 geborene Charlotte Mathilde, einem Manne anzuvertrauen, dessen erste Ehe mit Auguste, die auch noch seine Nichte gewesen war, so desaströs verlaufen war, und es brauchte einige Überredungskunst, ihn umzustimmen. Einer der Fürsprecher dieses Heiratsprojekts war der englische Kronprinz. Dieser war seit einem Jahr mit Caroline von Braunschweig-Wolfenbüttel, einer Schwester Augustes, verheiratet und Kronprinzessin Caroline galt in England nicht gerade als Unschuldsengel, man wusste um so manche Affäre von ihr. Als junges Mädchen beispielsweise durfte sie am Braunschweiger Hof nicht ohne Aufsicht Bälle besuchen »wegen ihrer indezenten Redeweise Männern gegenüber«. Weshalb also sollte nicht auch Schwester Auguste ein wenig zu kokett gewesen sein? Derlei Überlegungen entlasteten den heiratswilligen württembergischen Prinzen in den Augen König Georgs.[2]

Doch von viel entscheidenderer Bedeutung war der Wille der Braut selbst. Endlich war ein Heiratskandidat gefunden, der ihr einigermaßen ebenbürtig schien. Und besonders wählerisch war sie nicht. Endlich kam Hoffnung auf, ihrem Leben in diesem »Gefängnis«, wie sie ihr Dasein am englischen Hof empfand, entfliehen zu können. Obgleich sie ihre zahlreichen Brüder und Schwestern zärtlich liebte, als älteste Tochter die Liebling des Vaters war und auch großen Respekt vor der Mutter hatte – sie war inzwischen 30 Jahre alt und fand es an der Zeit zu heiraten.

Auch in der Vergangenheit hatten sich durchaus schon Ehe-Kandidaten für sie interessiert, aber immer wurden sie vom Vater unter Vorwänden abgelehnt. Der Herzog von Oldenburg war eine Zeit lang im Gespräch, leider wurde nichts aus diesem Plan. Bei einem Besuch in England fand der Herzog von Sachsen-Gotha großen Gefallen an der Princess Royal; er hätte sie gerne geheiratet, aber auch dies wurde nicht weiter verfolgt. Lange Zeit bemühte sich ebenfalls die Schwester des englischen Königs, Auguste von Braunschweig, um eine Ehe-Verbindung ihres Sohnes Karl Georg mit Charlotte Mathilde. Die beiden Cousins waren im selben Alter. Aber der König hegte immer schon eine gewisse Abneigung gegen diese Schwester und so lehnte er ihr Ansinnen ab. Brüsk zurückgewiesen wurde die Anfrage des dänischen Hofes, die schon im Jahre 1785 erfolgt war, bezüglich einer Ehe zwischen Kronprinz Frederik und Prinzessin Charlotte Mathilde. Der König wies darauf hin, dass kein Mitglied seiner Familie jemals mehr Wert auf eine Verbindung mit dem dänischen Königshaus lege, angesichts des Schicksals seiner jüngsten Schwester Caroline, die nach einer Affäre mit ihrem Leibarzt Dr. Struensee ins Exil geschickt wurde.

Gar nicht bedacht hatte man bei der Suche nach passenden Ehemännern für Charlotte Mathilde, dass dieses junge Mädchen auch ei-

Auguste Karoline Friederike Luise von Braunschweig-Wolfenbüttel war die
erste Gemahlin von Friedrich von Württemberg und die Mutter des späteren
Königs Wilhelm I. Das Gemälde hat J. Th. Leybold 1835 gemalt.

gene Gefühle haben könnte – ein bisschen verliebt war sie nämlich auch! Der schöne Francis hatte es ihr angetan, der Duke of Bedford. Er war ein Höfling und sie hätte ihn so gerne geheiratet, aber natürlich wäre dies eine »Mesalliance« gewesen und hätte niemals die Zustimmung der Familie gefunden. Doch lag diese kleine Romanze bereits einige Jahre zurück, als der Prinz von Württemberg um die Hand der Princess Royal anhielt. Es war beiden Brautleuten von Beginn an klar, dass hier keine Liebesheirat stattfand, trotzdem stimmte Charlotte Mathilde seinem Antrag schnell und freudig zu. Sie machte keinen Hehl aus ihren Empfindungen und bemerkte gegenüber ihrer Umgebung, dass »ihr zukünftiger Gatte sicher nicht der Schönste sei, sie aber vor der Bedrohung lebenslanger Jungfernschaft befreie«.

Die Braut

Nach Ansicht des berühmten englischen Malers Thomas Gainsborough war Prinzessin Charlotte Auguste Mathilde, die Princess Royal, die hübscheste und liebreizendste der sechs englischen Königstöchter. Er hatte sie für das Königspaar porträtiert. Zum Zeitpunkt der Eheschließung war die Braut nicht mehr ganz so jugendfrisch wie auf jenem berühmten Bild. Es zeigte sich auch bei ihr bereits das »Familienübel«, eine gewisse Neigung zur Rundlichkeit. Natürlich war sie als Prinzessin von England für den Bräutigam eine gute Partie. Man darf nicht vergessen, dass sie als Königstochter eine stattliche Mitgift zu erwarten hatte, welche dem Prinzen aus einem vergleichsweise armen Land natürlich sehr gelegen kam. Charlotte Mathilde war eine gebildete junge Frau und für Repräsentationsaufgaben erzogen worden. Auch war sie humorvoll und insgesamt ein fröhlicher Mensch. Doch musste sie in ihrer Jugend immer gegen ihre Schüchternheit ankämpfen, oft war sie »von Purpurröte« überzogen, wenn man sie ansprach, wie eine Hofdame berichtete. Sie bewunderte an Friedrich seinen ausgeprägten Gerechtigkeitssinn, den er trotz seines aufbrausenden Wesens hatte, und sein großes Durchsetzungsvermögen. Immer wieder war die Umgebung dieser beiden Eheleute verblüfft, wie gut Charlotte Mathilde mit ihrem schwierigen, oftmals jähzornigen Mann umzugehen verstand, der jedoch seiner Frau gegenüber immer einen freundschaftlichen und respektvollen Ton fand. In späteren Jahren hat sie mit bewundernswerter Toleranz manche Schroffheiten und manche Eskapaden ihres Gemahls hingenommen. Es sollte sich zeigen, dass diese Eigenschaften Charlotte Mathildes ein Fundament bildeten, worauf das Paar eine langjährige, stabile Lebensgemeinschaft gegründet hat.

»Die Royals« in England

»Das ist kein Königshof – das ist ein Kloster«, urteilte ein englischer Adliger über das Leben am Londoner Hof um das Jahr 1795. Man muss es sich vorstellen: Hier lebten sechs Schwestern, alle noch unverheiratet, aber nicht jede mehr strahlend jung, zusammen mit einer Mutter, die sehr dominant war, und einem gutmütigen, aber kranken Vater. Die Schwestern wohnten zurückgezogen und abgeschirmt vom »wirklichen« Leben. Außer mit ihren Brüdern, Lehrern und ein paar Höflingen hatten sie keinen Kontakt zur Männerwelt. Anders lebten die neun Söhne der Familie. Sie waren der häuslichen Enge entflohen und sorgten immer wieder für Skandale. Meist unterhielten sie unstandesgemäße Beziehungen und sorgten mit ihren Liebesgeschichten für blühenden Klatsch bei Hofe und in der Presse. Trotz der Vorhaltungen ihres königlichen Vaters und der zeitweiligen Verbannung vom Hofe wollten die Brüder vom »süßen Leben« nicht lassen. Erst nach Jahren, unter dem Druck der noch ungeregelten Erbfolge, wurde nach passenden Prinzessinnen, vor allem an den deutschen Fürstenhöfen, Ausschau gehalten. Dennoch hinterließ keiner der neun Söhne einen ehelichen, männlichen Nachkommen, ein Umstand, der die spätere Queen Victoria auf den Thron brachte.

Charlotte Mathildes Vater, König Georg III. von England, aus dem Hause Hannover, war ein ausgesprochener Familienmensch und war am glücklichsten, wenn er alle seine Lieben um sich hatte. Dieser Familiensinn machte ihn beliebt bei seinen Untertanen. Viele nannten ihn »den guten König Georg«. In seiner 60–jährigen Regierungszeit von 1760 bis 1820 zeigte er aber auch andere Seiten, beispielsweise verhielt er sich rigide gegenüber Reformen in den amerikanischen Kolonien. Er war mehr ein Schöngeist, besaß eine umfangreiche Bibliothek und förderte die schönen Künste. Verheiratet war König Georg III. mit der deutschen Prinzessin Charlotte Sophie von Mecklenburg-Strelitz. Sie war mit 17 Jahren nach England gekommen und litt zu Beginn ihrer Ehe sehr unter der Umstellung auf das Leben in der neuen Heimat, zumal sie die englische Sprache ihr Leben lang nicht richtig beherrschte. Das Paar bekam 15 Kinder, neun Söhne (von denen zwei im Kindesalter verstarben) und sechs Töchter.

Die Erziehung, vor allem die der Prinzessinnen, lag großteils in der Verantwortung von Königin Charlotte. Sie wahrte allerdings immer eine gewisse Distanz zu den Kindern – manche Hofdamen sprachen ihr gar jegliche mütterlichen Gefühle ab. Noch in späteren Jahren beklagten sich die Töchter oft über die Strenge der Queen. Sehr geliebt von den Kindern wurden dagegen die Gouvernanten. Lady Charlotte Finch zum Beispiel, die »Lady Cha«, kam schon zur Geburt des ersten Sohnes in die königliche Familie und blieb 30 Jahre lang am Hof. Auch Lady Mary Hamilton war besonders beliebt bei den Kindern. Übrigens hat Charlotte Mathilde später als württembergische Königin jährliche Renten für ihre alten englischen Gouvernanten und Hofdamen ausgesetzt – so weit ging die Anhänglichkeit. Mit den Gouvernanten herrschte ein lebhaftes, fröhliches Treiben innerhalb des Hofstaates. Man spielte Theater, musizierte, machte Handarbeiten, feierte Feste. Auch Grundkenntnisse im Zeichnen und Malen wurden den Prinzessinnen vermittelt – von so bekannten Malern wie Gainsborough und Benjamin West, wobei Charlotte und ihre Schwester Elisabeth die begabtesten waren. Nur Kontakte nach draußen waren den Mädchen kaum möglich, man lebte in der Abgeschiedenheit der Schlösser.

Das Schloss in Windsor ließ Georg III. für seine große Familie restaurieren, die älteren Kinder lebten mit den Eltern in Upper Lodge, die Jüngeren wohnten mit den Gouvernanten in Lower Lodge. Gemütlicher, aber auch beengter war der Landsitz Dutch House direkt an der Themse in Kew. Hier gab es herrliche Gartenanlagen, Kräutergärten mit Lavendel, Rosmarin und Bergamotte sowie eine ausgedehnte Parklandschaft, die zu Ausflügen einlud. Vielleicht ist hier der Grund zu suchen, weshalb Charlotte Mathilde zeitlebens eine Vorliebe für großzügige Landschaftsgärten hatte, die sie übrigens mit ihrem Mann teilte.

Es war eine Tragödie, als der König kurz nach seinem 50. Geburtstag an »Porphyria intermittens« erkrankte. Diese Stoffwechselkrankheit, die sich bei ihm zunehmend auch auf seinen Geisteszustand auswirkte, ging einher mit Krampfanfällen, Unruhezuständen und Depressionen. Zwischen den einzelnen Krankheitsschüben hatte er immer wieder ruhige Phasen, in denen er die Anwesenheit seiner Lieben genoss und auch forderte. Ab dem Jahre 1811 musste aber immer häufiger sein ältester Sohn in den Regierungsgeschäften für ihn einspringen. Königin Charlotte sah sich seit der Krankheit ihres Mannes ganz in der Rolle des eigentlichen Familienoberhauptes, hatte aber Angst, mit dem König alleine zu bleiben, da er während seiner Anfälle unberechenbar war. So mussten sich die damals schon erwachsenen Töchter um beide Eltern kümmern: den Vater pflegen und der Mutter beistehen. Es liegt auf der Hand, dass hier Eifersüchteleien und Ränkespiele nicht zu vermeiden waren, und man versteht vor diesem Hintergrund, weshalb die Princess Royal sich sehnte, dem ganzen Hof durch eine Eheschließung endlich entkommen zu können.

König Georg vertrat die merkwürdige Ansicht, seine Töchter könnten in ihrem Leben glücklicher werden, wenn sie nicht heirateten, sondern im häuslichen Kreis seiner Familie blieben, da ihm noch die unglücklichen Schicksale seiner eigenen Schwestern vor Augen standen. Tatsächlich blieben auch drei seiner Töchter unverheiratet und zwei gingen erst jenseits ihres 40. Lebensjahres eine Ehe ein – für Prinzessinnen eines regierenden Fürstenhauses dieser Zeit war dies schon ungewöhnlich. Man sagte damals: »Es gibt in England keine unglücklichere Familie als die unseres Königs«.[3] Einzig die älteste Tochter, Charlotte Mathilde, wehrte sich gegen diese häuslichen Beschränkungen, gegen ihr Dasein zwischen Pflege des kranken Vaters und der Bevormundung durch die Mutter. Als endlich am 15. Juli 1796 die Zustimmung des Königs zur Eheschließung vorlag, konnten der Duke of Portland und die deutschen Unterhändler mit den Verhandlungen über einen Ehevertrag beginnen.

Die Londoner Hochzeit

Es wurden zwei Verträge aufgesetzt, am 16. März und am 3. Mai 1797, für die Prinzessin von Großbritannien und für die Miterbin von Hannover. Das britische Parlament bewilligte Charlotte Mathilde eine Mitgift von 80 000 Pfund. Der König von England setzte dazu noch eine lebenslange Pension von 5000 Pfund jährlich aus seiner Privatschatulle aus. Die Wittums-Summe von 20 000 Gulden wurde aus dem Oberamt Urach bestritten, als Witwengut sollten ihr das Erbprinzenpalais in Stuttgart und das Schloss Stetten im Remstal zustehen. Sie leistete Verzicht auf die Erbfolge in Hannover und bekam dafür 40 000 Reichstaler, ausgezahlt nach Jahr und Tag nach erfolgtem Beilager. Charlotte Mathilde durfte den Gottesdienst im anglikanischen Ritus abhalten lassen und es war ihr freigestellt, nach dem Tod ihres Gatten wieder nach England zurückzukehren. Die Kinder aus der Ehe sollten in Württemberg erzogen werden, brauchten aber im Falle einer Verheiratung auch die Zustimmung des englischen Königs. Nachdem nun diese Eheverträge zur allseitigen Zufriedenheit ausgehandelt waren, stand den Festlichkeiten zur Hochzeit nichts mehr im Wege.

Es erhob sich, wie in vielen Familien, die Frage nach dem Brautkleid. In diesem Fall griff wohl die Mutter, Königin Charlotte, ein: »Ein letztes Mal noch, ich lasse nicht zu, dass die Princess Royal an diesem Tag einen Quiz aus sich macht«, soll sie gesagt haben. Tatsächlich habe die Braut nach dem Urteil der Hochzeitsgäste an ihrem Ehrentag so hübsch ausgesehen wie nie zuvor in ihrem Leben.

Es war in der königlichen Familie kein Geheimnis, dass Charlotte Mathilde in Modefragen keinen besonders guten Geschmack bewies. Derlei Äußerlichkeiten scheinen ihr nicht wichtig gewesen zu sein, was so manches Mal von ihren Schwestern spöttisch kommentiert wurde. Im Alter, als Charlotte Mathilde doch recht schwergewichtig war, meinte eine der Prinzessinnen nach einem Besuch in Ludwigsburg: »Nicht der Rest einer Korsett-Stange wäre zu finden bei ihrer Unförmigkeit – und auch die Hauben passten nicht zu ihrem breitflächigen Gesicht« – Charlotte Mathilde stand also unter Dauerkritik, was ihre Kleidung betraf.[4]

Sicher kam ihr sehr entgegen, dass ab den 1780er-Jahren ein Wandel in der Mode eintrat, und zwar von England ausgehend. Der englische Landadel, traditionell naturverbunden, reformierte die Frauenkleidung. Reifrock, Stöckelschuhe und Perücke waren plötzlich verpönt, schlicht fallende, bequeme Kleider, so genannte »Chemisen«, kamen auf und wurden sehr schnell auch in Frankreich übernommen – »à la anglaise« hieß es nun. Die Haare wurden wieder natürlich getragen, kaum mehr gepudert, mit einfachem Kopfputz »à commode«. Auf die bizarren Haargebilde des Rokoko wurde verzichtet, sie passten nicht mehr in die Zeit. Gegen Ende des 18. Jahrhunderts entwickelte sich dann in Frankreich der »Empirestil«. Leichte Gewänder mit hoher Gürtung unter der Brust waren nun modern, die Kleider gaben mehr Fußfreiheit. Die Stoffe waren der jeweiligen Jahreszeit angepasst und man bevorzugte kleinere Dekolletees.

An ihrem Brautkleid arbeitete Charlotte Mathilde selbst. Es war aus weißer, changierender Seide gefertigt und reich mit Stickereien geschmückt. Ein wenig klagte sie über die viele Arbeit und dass sie nirgends Hilfe fände. Dabei wusste sie genau, dass nur sie in der Familie so wunderbar sticken konnte. Die Schleppe des Brautkleides war großartig und wurde bei der Hochzeitsfeier von vier Herzoginnen getragen. Im Haar trug die Braut ein sehr wertvolles Diadem, außerdem hatte sie den russischen Sankt-Katharinen-Orden am roten Band angelegt, den ihr kurz zuvor ihre neue Schwägerin, die Zarin Maria Feodorowna, verliehen hatte.

Charlotte Mathilde, Gemälde von Philipp Friedrich Hetsch (um 1799), von dem Goethe sagte: »Seine Porträte sind sehr gut und lebhaft und sollen sehr ähnlich sein.«

Der Bräutigam war schon einige Zeit vor der Hochzeit in England eingetroffen und hatte mit Graf Zeppelin zusammen das Land seiner Braut bereist. Der württembergische Prinz wurde vom König mit allen Ehren empfangen und auch vom Volk überall bejubelt. Seine Braut lernte er im Buckingham Palast zum ersten Mal kennen (traf die »liebenswürdige Prinzessin Braut und plauderten sehr natürlich«). Man konnte sich auch gut miteinander unterhalten, denn Charlotte Mathilde sprach sehr gut Französisch, die Hofsprache, und vor allen Dingen »mit Leichtigkeit Deutsch.«

Zur Trauung am 18. Mai 1797, einem wunderschönen Maimorgen, versammelten sich die ganze königliche Familie und der englische Hochadel im Londoner Saint-James-Palast, während der Erzbischof von Canterbury die Zeremonie nach anglikanischem Ritus zelebrierte. Der Bräutigam war zusammen mit dem König im offenen Wagen, mit weißen Pferden bespannt, vorgefahren, begleitet von Musikkapellen, welche die Hochzeitsgäste mit Pauken und Trompeten begrüßten, und überall standen jubelnde Menschen. In der englischen Presse wurde die Braut zum »Liebling der Nation« hochstilisiert, und allgemein verbreitete sich eine große Rührung über diese Hochzeit im Königshaus.

Es war ein Fest, wie man es zuvor nur bei Krönungen erlebt hatte. Der Grund lag wohl darin, dass Charlotte Mathilde die erste der Prinzessinnen war, die heiratete. Der Vater schenkte ihr zur Hochzeit eine silberne Toilette und den namhaften Geldbetrag von 4000 Pfund, womit sie sich hübsche Kleider zulegen sollte. Das Hochzeitsgeschenk von Prinz Friedrich an seine Braut war eine Perlenschnur mit 42 orientalischen Perlen. Die Brautnacht fand auf Schloss Windsor statt. Das Paar zeigte sich nach der Ankunft auf dem Balkon unter dem lauten Beifall der Bevölkerung, worauf »ihr zärtliches Gemüth sie zum Weinen brachte vor Abschiedsschmerz«. Auch in Windsor gab es ein Fest mit Theater, Pferderennen und Illuminationen.

Die Abreise aus England erfolgte am 2. Juni. Vom Hafen Harwich aus stach das Schiff morgens um 8 Uhr in See, zur Verabschiedung wurde das Paar von den Brauteltern begleitet. Es kam zu gefühlvollen Szenen zwischen Vater und Tochter und der König war so bewegt, dass er nicht reden konnte – »seine fließenden Augen sagten alles«. Auch die Tochter war in Tränen aufgelöst und hing an seinem Hals – damals ahnten beide nicht, dass sie sich nie mehr wiedersehen sollten.

In der neuen Heimat

Die Überfahrt war stürmisch und ein englischer Berichterstatter unkte, diese Turbulenzen auf dem Meer seien symbolhaft für den Beginn eines »desaströsen« Lebens mit schmerzhaften Erfahrungen, aus denen sich aber Charlotte Mathilde jedes Mal befreit habe mit der Tapferkeit einer Tochter ihres Hauses. Ganz so dramatisch gestaltete sich das neue Leben der englischen Königstochter in Württemberg jedoch nicht – zunächst wurde sie überall stürmisch gefeiert.

Am 22. Juni betrat Charlotte Mathilde dann bei Heilbronn zum ersten Mal württembergischen Boden. Überall gab es Ehrenpforten zu ihrem Empfang, die Glocken läuteten, Schulkinder standen zu beiden Seiten des Wegs und in jedem Ort begrüßten Magistrat und Geistlichkeit die neue Prinzessin. Als sie bei der Festung Asperg vorbeifuhren, wurden ihnen zu Ehren Salutschüsse abgefeuert. Postillons und Militär begleiteten die Wagen bis zum Ludwigsburger Schloss, wo man an einer festlichen Mittagstafel speiste. Anschließend bestieg das Brautpaar den Staatswagen und bei sommerlich warmem und heiterem Wetter begann der feierliche Einzug in die Residenzstadt Stuttgart. Anhaltender Kanonendonner von den Bergen herunter kündete von der Ankunft der Braut. Im Neuen Schloss wurde sie von den Schwiegereltern zärtlich begrüßt. Noch einmal feierte man diese Hochzeit mit Bällen, Galadiners, Opernaufführungen. Nur einmal musste Charlotte Mathilde heftig mit den Tränen kämpfen – als ihr zu Ehren die englische Hymne intoniert wurde.

Das Ehepaar nahm seinen Wohnsitz im Erbprinzlichen Palais in Stuttgart, gerne fuhr man auch nach Scharnhausen zu dem kleinen Gestüt hinaus. Der Prinz war sehr bemüht, seiner Frau bei einer Rundreise Land und Leute vorzustellen und sie zeigte sich begeistert von der für sie fremdartigen Landschaft mit den vielen »Bergen«.

Charlotte Mathilde fühlte sich offensichtlich wohl in ihrer neuen Umgebung und begann, sich gut einzuleben.

Die Stiefkinder

Friedrich hatte aus seiner ersten Ehe drei Kinder, die zum Zeitpunkt seiner zweiten Heirat in einem Alter waren, wo es für eine Stiefmutter nicht gerade leicht ist, die Erziehung zu übernehmen. Glücklicherweise war Charlotte Mathilde durch ihre zahlreichen jüngeren Geschwister den Umgang mit Jugendlichen gewohnt – die Stieftochter Katharina beispielsweise war genauso alt wie ihre jüngste Schwester Amelia.

Man darf vorausschicken, dass sie den Kindern eine wirklich gute Mutter geworden ist, sie wie eigene Kinder in ihr Herz geschlossen hat und von beiden Söhnen und der Tochter zeitlebens geliebt wurde.

Friedrich dagegen war als Vater überaus streng und hart. Er war gewohnt, Befehle zu erteilen, und konnte unerbittlich durchgreifen, wenn etwas nicht seinem Wunsche entsprach. Er ließ wenig väterliche oder gar liebevolle Gefühle zu, man hat ihm gar unterstellt, solche überhaupt nicht zu besitzen. Die beiden Söhne litten sehr darunter, einzig die Tochter Katharina bekam ein wenig väterliche Zuneigung zu spüren. Hier wirkte nun Charlotte Mathilde besänftigend und ausgleichend nach allen Seiten.

Katharina

Sie wurde am 21. Februar 1783 in Sankt Petersburg geboren. Das kleine Mädchen kam, nachdem der Vater Russland so plötzlich verlassen musste, zunächst in die Obhut der Großmutter, Herzogin Sophie Dorothee von Württemberg. Nach deren Tod und der Neuvermählung des Vaters wurde sie nun am herzoglichen Hofe in Stuttgart von der Stiefmutter erzogen. Charlotte Mathilde berichtet in Briefen an den Ehemann immer wieder stolz von den Fortschritten,

Katharina, die Tochter König Friedrichs I. von Württemberg,
heiratete 1807 den jüngsten Bruder Napoleons, Jérôme Bonaparte,
und wurde Königin von Westfalen.

die Katharina in ihren Lektionen mache, und welch hübsche junge Dame sie allmählich werde. In Handarbeit und in den Sprachen wurde die Tochter von ihr selbst unterrichtet. Mit 22 Jahren, im Juni 1805, wurde Katharina vom Vater zur Äbtissin des adeligen Damenstifts in Oberstenfeld ernannt, nachdem dieses Stift im Zuge der Mediatisierung zu Württemberg gekommen war.

Zwei Jahre später, im August 1807, wurde Katharina mit Jérôme Bonaparte, dem jüngsten Bruder Napoleons, in Paris verheiratet. Diese Hochzeit kam erst auf Druck des französischen Kaisers und nach langem Widerstreben König Friedrichs zustande, der sich für seine Tochter eine andere, nicht von Frankreich abhängige Heirat erhofft hatte. Letztendlich musste sich der Vater aber der politischen Notwendigkeit beugen. Mit großer Sorge blickte Charlotte Mathilde nach Kassel, wo das Paar im neu gegründeten Königreich Westfalen residierte. Sie war alles andere als begeistert vom neuen Schwiegersohn, den man nicht ohne Grund »König Lustig« nannte. Jérôme konnte zwar äußerst unterhaltsam und charmant sein, lebte aber auf großem Fuße und war leichtsinnig. Er belastete seine Ehe mit zahlreichen Affären und Amouren, worauf Katharina mit immerwährendem Kränklichsein reagierte, auch litt sie unter ihrer anfänglichen Kinderlosigkeit. Nach siebenjähriger Ehe wurden dann hintereinander drei Kinder geboren, zwei Söhne und eine Tochter. Katharina war sich ihrer fürstlichen Stellung durchaus bewusst, liebte, wie ihr Vater, eine aufwändige Hofhaltung und gab großzügig Geld aus für die Gärten und die berühmten Wasserspiele am Schloss in Kassel. Meist befand sich das Königspaar von Westfalen deshalb in finanziellen Nöten.

Nach dem Fall Napoleons und der Vertreibung der Familie Bonaparte drängte König Friedrich seine Tochter, sich von ihrem Mann scheiden zu lassen. Aber hier widersetzte sich Katharina strikt dem Willen des Vaters: Sie blieb bei Jérôme, denn inzwischen »hing sie in abgöttischer, durch nichts getrübter Liebe an ihm« – so jedenfalls

Katharina und Jérôme, das Königspaar von Westfalen.
Nach dem Sturz Napoleons wurden die beiden von König Friedrich
zu Fürsten von Montfort erhoben. Gemälde von Weygandt, 1810.

Königin Charlotte Mathilde

schreibt Katharinas Tochter Mathilde in ihren Lebenserinnerungen über die Eltern.[5] Friedrich war aus politischen Gründen nicht in der Lage, Katharina und Jérôme auf Dauer in Württemberg aufzunehmen, er verlieh ihnen aber den Titel »Fürsten von Montfort«.

Dagegen hat die Mutter Napoleons und Jérômes, Madame Mère, die in Rom lebte, sich um Katharina und die Enkel gekümmert und sie finanziell unterstützt.[6] Charlotte Mathilde hat später, in ihrem Testament, sowohl die Tochter Katharina als auch besonders die Enkelin Mathilde mit Legaten und wertvollem Schmuck bedacht. Sie schrieb dazu: » Wir hoffen, dass Unsere geliebte Frau Stief-Tochter dieses Unser Vermächtnis als ein Andenken von einer Mutter, die sie zärtlich geliebt, und an ihrem Schicksal unter allen Verhältnissen den innigsten Anteil genommen, empfangen werde.« Katharina ist im November 1835 in Lausanne gestorben. Ihr jüngster Sohn wurde der Stammvater der heute noch lebenden Mitglieder der Familie Bonaparte.

Friedrich Wilhelm

Der ältere Sohn des damaligen Prinzen Friedrich, Friedrich Wilhelm, wurde am 27. September 1781 in Lüben (Schlesien) geboren. Der Vater sorgte schon frühzeitig dafür, dass seine Söhne eine angemessene Prinzenerziehung erhielten, und wählte die Erzieher deshalb persönlich und mit Sorgfalt aus. Der sensible Friedrich Wilhelm litt unter dem oft despotischen Vater, sodass es zu einem dauerhaften Vater-Sohn-Konflikt kam, in dem auch die Vermittlungsversuche Charlotte Mathildes nicht immer Erfolg hatten. Die Auflehnung Friedrich Wilhelms gegen den Vater gipfelte in der Flucht des jungen Mannes mit seiner Jugendliebe Therese Abel nach Paris im Jahre 1803. Nach zwei Jahren kam es zur Aussöhnung und er kehrte nach Württemberg zurück, doch blieb das Verhältnis zwischen Vater und Sohn unterkühlt.

In seiner Pariser Zeit war Erbprinz Friedrich Wilhelm anfänglich fasziniert vom Genie Napoleons, entwickelte sich jedoch später zu einem entschiedenen Gegner des französischen Kaisers und hatte wenig

Verständnis für das politische Taktieren seines Vaters mit Napoleon. Wilhelm trat 1811 in württembergische Militärdienste ein und bekam auf ausdrücklichen Wunsch König Friedrichs beim Russlandfeldzug Napoleons 1812 den Oberbefehl über das württembergische Truppenkontingent, wo er an der Schlacht bei Borodino teilnahm. Eine schwere Erkrankung zwang ihn jedoch, vorzeitig nach Hause zurückzukehren, sodass er den verheerenden Untergang der »Grande Armée« und ihrer verbündeten Truppen nicht in Russland miterleben musste. Von den 15 800 Württembergern, die an diesem unseligen Feldzug teilnehmen mussten, kehrten im März 1813 nur noch ungefähr 300 Mann in die Heimat zurück. Der Generalquartiermeister von Kerner, Großvater der Kinderbuchautorin Tony Schumacher, musste König Friedrich berichten: »Majestät, Sie haben keine Armee mehr.«

Nach dem Tod des Vaters übernahm Friedrich Wilhelm im Oktober 1816 die Regierung des Königreiches Württemberg. Er galt als ein liberaler Monarch, war tüchtig und widmete viel Zeit dem Aktenstudium. Gleich zu Beginn versuchte er, die hohe Staatsverschuldung zu vermindern und die landwirtschaftliche Entwicklung im Lande zu fördern. Er bemühte sich auch um die Weiterführung der von seinem Vater begonnenen Neuorganisation der Verwaltung des Landes und um das Zustandekommen einer neuen Verfassung. Mit diesen Maßnahmen wollte man die neuen Landesteile mit »Alt-Württemberg« besser zusammenschmieden. »Der neue König ist sehr lieb zu mir« – so schrieb Charlotte Mathilde über ihren Stiefsohn, nachdem sie Witwe geworden war. Die beiden haben sich gut verstanden, er behandelte sie voller Respekt und sie setzte sich immer wieder für ihn ein. Nur für seine amourösen Abenteuer brachte Charlotte Mathilde wenig Verständnis auf.

Der spätere König Wilhelm I. war dreimal verheiratet. Am 8. Juni 1808 heiratete er in München die bayerische Prinzessin Charlotte Auguste, die Ehe war nicht glücklich und nur von kurzer Dauer. Auf Wunsch beider Ehepartner wurde sie am 23. August 1814 vom Papst für ungültig erklärt, wegen Nicht-Vollzugs, wie es hieß. Besonders Charlotte Mathilde bedauerte das Scheitern dieser Ehe sehr, denn sie hatte ihre Schwiegertochter ins Herz geschlossen und hätte sie gerne noch länger am Stuttgarter Hof behalten: »Die vortreffliche Schwiegertochter ist fromm und ohne böse Worte.« Im Oktober 1816 heiratete Charlotte Auguste in zweiter Ehe den österreichischen Kaiser Franz I., Ex-Schwiegermutter Charlotte Mathilde war darüber hoch erfreut und zuversichtlich, dass Charlotte Auguste die Liebe des Kaisers gewinnen würde. Nach dieser ersten Gemahlin Wilhelms ist heute in Stuttgart der »Charlottenplatz« benannt.

In zweiter Ehe war Kronprinz Wilhelm mit seiner Cousine, der russischen Großfürstin Katharina, verheiratet. Die Ehe wurde am 24. Januar 1816 geschlossen, ihr entstammen die beiden Töchter Marie und Sophie. Leider verstarb Katharina nach nur dreijähriger Ehe am 9. Januar 1819. Da noch kein Erbprinz geboren war, heiratete Wilhelm ein Jahr später noch ein drittes Mal, wieder eine Cousine, Pauline, diesmal aus dem Hause Württemberg.

Paul

Prinz Paul wurde am 19. Januar 1785 in Sankt Petersburg geboren. Er wuchs zumeist in der Obhut von Erziehern auf und machte auf Weisung des Vaters eine militärische Ausbildung wie sein Bruder Friedrich Wilhelm. Paul galt als schwieriger Charakter. Stets überwarf er sich mit jemandem, sei es mit dem Vater oder dem Bruder, mit der Ehefrau oder auch mit Charlotte Mathilde, der er einmal überraschend die Erziehung seiner Töchter entzog, obwohl sie sich liebevoll um diese Enkelinnen gekümmert hatte.

Zunächst diente Paul in der württembergischen Armee. Während sein Vater an der Seite Frankreichs kämpfte, wechselte er 1806 zum Entsetzen Friedrichs heimlich zum preußischen Militär, um gegen Napoleon zu Felde zu ziehen. Es kam danach zwar zur Aussöhnung mit dem Vater, trotzdem verließ Paul ab dem Jahre 1813 Württemberg. Er lebte an verschiedenen Orten, bis er sich 1817 ganz in Paris niederließ. Dort nahm er kleinere diplomatische Aufträge wahr, befand sich aber stets in Geldschwierigkeiten. Dennoch war er in der Pariser Gesellschaft sehr angesehen. 1830 war er auch im Gespräch, als

König Friedrich I. liebte die Jagd und kehrte gerne zu einem Jagdfrühstück in Schloss Monrepos bei Ludwigsburg ein.

es um die Besetzung des griechischen Königsthrons ging, der dann aber zwei Jahre später dem bayerischen Prinzen Otto angetragen wurde. Prinz Paul starb am 16. April 1852 in Paris.

Verheiratet war Paul mit der Prinzessin Charlotte Catherine von Sachsen-Hildburghausen aus dem Hause Wettin. Von den Hochzeitsfeierlichkeiten, die vom 24. bis 30. September 1805 in Ludwigsburg stattfanden, gibt es genaue Schilderungen, da dieses Fest damals jäh unterbrochen wurde vom überraschenden Einmarsch französischer Truppen in Württemberg.[7] Die Meldung traf während eines Hofballs im Schloss Monrepos ein: »Soldaten sind schon bei Vaihingen und auf dem Vormarsch auf Ludwigsburg, die Vorposten sehen bereits zum Fenster herein.« Alles rannte aufgeregt durcheinander und es dauerte geraume Zeit, bis alle Ballgäste in Equipagen verpackt und ins Ludwigsburger Schloss zurückgekehrt waren, welches etwas sicherer zu sein schien. Dem energischen Einschreiten Kurfürst Friedrichs, der auf seine Neutralität pochte, war es zu verdanken, dass die Truppen Napoleons unter dem Befehl Marschall Neys in der Nacht an Ludwigsburg nur vorbeizogen und Plünderungen verhindert werden konnten. Zwei Tage später traf Napoleon selbst ein und es kam im Ludwigsburger Schloss zu den folgenschweren Verhandlungen, die Herzog Friedrich in die Gefolgschaft Napoleons zwangen.

Aus der Ehe, die an jenem denkwürdigen Tag geschlossen worden war, gingen fünf Kinder hervor. Pauls Sohn Friedrich wurde später der Vater des letzten württembergischen Königs, Wilhelm II. Leider kam es im Jahre 1818 zur formellen Trennung der Eheleute, nachdem sich Prinz Paul schon vorher mit seiner Frau überworfen hatte und sich von Paris aus nur wenig um die Familie in Württemberg kümmerte. Aus verschiedenen Liebesbeziehungen hatte er zwei uneheliche Töchter, die in Frankreich lebten. Charlotte Catherine hielt sich nach ihrer Trennung von Paul meist in Hildburghausen oder bei der Schwester Therese, der Gemahlin König Ludwigs I. von Bayern, in Bamberg auf. Ihre Kinder aber wurden am württembergischen Hof erzogen, besonders der Enkeltöchter Charlotte und Pauline nahm sich Königin Charlotte Mathilde mit Liebe an. Trotz des Kummers, den Paul seiner Stiefmutter immer wieder bereitete, haben doch die Briefe »an ihren lieben Sohn« einen versöhnlichen Ton.

Das leibliche Kind

Zur Aussteuer, die Charlotte Mathilde aus England mitgebracht hatte, gehörten auch zwei komplette Baby-Ausstattungen, jeweils für einen Jungen und für ein Mädchen gedacht. Es ist schon anrührend, dass diese Kleidungsstücke nach ihrem Tode, also nach über 30 Jahren, unbenutzt und praktisch neuwertig verkauft werden konnten. Denn trotz der Fürbittegebete für eine glückliche Niederkunft der Fürstin in den Sonntags-Gottesdiensten des Landes gebar sie am

26. April 1798 ein totes Kind, eine Tochter. Charlotte Mathilde hat diesem Kind, das ihr einziges bleiben sollte, lebenslang ein Andenken bewahrt und eigens ein kleines Bild von ihm anfertigen lassen.

Nachdem einige Wochen vor dem Ende der bis dahin problemlosen Schwangerschaft Blutungen auftraten, ist das Kind wohl schon im Mutterleib verblutet, und es kam zu einer »mühseligen und langsamen Geburt«, von der sich die Mutter lange nicht erholt hat. Das kleine Mädchen wurde bereits am folgenden Abend in aller Stille in der herzoglichen Gruft in der Stuttgarter Stiftskirche beigesetzt und der Messner war vom Oberhofmarschallamt streng angewiesen, während der Zeremonie niemanden in die Gruft, noch in die Kirche einzulassen.[8] Nach der Erweiterung der Gruft unter der Schlosskirche in Ludwigsburg wurde am 12. November 1812 der kleine Sarg dorthin überführt und aufgestellt. Mit welcher Liebe und wahrscheinlich auch unter Tränen muss Charlotte Mathilde die prächtige, golddurchwirkte Decke bestickt haben, die bis heute den Sarg ihres einzigen Kindes bedeckt.

Auch wenn Charlotte Mathilde über eine stabile Gesundheit verfügte, von den Strapazen dieser Geburt hat sie sich nur schwer erholt. Sicherlich spielte hierbei ihre seelische Verfassung nach dem Verlust des Kindes eine große Rolle. Herzog Friedrich machte sich um die Gesundheit seiner Gemahlin ernstliche Sorgen und berief daher ein Ärztekonsortium von vier namhaften Medizinern ein. Nach gründlicher Untersuchung und Beratung wurden nun für die Herzogin Diätpläne und allgemeine Empfehlungen für das Hofleben aufgestellt.

Charlotte Mathilde litt manchmal unter Magen- und Darmbeschwerden, deshalb wurde ihr geraten, mehr zu trinken, und zwar lieber von den »Heilwässern des Landes« und weniger vom »Malaga«, den sie offensichtlich sehr schätzte. Morgens durfte sie ihre gewohnte »Schale Caffee« genießen, dann sollte sie eine Zwischenmahlzeit mit einer »Butterbrezel« zu sich nehmen. Wie auch andere korpulente Menschen bewegte sie sich nicht gerne, weshalb ihr dringend eine tägliche »Promenade« angeraten wurde. In den Tagebüchern des Hofes erscheint denn auch ein Eintrag, wonach sie bald nach ihrem Eintreffen in Ludwigsburg zum Sommeraufenthalt ganz brav »zu Fuß«

mit ihrer Begleitung einen Ausflug unternommen hatte. Dies wiederholte sich aber lediglich noch zweimal, denn in den nachfolgenden Wochen und Monaten sind nur mehr »Spazierfahrten« erwähnt. Es blieb also bei den guten Vorsätzen.

Freund Zeppelin

Bei allem Bemühen um eine harmonische Verbindung zwischen Charlotte Mathilde und ihrem Gemahl darf nicht darüber hinwegtäuschen, dass vor allem politisches Kalkül und keine Liebesbeziehung die Grundlage dieser Ehe waren. Dennoch bemühte sich Charlotte Mathilde, eine liebevolle Ehefrau und Mutter zu sein, auch wenn sehr deutlich wurde, dass die große Liebe in Friedrichs Leben sein Freund Johann Karl, Reichsgraf von Zeppelin, war. Sie brachte ihrerseits dem Grafen auch große Sympathie entgegen, nur wissen wir nicht, inwieweit sie an diesem Dreiecksverhältnis gelitten hat.

Sehr viel Aufschluss über die Beziehung Herzog Friedrichs und des Grafen Zeppelin gibt ein Brief Friedrichs, in dem er schreibt, wie glücklich es ihn mache, »einen Freund wie Zeppelin zu haben, den ich mehr als alles liebe und der einzig mein ganzes Herz besitzt.« Johann Karl Reichsgraf von Zeppelin stammte aus einem mecklenburgischen Adelsgeschlecht und wurde am 15. Oktober 1767 in Güstrow geboren. Er kam als Page an den Hof des Herzogs von Mecklenburg-Schwerin, wo er im Jahre 1782 den um 13 Jahre älteren Prinzen Friedrich von Württemberg kennen und schätzen lernte. Es entwickelte sich eine ungewöhnlich enge Freundschaft zwischen ihnen und Zeppelin wurde Friedrichs treuer Begleiter. Er übte einen mäßigenden Einfluss auf den oft schwierigen Charakter Friedrichs aus und war ihm später in den ersten Regierungsjahren ein brillanter Ratgeber. Zeppelin begleitete den Prinzen als Adjutant nach Russland. Bei dessen überstürztem Abgang floh er mit ihm und ließ sogar seine frisch angetraute, erst 17-jährige Braut zurück bei ihren Eltern in Russland, ein Opfer, welches Friedrich ihm nie vergessen hat. Erst nach einem

Jahr konnte Katharina Ulrike von Zeppelin nach Württemberg ausreisen, 1789 wurde dann Sohn Johann Friedrich Carl geboren, 1791 kam Tochter Wilhelmine zur Welt.

Graf Zeppelin machte an der Seite Friedrichs Karriere. Trotzdem nutzte er seine Vertrauensstellung nie vorrangig zum eigenen Vorteil, sondern verhielt sich loyal zum Regenten und war vor allen Dingen an der Politik des Landes interessiert. Er galt als glänzender Diplomat, ein fähiger Kopf, der auch beim Kaiser in Wien hohes Ansehen genoss. Auf Betreiben Friedrichs hatte ihn dieser im Jahre 1792 in den Reichsgrafenstand erhoben. Als im Dezember 1797 Friedrich die Regierung im Herzogtum Württemberg antrat, wurde Graf Zeppelin zum ersten Staats- und Kabinettsminister ernannt. Er prägte ganz entscheidend die Politik des Herzogs mit und es entbehrt nicht der Tragik, dass er schon nach vier kurzen Jahren, am 14. Juni 1801, an einer Typhuserkrankung sterben musste. Die Trauer Friedrichs, der bis zuletzt an Zeppelins Sterbebett gewacht hatte, war grenzenlos und auch Charlotte Mathilde trauerte um einen Freund.

Nikolaus Friedrich von Thouret, der Hofbaumeister, wurde beauftragt, in Ludwigsburg, am Rande des Schlossparks, ein Mausoleum für den Toten zu errichten. Über dem Eingang steht »Dem vorangegangenen Freunde«. Friedrich hatte geplant, sich selbst dereinst neben seinem »lieben Zeppelin« bestatten zu lassen. Dies erklärt die Inschrift über der Gruft: »Die der Tod getrennt, vereinigt das Grab«. Später nahm Friedrich jedoch von diesem Vorhaben Abstand. Das in klassizistischem Stil erbaute Mausoleum gilt als »Monument der Freundschaft«.[9]

Das Herzogspaar kümmerte sich in vorbildlicher Weise um die Kinder des Verstorbenen. Seine Tochter Wilhelmine wurde von Charlotte Mathilde zusammen mit der Stieftochter Katharina wie ein eigenes Kind erzogen. Sie heiratete später Ludwig Graf Taube und starb 1872 in Stuttgart. Der Sohn Johann Friedrich Carl wurde Kammerherr bei Königin Pauline von Württemberg. Im Jahre 1803 übertrug ihm Friedrich im Zuge der Erhebung zum Kurfürstentum das Erbbanneramt und schenkte ihm Schloss Aschhausen bei Schöntal, das im Zuge der Mediatisierung gerade erst an Württemberg gekommen war. Es ist heute noch im Besitz der Nachkommen des Grafen Zeppelin. Ferdinand Graf Zeppelin, den wir heute meist mit diesem Namen verbinden, stammt aus der Nachkommenschaft des Bruders.

Der frühe Tod des geliebten Freundes hinterließ im Leben Herzog Friedrichs eine schmerzliche Lücke. Nachdem er zur Regierung gekommen war, wollte er seine neue Macht auch nach außen demonstrieren, insbesondere durch ungeheure Prachtentfaltung. Er liebte ein prunkvolles Leben und unterhielt eine kostspielige Hofhaltung, wofür er allerdings sehr hohe Opfer von der Bevölkerung einforderte. Es wurde ihm daher Verschwendungssucht nachgesagt. Besonders kritisch betrachtete man des Königs Hang zu jungen Höflingen, mit denen er sich gerne umgab, die an Jagden teilnahmen und ihn mit ihren Späßen aufheiterten.

Graf Dillen

Der gut aussehende junge Mann machte eine rasante Karriere unter dem Herzog und späteren König Friedrich. Man weiß nicht, ob Graf Dillen tatsächlich Student war oder ob er, wie erzählt wird, dem König als Eseltreiber vor Schloss Ludwigsburg begegnet ist. Die Berichte sind diesbezüglich widersprüchlich. Jedenfalls hatte er ein selbstbewusstes Auftreten und genoss das Wohlwollen und Vertrauen Friedrichs, doch eine vergleichbare Freundschaft wie mit dem Grafen Zeppelin verband die beiden nicht.

Carl Ludwig Immanuel Dillenius, wie er eigentlich hieß, wurde 1777 geboren und entstammte einer ehrbaren württembergischen Beamten- und Pfarrersfamilie. Die Version, er habe in Tübingen Theologie studiert, ist deshalb durchaus denkbar. Mit 22 Jahren wurde er Bereiter am herzoglichen Hofe und stieg in kürzester Zeit zum Leutnant, später zum General-Leutnant der Garde-Regimenter auf. Mit den Jahren hat er sich so unentbehrlich bei Friedrich gemacht, dass er oft in selbstherrlicher Manier entschied, wer beim König vorgelassen wurde und was bei Hofe zu geschehen habe – man kam an seiner Person nicht vorbei. Das Zitat eines offensichtlich verärgerten

Zeitgenossen:»Herzensfeinheit und Achtung der Menschenwürde waren am damaligen Hof seltene Pflanzen.«

Vorgeworfen wurde dem Grafen Dillen ein etwas rüder Umgangston, sehr feinsinnig oder fein gebildet war er wohl nicht. Seine Domäne war der»Hofdienst«, er traf die Entscheidungen über die Weinlieferungen, den Ankauf von Vieh für die Meierei und ähnliches – eine politische Rolle spielte er nicht. Nachdem Württemberg ab 1806 Königreich geworden war, erhob Friedrich seinen Freund zunächst zum Freiherrn, weshalb er auch seinen Namen änderte. Später wurde Dillen in den erblichen Grafenstand versetzt. Ein Spottvers machte damals die Runde:

> *»Der König ist kein Freund von jus,*
> *er folgt dem eignen Willen,*
> *drum macht er aus Dillenius,*
> *den Herrn Baron von Dillen.«*

Man war ihm am Hofe nicht wohlgesonnen, was auch mit seinem Aufgabenbereich zusammenhing. Nachdem er im Jahre 1809 zum Oberhofintendanten avanciert war, kümmerte er sich um die präzise Ausführung der königlichen Befehle – nicht jedem Hofbeamten zur Freude. Als Geschenk von König Friedrich erhielt Graf Dillen Schloss Dätzingen mit den dazugehörenden Gütern und der Jagd. Hierher hat er sich im April 1817, ein halbes Jahr nach Friedrichs Tod, zurückgezogen. Seine Anhänglichkeit an den König zeigte sich in fast rührender Weise, indem er seinen einzigen Sohn»Friedrich« nannte und auch die drei Enkelsöhne jeweils diesen Beinamen trugen.

Direkt nach dem Tod König Friedrichs nahm Graf Dillen zunächst das Amt eines Oberhofmeisters bei Charlotte Mathilde an. Sie schrieb darüber an ihre Mutter nach England.»Es ist schön für mich, einen Menschen um mich zu haben, der den König geliebt hat und mit dem ich mich über den Verstorbenen unterhalten kann.« Ihren Stiefsohn Wilhelm, den neuen König, bat sie ausdrücklich, Graf Dillen seinen Rang und Titel zu belassen,»im Hinblick auf das besondere Vertrauen, das sein Vater ihm entgegengebracht habe«. Es bestand also kein wirkliches Günstlingswesen in Württemberg. Charlotte Mathilde aber bewies auch in diesem Falle ihre großzügige Haltung gegenüber ihrem Mann und dessen Freunden.

Schlösser und Feste

Der Hauptwohnsitz des Fürstenpaares lag in Stuttgart. Schon kurz nach dem Regierungsantritt von Herzog Carl Eugen hatte man im Jahre 1747 mit dem Bau des im Herzen der Stadt gelegenen so genannten Neuen Schlosses begonnen, einem großzügig angelegten Palast im Stile des französischen Barock. Die Pläne stammten von dem in Paris ausgebildeten Leopoldo Retti und seinem Nachfolger Philippe de la Guêpière. Durch einen Brand 1762 teilweise vernichtet, wurde das Schloss nicht fertiggestellt und blieb 20 Jahre lang teilweise unbenutzt. Erst Herzog Friedrich ließ durch seinen Baumeister Nikolaus Friedrich von Thouret die fehlenden Räumlichkeiten bewohnbar machen und das ganze Schloss im Innern im Empirestil ausstatten, äußerlich jedoch behielt das Bauwerk seine barocke Form. So stand dem württembergischen Regenten in Stuttgart ein repräsentatives Schloss zur Verfügung.

Nach Ostern zog der gesamte Hofstaat zum Sommeraufenthalt ins Ludwigsburger Schloss. Schon im Jahre 1704 war das »Alte Corps de Logis« entstanden, ein prächtiger Bau mit reicher Ausstattung im Stile des etwas schweren böhmisch-österreichischen Barock. Diesem Gebäude gegenüber wurde später unter Herzog Carl Eugen das »Neue Corps de Logis« errichtet, innen mit eleganter Rokoko-Einrichtung. Die beiden Bauteile waren verbunden durch Galerien, dem Theater und dem so genannten Ordensbau, sodass eine Vierflügelanlage um einen Innenhof entstanden war. Das Ludwigsburger Schloss wurde glücklicherweise im letzten Weltkrieg nicht zerstört und ist heute eine der größten barocken Anlagen in Europa. Ludwigsburg wurde zum Lieblingsaufenthalt von Charlotte Mathilde. Auch Friedrich lebte gerne hier, obwohl er noch lieber ins kleine Schloss nach Freudenthal auswich, um dort mit seinen Jagdfreunden ungestört zu feiern.

Um seine Königswürde zu unterstreichen, ließ sich Friedrich I. um 1810 von Johann Baptist Seele in vollem Krönungsornat malen.

Die beiden großen Barockschlösser gaben einen glanzvollen Rahmen für Galaempfänge, Bälle, aufwändige Festivitäten. Friedrich liebte den prunkvollen Auftritt und so wurde nicht gespart an Dekorationen, phantasievollem Blumenschmuck und stimmungsvollen Lichteffekten. Immer gehörte auch ein Feuerwerk dazu. Es gibt die detaillierte Beschreibung eines solchen Festes, wie es beispielsweise am 11. Juni 1798 zum Ausgang des Wochenbetts der Herzogin begangen wurde. Eingeladen war der gesamte Hof in das Ludwigsburger Schloss. »Beginn mit einem Gottesdienst im Rittersaal, um 18 h Theater und Ballett. 21 h Fackelzug zum Favorite-Schloss, Feuerwerk, dann um 22 h Ball bis 3 h morgens, dazwischen festliche Tafel mit 134 Couverts.«

Bald reichten die Räumlichkeiten für die Feste und die zahlreichen Gäste nicht mehr aus, sodass die beiden Lustschlösser »Monrepos« und »Favorite« umgestaltet und erweitert wurden. Schloss Favorite war ein kleines Lustschlösschen und bildete den optischen Abschluss der gesamten barocken Gartenanlage des Ludwigsburger Schlosses, ein Point de vue, ähnlich der »Gloriette« im Schloss Schönbrunn in Wien. Um das Jahr 1800 wurde wieder Hofbaumeister Thouret beauftragt, die Räumlichkeiten innen neu zu gestalten, damit der Hof weitere Möglichkeiten besaß, seine vielen Besucher zu bewirten. Thouret dekorierte die Räume im damals ganz modernen, frühen klassizistischen Stil.

Auch das ehemalige Seeschloss, von Friedrich »Monrepos« genannt, in der Nähe Ludwigsburgs wurde von Thouret fertig gestellt und ausgebaut. Hier war die Ausstattung der Räume besonders erlesen. Die Möbel und Holzverkleidungen stammten allesamt aus der Werkstatt des Hofebenisten Johannes Klinckerfuß, die barocken Deckengemälde wurden belassen. Dieses Schloss wurde gerne für private Familienfeiern genutzt, die Hochzeitsfeierlichkeiten für die beiden Söhne fanden beispielsweise hier statt. Mit der Zeit wurde es jedoch mehr und mehr in die Hofgeselligkeiten einbezogen und auch hohe Staatsgäste führte man dorthin.

Die besondere Liebe des herzoglichen Paares galt den Gartenanlagen. Friedrich investierte viel Geld in den Ausbau und die Umgestaltung seiner Gärten im damals modernen englischen Stil, den wie naturbelassen wirkenden »Landschaftsgarten«. In Ludwigsburg gab es umfangreiche Orangerien, Volieren, einen Tiergarten, Obstgärten und Viehweiden. Als besondere Attraktion galt ein Spielplatz mit Spielgeräten für Erwachsene, der besonders von jungen Höflingen eifrig benutzt wurde. Diese Parks, in Stuttgart wie in Ludwigsburg, später auch in Monrepos, standen auch dem Publikum offen. Jeder »anständig gekleidete Bürger« hatte Zutritt und konnte sich hier ergehen. Nachts war der Eintritt allerdings verboten. Meistens aber waren es der Adel und hochrangige Bürger, die hier sonntags spazieren gingen, insbesondere um gesehen zu werden.

Besonders idyllisch muten die zwei kleinen Privatgärten an, die sich zu beiden Seiten des Neuen Corps de Logis am Ludwigsburger Schloss erstrecken, heute Friedrichs- beziehungsweise Mathildengarten benannt. Sie haben ihren intimen Charakter bis heute bewahrt und zeugen mit ihren rindengeschmückten Pavillons vom Geschmack der Besitzer. Hier konnte man »vom Volk« unbehelligt den Sommer genießen, durch Hecken war man vor neugierigen Blicken geschützt – ein kleines Stück Privatleben am sonst so umtriebigen Hof.

Theater, Jagen, Sticken

Friedrich scheint ein ausgesprochener Theaterliebhaber gewesen zu sein, er behielt sich vor, über den Spielplan mitzuentscheiden. Der Intendant musste ihm jede Woche den Plan vorlegen und von ihm absegnen lassen, auch jede Programmänderung musste angezeigt werden. Es gelangte eine enorme Vielfalt von Stücken zur Aufführung, von Oper über Schauspiel bis zur leichten »Comedie«. Sehr häufig wurden Mozart-Opern gespielt, im Schauspiel gab es eine bunte Mischung mit Schillers »Räubern«, Goethes »Götz von Berlichingen«, Lessings »Minna von Barnhelm« und weiteren Dramen, die damals beliebt waren.

Auch Charlotte Mathilde besuchte regelmäßig mehrmals in der Woche die Vorstellungen; allerdings bevorzugte sie mehr das Schauspiel und nicht so sehr die große Oper, da sie nicht besonders musikalisch war. Es ist anzunehmen, dass die Verhandlungen mit dem berühmtesten Schauspieler seiner Zeit, August Wilhelm Iffland, auf ihr Betreiben hin stattfanden. Man bot ihm die Direktion des württembergischen Hoftheaters an. Er hätte auch gerne angenommen, leider wurde er vom Berliner Theater nicht freigegeben. Dennoch konnte man mit einigen Gastspielen Ifflands in den Sommern 1803 und 1804 im Theaterleben Ludwigsburgs und Stuttgarts wenigstens einige Akzente setzen. Iffland war ein begnadeter Schauspieler und hat durch sein Auftreten seinen ganzen Berufsstand gesellschaftsfähig gemacht. Nach ihm ist der bekannte Iffland-Ring benannt, der bis heute immer vom besten deutschsprachigen Schauspieler getragen werden darf.

Auch hochrangige Konzerte fanden am Hoftheater statt, wo so bekannte Musiker wie Rudolf Zumsteeg oder Konradin Kreutzer verpflichtet waren. Im August 1807 ließ Theaterdirektor Wächter beim König anfragen, ob ein gewisser Musiker namens Carl Maria von Weber aus Breslau »sich mit einem Concert auf dem Fortepiano und einer Sinfonie produzieren dürfe«. Er durfte – und blieb einige Jahre in Württemberg, im Dienste von Herzog Ludwig, einem Bruder des Königs.

Sowohl in der Hauptresidenz in Stuttgart als auch in Ludwigsburg – und nach der Fertigstellung des Schlosses Monrepos auch dort – standen dem Hofe mehrere Theaterhäuser zur Verfügung. Bis zum Brand im Jahre 1902 gab es in Stuttgart das Lusthaustheater. In Ludwigsburg besaß man das Schlosstheater und ein Opernhaus, das unter Herzog Carl Eugen um 1765 von seinem Hofbaumeister Philippe de la Guêpière errichtet wurde. Dies musste wohl in so großer Eile geschehen, dass nicht sorgfältig gebaut wurde und das Theater kaum vierzig Jahre später wieder wegen Baufälligkeit abgetragen werden musste. Dafür ließ Friedrich das kleine Theater aus Schloss Grafeneck nach Monrepos übertragen und dort nach Entwürfen von Hofbaumeister Thouret zum Opernhaus erweitern. Charlotte Mathilde ließ nach Friedrichs Tod aus Kostengründen, wie sie sagte, das ganze Theater wieder abreißen, offensichtlich verschlang der Betrieb Unsummen.

Aus heutiger Sicht ist es sehr schade um das Opernhaus in Monrepos, denn es hatte eine Besonderheit zu bieten: Die Bühne ließ sich an der rückwärtigen Wand öffnen, sodass die freie Landschaft sichtbar wurde und in das Bühnenbild mit einbezogen werden konnte. Heutzutage kann diese Mechanik noch im Schwetzinger Schlosstheater bestaunt werden. Damals sorgte dieses Kuriosum für große Begeisterung bei den Besuchern. Aus Anlass des großen Kaisertreffens im Juni 1815 wurde in Monrepos die Oper »Fernando Cortez« gespielt, im offenen Hintergrund der Bühne zogen Truppen auf und man sah eine richtige Schlachtenszenerie. Der Chronist J. Memminger schrieb, das Theater sei nicht groß, »aber doch für große Stücke geeignet, indem es nach hinten geöffnet und mit dem freien Felde in Verbindung gesetzt werden kann – wie neulich die Oper ›Cortez‹ mit ungemeiner Wirkung gegeben wurde.«

Eine andere Leidenschaft Friedrichs konnte seine Gemahlin nicht mit ihm teilen, die Jagd. Sie war keine große Jägerin und nur, wenn es sich nicht vermeiden ließ und große Jagdgesellschaften angesagt waren, begleitete sie die Gäste. König Friedrich hingegen liebte die Jagd, auch wenn ihm das oft brutale Abschlachten des Wildes schon von den Zeitgenossen sehr viel Kritik eintrug. Er zelebrierte große Jagdausflüge und Aufenthalte in seinen Jagdschlössern, meist mit Freunden, mit denen er dann entspannt und ungestört feiern konnte. So manches Mal sei es auch etwas zügellos zugegangen.

Die Königin dagegen hatte mehr Freude an ruhigeren Tätigkeiten, am Sticken und am Malen, insbesondere am Bemalen von Porzellan. Im Ludwigsburger Schloss sind noch etliche Möbelstücke vorhanden, deren Polster von Charlotte Mathilde eigenhändig bestickt wurden, meist in sehr hübschen Blumenmustern. Aber sie arbeitete auch mit Perlstickerei, fertigte Kamin- und Lampenschirme oder Seidentäschchen an. Mit der Porzellanmalerei hat sie erst später begonnen, ihre beliebtesten Sujets waren Tier- und Blumendarstellungen, aber auch Jagdszenen. König Friedrich zeigte Besuchern stolz die Werke seiner Frau, er meinte, »sie fertigt am liebsten Thierstücke, welche ihr so wie Blumen meisterhaft gelingen.«

Dabei war ihr linkes Auge von einem Unfall in ihrer Jugend leicht beeinträchtigt. Damals hatte sich in Schloss Windsor ein Kronleuchter aus seiner Verankerung gelöst und war von der Decke herabgestürzt. Dabei wurde die Prinzessin so unglücklich am Kopf getroffen, dass sie eine sichtbare Narbe davon behielt und ihr Leben lang immer wieder über Kopfschmerzen klagte. Ihr Auge war leicht verletzt worden, jedoch hatte ihr Sehvermögen nicht gelitten. Heute findet sich noch manches von der Königin bemalte Porzellan auch in England, da Charlotte Mathilde immer wieder ihren Verwandten Geschenke zukommen ließ.

Wie sich an ihren bevorzugten Tätigkeiten erkennen lässt, war Charlotte Mathilde eine ganz und gar unpolitische Frau. Sie sah ihren Wirkungsbereich innerhalb der Familie, nahm regen Anteil am Leben ihrer Kinder, auch der Schwiegertöchter, und wie alle Großmütter liebte sie besonders ihre Enkel. Eine aktive Rolle als Regentin ihres Landes strebte sie nicht an. Insofern ergänzten sich die beiden Ehegatten hervorragend. Nicht von ungefähr äußerte sich Friedrich einmal über seine Frau: »So gut ein Weib sein kann, so ist gewiss diese. Jeden Tag zeigt sich ihr Charakter rechtschaffen und gut.«

Herzogin, Kurfürstin, Königin

Dennoch war auch Charlotte Mathildes Leben geprägt von den umwälzenden Veränderungen, die mit den napoleonischen Kriegen und dem Ende des Heiligen Römischen Reiches Deutscher Nation einhergingen. Sie erlebte den Aufstieg zur Herzogin, Kurfürstin und schließlich zur Königin. Etwa ein halbes Jahr nach ihrer Eheschließung mit dem Erbprinzen starb ihr Schwiegervater, und Charlotte Mathilde wurde im Dezember 1797 Herzogin von Württemberg. Um 1800 wurde ganz Württemberg von französischen Revolutionstruppen besetzt und der herzogliche Hof musste ins preußische Erlangen fliehen. Erst nach dem Frieden von Lunéville war die Rückkehr der herzoglichen Familie nach Württemberg möglich und das Herzogspaar hielt im Mai 1801 feierlichen Wiedereinzug in seine Residenz in Stuttgart, von der Bevölkerung jubelnd begrüßt.

Die Königskrone wurde nach der Erhebung Württembergs zum Königreich im Jahr 1806 von Friedrich in Auftrag gegeben und reich gestaltet.

Am 29. April 1803 kam endlich die Nachricht von der Verleihung der schon lange angestrebten Kurwürde, die mit einer fünftägigen Kurfeier entsprechend gefeiert wurde. Außerdem wurden Württemberg im Reichsdeputationshauptschluss als Ausgleich für seine verlorenen linksrheinischen Besitzungen Gebietszuwächse aus den mediatisierten und säkularisierten Reichs- beziehungsweise Kirchengütern zugesprochen.

Die folgenden Jahre waren gekennzeichnet durch das schwierige, aber geschickte Verhandeln Kurfürst Friedrichs zwischen der alten Kaisermacht in Wien und den Forderungen Napoleons nach einem Bündnis mit Frankreich. Innenpolitisch musste er versuchen, die neu erworbenen Gebiete mit ihren verschiedenartigen Traditionen und ihrer anderen Konfession in das »Stammland« zu integrieren mit dem

Ziel, einen absolutistisch regierten Einheitsstaat zu bilden. Dazu hob er im Jahre 1805, praktisch mit einem Federstrich, das seit dem Tübinger Vertrag von 1514 in Württemberg herrschende »alte, gute Recht« auf, das wichtige Mitspracherecht der Landstände bei der Regierung des Landes. Dies hat ihm die altwürttembergische »Ehrbarkeit«, die Vertreter der Landstände, nie verziehen.

Bei den zahlreichen Reisen, welche der Kurfürst unternahm, um die neuen Landesteile kennenzulernen und die Huldigungen der Bevölkerung entgegenzunehmen, hat Charlotte Mathilde ihn nie begleitet. Man kennt die Gründe nicht, die sie daran gehindert haben. Heute wäre dies undenkbar und man findet es selbstverständlich, dass sich auch die »First Lady« ihren Untertanen zeigt. Ihre Repräsentationspflichten bei den beiden großen Empfängen für die französischen Kaiserinnen, Josephine und später Marie Luise, hat sie dagegen sehr ernst genommen.

Am 30. November 1805 besuchte Kaiserin Josephine, die erste Gemahlin Napoleons, auf Einladung Friedrichs auf ihrer Reise nach München auch Stuttgart. Sie wurde großartig empfangen, die Stadt war beleuchtet mit Fackeln und brennenden Pechpfannen, die Glocken läuteten, es gab Kanonendonner, Feuerwerk, Oper, einen Gala-Empfang und Ausflüge nach Ludwigsburg und zum Schloss Monrepos. Der kurfürstliche Hof war begeistert vom Charme, von der Eleganz und dem karibischen Flair Josephines. Charlotte Mathilde soll daneben ein wenig »hausbacken« gewirkt haben. Kein Wunder, war sie doch eine sparsame Fürstin, ganz im Gegensatz zu Josephine, die nach ihrer Scheidung von Napoleon allein für offene Kleiderrechnungen gewaltige Schulden hinterließ! Auch Kurfürst Friedrich konnte sich der Ausstrahlung Josephines nicht entziehen und besuchte sie sogar später in ihrem Schloss Malmaison bei Paris, wie übrigens manche anderen Fürsten auch, allen voran Zar Alexander I. von Russland. Ende Mai 1814 starb Josephine an einer Lungenentzündung, die sie sich beim Flanieren im Park an der Seite des russischen Zaren zugezogen hatte.[10]

Auf ihrer Brautfahrt von Wien nach Paris besuchte auch Erzherzogin Marie Luise von Österreich, die zweite Frau Napoleons und neue

Kaiserin von Frankreich,
am 20. März 1810 die
württembergische Resi-
denz. Sie reiste mit gro-
ßem Gefolge an: 53 Be-
gleiter und Begleiterinnen
und 58 Bedienstete. Marie Luise blieb zwar nur eine Nacht in
Stuttgart, der Aufwand an Vorbereitung
aber war gewaltig mit Quartierlisten und Plänen für die verschiedenen
festlichen Tafeln. Es gab einen Aufruf an die Bevölkerung, wegen
Feuer, Diebstahl und Fremden in der Stadt wachsam zu sein. Vor allem sollten die Straßen frei gehalten werden. Politisch gesehen waren
die süddeutschen Staaten durch diese familiäre Verbindung Frankreichs mit Habsburg verunsichert, ihre Vorposten-Funktion war über-
flüssig geworden. Friedrich nannte Marie Luise wenig schmeichelhaft
»eine Spionin Österreichs im Bette des französischen Kaisers«.

Der wichtigste Staatsbesuch in dieser Zeit aber war der Empfang
Napoleons in Schloss Ludwigsburg am 2. Oktober 1805. Bei der Un-
terredung der beiden Fürsten hinter verschlossenen Türen sollen die

Weichen für ein »Königreich Württemberg« gestellt worden sein. Charlotte Mathilde erzählte später, sie musste gute Miene zum bösen Spiel machen, sie sei höflich geblieben, auch wenn es für sie schmerzlich war, denn ein Fehler von ihr hätte den Königstitel kosten können.[11] Als gebürtige Engländerin zählte sie damals zu den »Feinden« Frankreichs, sie hatte zudem eine persönliche Abneigung gegen den Kaiser. Dennoch musste sie zugeben:»Zu mir ist er immer sehr höflich gewesen«.

Am 1. Januar 1806 war es schließlich soweit:»Wir, Friedrich, von Gottes Gnaden König von Württemberg, des Hl. Römischen Reiches Erbpanner und Churfürst, etc. etc. Unseren gnädigen Gruß zuvor […]«, so lautete die Nachricht an das Volk. Es sollte jedes Jahr am Neujahrstag zum Gedächtnis an die Stiftung der Monarchie gehörig gefeiert werden, aber schon im Jahre 1812 wurde dies wieder eingestellt. Es gab dann nur noch die »gewöhnliche Gratulationscour«, das Abfeuern der Kanonen sollte unterbleiben.

König Friedrich gilt in Württemberg vielfach als harter, rücksichtsloser Herrscher, der seine Soldaten in die verhängnisvollen Schlachten Napoleons schickte und das Land nicht vor einmarschierenden Truppen schützen konnte. Übersehen wird oft: Es war nur dem geschickten Taktieren Friedrichs zu verdanken, dass Württemberg seine souveräne Stellung unter Napoleon behalten, ja sogar ausbauen konnte. Nach dem Sturz des napoleonischen Kaiserreichs sorgte wiederum Friedrich auf dem Wiener Kongress dafür, dass »Neu-Württemberg« und der erworbene Königstitel bestätigt wurden und das Land seine Selbständigkeit innerhalb des Reiches bewahren konnte. Auch die innere Verwaltung des Königreichs hat er durch ein neu geschaffenes Beamtentum zumindest auf den Weg gebracht.

Dies ist das große Vermächtnis dieses Regenten, obwohl seine Persönlichkeit bei den Württembergern wohl immer umstritten bleiben wird. Es gibt einen Ausspruch des württembergischen Hofbildhauers Johann Heinrich von Dannecker über den König:»Er hatte manchmal eine unbeschreiblich freundliche Miene, den Gesichtsausdruck, womit er jedermann fesseln konnte, wenn er wollte. Ich behielt ihn fest im Gedächtnis, wenn er böse war, sah ich nie hin!«

König Friedrich stirbt

Fast möchte man sagen, seine naturwissenschaftlichen Interessen sind König Friedrich zum Verhängnis geworden. Als man ihn nämlich benachrichtigte, in Cannstatt sei ein Mammutknochen ausgegraben worden, eilte er sofort und ohne Rücksicht auf die kalte Witterung dorthin, um diese anzusehen. Dabei zog er sich eine heftige Erkältung zu, die sich zu einer Lungenentzündung ausweitete und letztendlich zum Tode führte. Da er eine robuste Konstitution hatte, musste er einen langen Todeskampf erleiden. Immer wieder erlangte er das Bewusstsein und nahm regen Anteil an der kurz bevorstehenden Niederkunft seiner Schwiegertochter Katharina, die dann wenige Stunden nach seinem Tod ihr erstes Kind, Marie, zur Welt brachte. König Friedrich starb am 30. Oktober 1816 im Stuttgarter Schloss. Er wurde in der evangelischen Abteilung der Fürstengruft im Ludwigsburger Schloss beigesetzt. Erstmalig wurde dort die Gruft nach einer Bestattung nicht wieder zugemauert, um der Witwe den freien Zugang zum Grab ihres Mannes zu ermöglichen. Sie besuchte regelmäßig an Gedenktagen die Grabstätte, weshalb ihr zum Öffnen der Gruft ein eigener Schlüssel ausgehändigt wurde.[12]

Nach 19-jähriger Ehe trauerte die Königinwitwe aus tiefster Seele um ihren Mann. Einem Freund in England teilte sie in einem Brief mit: »Ich glaube, dass niemals ein Mensch so verhaftet mit einem anderen war wie ich mit dem König, ich warte in Geduld auf mein Ende, das mich in einer besseren Welt mit meinem Ehemann vereinigt.«[13] Sie stellte mit Bitterkeit fest, dass der Tod des Königs in der württembergischen Bevölkerung mit einer gewissen Erleichterung aufgenommen wurde. Als ein absolutistisch regierender Monarch ging er oft rücksichtslos über die persönlichen Nöte seiner Landeskinder hinweg, auch als im Jahre 1816 Kriegslasten und Hungersnot die Menschen niederdrückten. Dennoch lag ihm das Wohl Württembergs sehr am Herzen und er hinterließ seinem Sohn und Nachfolger, König Wilhelm I., ein Königreich, das in seinen territorialen Grenzen erheblich vergrößert war und an dessen innerem Aufbau er bis zuletzt gearbeitet hatte.

Die Königinwitwe

Schon immer hatte Charlotte Mathilde dem Aufenthalt in Schloss Ludwigsburg den Vorzug vor dem Leben im Neuen Schloss in Stuttgart gegeben. Sie beschloss deshalb im November 1816 zusammen mit ihrem Stiefsohn, König Wilhelm I., den Ehevertrag hinsichtlich des Witwensitzes zu ändern. So standen Charlotte Mathilde nun Schloss Monrepos und Appartements im Schloss von Ludwigsburg als Witwensitze zu, außerdem behielt sie noch eine Wohnung im Stuttgarter Neuen Schloss zur Verfügung.

König Wilhelm gab den Auftrag, in Ludwigsburg die Appartements im Neuen Corps de Logis, die bis dahin nur im Sommer bewohnt worden waren, »in brauchbaren und guten Zustand zu versetzen, auch neu zu tapezieren«. Der sparsame König verwies hierzu auf Tapeten, die in den Magazinen gefunden worden waren, die jedoch seiner Stiefmutter in Farbe und Muster so missfielen, dass sie das ganze Unterfangen rundweg ablehnte. So wenig wichtig Charlotte Mathilde Modefragen waren, so sehr bewies sie Kunstverstand und Stil bei der Einrichtung ihrer Wohnräume. Da sie nicht unvermögend war, beschloss sie nach anfänglichem Zögern, die Kosten des Umbaus selbst zu tragen. Es wurde der Hofbaumeister Nikolaus Friedrich von Thouret beauftragt, sämtliche Räume in klassizistischen Formen zu modernisieren, ganz nach ihrem Geschmack. Die passenden Möbel schuf der Hofebenist Johannes Klinckerfuß, die Stickereien an den Sesseln stammten von ihrer Hand. Vor allen Dingen bestellte sie in Lyon wundervolle Tapeten aus Seidendamast. So waren die Räume harmonisch aufeinander abgestimmt und sehr geschmackvoll eingerichtet – man kann dieses Ambiente heute noch im Schloss bewundern.

Charlotte Mathilde besaß in Ludwigsburg auch ein größeres Anwesen in direkter Nachbarschaft zum Schloss, den Mathilden-Hof. Sie hatte dieses Haus schon im Jahre 1801 aus dem Besitz des früheren württembergischen Ministers von Grävenitz erworben. Damals

Königin Charlotte Mathilde als Witwe

schenkte ihr Herzog Friedrich im August desselben Jahres viereinhalb Morgen Gartenland, sodass der Mathilden-Hof durch einen parkartig angelegten Garten direkt mit dem Schloss verbunden werden konnte. Der barocke Bau besaß im Erdgeschoss eine hübsche »Sala terrena« (Gartensaal) und aus dem ersten Stock konnte man über eine Freitreppe in den Garten gelangen. Dort stand, wie es Mode war, ein rindenbedeckter, innen ausgemalter Pavillon, ähnlich dem im Schlossgarten. In diesem Haus wohnten zu Charlotte Mathildes Zeit ihre Hofdamen. Heute ist der Mathilden-Hof umgebaut, aber der Pavillon steht noch und auch den »historischen Weg« kann man nachvollziehen, über den die Hofdamen durch den Garten ins Schloss gelangen konnten, direkt in den Wohntrakt der Königinwitwe.

Naturgemäß verlief das Leben Charlotte Mathildes als Witwe etwas ruhiger, dennoch nicht zurückgezogen. Sie unterhielt einen Hofstaat von 76 Personen, vom Obersthofmeister bis zur Küchenmagd, über den sie genau Buch führte mit Namen, Alter, Wohnort und Gehalt. Mit ihren Hofdamen unternahm sie Spazierfahrten im Ponywagen, im Winter Schlittenpartien. Für größere Unternehmungen stand ihr eine Staatskarosse mit einem Läufer zur Verfügung. Es fanden Feste und Bälle statt, seltener auch Theateraufführungen, kurz, es entwickelte sich in Ludwigsburg das gesellschaftliche Leben einer kleinen Residenz.

Vor allem aber nahm Charlotte Mathilde regen Anteil am Familienleben. Sie kümmerte sich um die zahlreichen Enkel, bekam regelmäßig Besuch vom Königspaar aus Stuttgart und war bei allen Familienfesten und Staatsfeierlichkeiten anwesend. Es scheint, dass es bei vielen Besuchern der Stuttgarter Residenz ein Muss war, wenigstens einmal nach Ludwigsburg hinauszufahren und Charlotte Mathilde einen Besuch abzustatten. Dies zeigt, wie beliebt und verehrt die Königinwitwe war. Freiherr Hermann von Massenbach erzählte aus seiner Zeit als Leibpage bei der Königinwitwe, dass sie oft nachsichtig war mit den Knaben, wenn sie sich beim Servieren der Speisen gerne auch selbst bedient haben. »Aber eine Orange könntet ihr mir schon lassen«, das war ihr humorvoller Kommentar.

Jedes Jahr im Juni fuhr sie mit ihrem Gefolge für mehrere Wochen zur Kur nach Bad Teinach im Schwarzwald. Diese Reise, auch deren

Kosten, wurde ihr von König Wilhelm stets bewilligt. Nur einmal, im August 1819, beklagte sich der Finanzminister, »es dürfen nicht schon wieder die Kosten für 61 Betten der Finanzcassa zu Lasten kommen, im letzten Jahr mussten alle Matratzen wegen eines Wasserschadens auf dem Transport umgearbeitet werden, dieses Jahr nicht!« Ansonsten hatte der König für die Wünsche seiner Stiefmutter meist ein offenes Ohr, ob es um die Ernennung eines Hofmedikus oder des Hofpredigers ging oder auch um die Auszahlung ihres Wittums.

Zurück zu den Wurzeln

Während der Napoleonischen Kriege und der vom französischen Kaiser verhängten Kontinentalsperre gegen England wäre es auch für Königin Charlotte Mathilde nur schwer möglich gewesen, eine Reise in die alte Heimat zu unternehmen. Immerhin konnte sie in dieser Zeit ganz ungehindert mit ihrer englischen Familie korrespondieren, ein besonderes Privileg, das Napoleon der württembergischen Königin eingeräumt hatte. Es zeugt von der persönlichen Wertschätzung, die der Kaiser der Franzosen vor allem König Georg III. von Großbritannien entgegenbrachte und die er offensichtlich auf dessen Tochter übertrug. Überliefert ist eine Bemerkung, die Napoleon einmal zu Königin Caroline von Bayern machte: »Was wollen Sie, Madame, bedenken Sie, wer Sie sind, die Tochter eines kleinen Markgrafen, die Königin von Württemberg dagegen ist immerhin die Tochter des größten Königs der Welt«.

Nun waren diese stürmischen Zeiten lange vorbei – man schrieb das Jahr 1827. Napoleon war in der Verbannung auf der Insel Sankt Helena gestorben und auch König Friedrich war bereits über zehn Jahre tot. Die verheerende Hungersnot als Folge der Kriegswehen war überwunden und das erfolgreiche Ringen um eine Verfassung im Lande trug erste Früchte – es waren Friedenszeiten angebrochen.

Charlotte Mathilde lebte in Ludwigsburg eher beschaulich. Große Reisen hatte sie nie unternommen, auch zu Lebzeiten König Friedrichs beschränkte sie sich auf kurze Besuche bei ihrer Schwester in

Hessen oder auf kleinere Unternehmungen innerhalb Württembergs. Nun aber trieb sie die Sehnsucht, nach genau dreißig Jahren die Heimat und die englischen Verwandten wiederzusehen. Auf die Einladung ihres Bruders, König Georgs IV., schrieb sie:»Obwohl ich ein dummes, altes Wesen bin, bin ich dankbar und werde gewiss alles tun, was in meiner Macht steht, aber Du weißt, ich bin lästig, weil ich nicht in eine geschlossene Kutsche hineinpasse und nicht laufen kann. Mein Atem ist so kurz, dass ich die Treppen hinuntergetragen werden muss. Wie auch immer, ich hoffe, dass mein lieber Bruder Geduld hat mit meinen Gebrechen.«

Der Aufbruch zur großen Reise fand Ende Mai 1827 statt. Angeführt wurde die Reisegesellschaft vom Obersthofmeister, Freiherr von Gemmingen, der einen genauen Bericht für König Wilhelm nach Stuttgart lieferte, vornehmlich über Witterungsverhältnisse und Gesundheitszustände aller Art. Die Hinreise verlief anscheinend ruhig und ohne Hindernisse. Die Bevölkerung in England und auch die dortige Presse nahmen regen Anteil an der»Heimkehr« der Princess Royal, überall am Wegesrand hatten sich jubelnde Menschen eingefunden.[14]

Auch der König kam eigens zur Begrüßung der Schwester von Schloss Windsor nach London und wies ihr im Saint-James-Palast seine eigenen Appartements als Wohnung zu. Später wohnte Charlotte Mathilde in Frogmore oder bei ihrer Schwester Sophie im Kensington Palast.

Sie schwelgte in Jugenderinnerungen, wirkte frisch und heiter und schien die Anstrengungen der vielen Besuche gut zu verkraften und das Beisammensein mit den Geschwistern zu genießen. Man plante Ausflüge, Bootsfahrten und andere Festlichkeiten, die Schwestern und Brüder, auch die Schwägerinnen fanden sich immer wieder ein. Bei dieser Gelegenheit lernte sie auch die kleine Tochter Victoria, genannt»Vicky«, ihres verstorbenen Bruders Edward, Herzog von Kent, und seiner Frau, Victoria von Sachsen-Coburg, kennen. Von der übrigen Familie wurden Mutter und Tochter gemieden, man fürchtete die Thronansprüche der Herzogin von Kent für ihre Tochter. Sie wurde die berühmte»Queen Victoria«.[15] Damals lebte Vicky

Der vom Hofebenisten Johann Klinckerfuß im klassizistischen Stil gefertigte Schrank wurde von Charlotte Mathilde in Grisaille-Malerei selbst bemalt.

mit ihrer Mutter in äußerst bescheidenen Verhältnissen, abseits vom Hofe. Bezeichnend für den ausgeprägten Familiensinn Charlotte Mathildes ist es, dass sie in ihrem Testament ein Legat von 1500 Pfund und ein Brillantschmuckstück für »Ihre Hoheit, Victoria« aussetzte.

Nach vier Monaten aber überfiel Charlotte Mathilde die Sehnsucht nach der »eigenen« Familie, »sie freute sich mit Ungeduld auf die Wiedervereinigung mit ihrer württembergischen Familie, trotz der Liebe und Wärme der englischen Familienmitglieder«. Sie lehnte das Angebot ab, den Winter über in England zu bleiben, und begab sich Mitte Oktober wieder auf die Heimreise. Diese verlief recht turbulent, denn bei Herbststürmen und dickem Nebel kamen sie auf dem Schiff in große Gefahr. Charlotte Mathilde jedoch behielt die Ruhe und bewies Mut und Gottvertrauen, als sie sagte: »Ich bin hier in Gottes Hand, wie zu Hause in meinem Bette.« Nach geglückter Landung auf dem Festland hielt die Reisegruppe einige Tage später wohlbehalten und glücklich ihren feierlichen Einzug in Ludwigsburg. Die Bevölkerung begrüßte sie mit Transparenten und Ehrenpforten, am Abend wurde die ganze Stadt illuminiert.

Leider hatte Charlotte Mathilde ihre Kräfte bei dieser Reise in die Heimat und in die Vergangenheit zu sehr strapaziert. Sie litt zunehmend an Atembeschwerden und angeschwollenen Beinen als Folge ihrer Brustwassersucht. Das Augenlicht ließ ebenfalls nach, sodass sie ihre geliebten Handarbeiten nur mühevoll bewältigen konnte. Im September des folgenden Jahres (1828) unternahm sie nochmals eine 10-tägige Reise nach Frankfurt zu ihrer Schwester Elisabeth, verbrachte aber ihren Geburtstag am 29. September wieder zu Hause. An diesem Tag sagte sie sehr nachdenklich zu ihrer Hofdame: »Nun lebe ich schon sieben Tage länger als mein Gemahl« – ob sie geahnt hat, dass es das letzte große Fest für sie war?

Der Tod Charlotte Mathildes

Am Samstag, den 6. Oktober 1828, erschien die Königinwitwe zur Familientafel und gab Audienz wie gewohnt, fühlte sich aber sehr geschwächt. Am Sonntag litt sie zum ersten Mal unter Erstickungsanfällen, die sich so verstärkten, dass in der Frühe des Montagmorgens König Wilhelm voller Sorge aus Stuttgart kam. Auch dessen Gemahlin Königin Pauline traf wenig später in Ludwigsburg ein. Allmählich versammelten sich alle um das Bett Charlotte Mathildes: die Familie, die Hofdamen und Bedienstete. Sie war bei vollem Bewusstsein. »Der König gab ihr noch etwas Brot und Wein, als sie ohne Mühsal nachmittags um drei viertel zwei sanft einschlief.«

Charlotte Mathilde wurde im Schloss aufgebahrt, die Trauergottesdienste fanden in der Stiftskirche in Stuttgart und in der Schlosskapelle in Ludwigsburg statt, wobei Hofprediger Harpprecht »Worte der Rührung« fand. Er wies darauf hin, dass Charlotte Mathilde genau 31 Jahre in England und 31 Jahre in Württemberg gelebt habe, wobei ihr dieses Land zur zweiten Heimat geworden sei. Das Trauergebet lautete: »Du hast die Gemahlin unseres verewigten Regenten der sichtbaren Welt entrückt, durch ihren Tod unseren König, das königliche Haus und das Vaterland in tiefe Trauer gebracht. Sie war zwanzig Jahre dem Fürsten eine würdige Freundin und theilnehmende Begleiterin, unserem König und seinen Geschwistern eine zweite Mutter und unserem Lande eine königliche Wohltäterin. Thränen zu trocknen, Noth und Elend zu mindern war ihr Bedürfnis des Herzens.«

Vermächtnis und Testament

Wie sehr Charlotte Mathilde zeitlebens um das Wohl der Ihren bemüht war und wie sehr ihr die Familie am Herzen lag, zeigt eindrucksvoll die Sorgfalt, mit welcher sie auch ihr Testament verfasst hat. Schon im Sommer des Jahres 1828 muss sie sich Gedanken darüber gemacht haben, womit sie zu Weihnachten ihre Kinder und Enkel beglücken wollte. Sie hatte alles schriftlich niedergelegt, sodass alle Geschenke nach ihrem Willen zugestellt werden konnten. Zum Beispiel sollte die Schwiegertochter, Königin Pauline, einen kleinen Arbeitstisch aus Ebenholz erhalten, dazu »ein Stück Spitze zur Garnierung eines Kleides«. Auch ein Schmuckstück mit Granaten und Diamanten gefasst war dabei und für die Enkelkinder neue Platten zur »Laterna magica«, die gerade in Mode gekommen war. Wir sehen also eine Großmutter, die auch aufgeschlossen für die neuen Errungenschaften der Zeit war.

Charlotte Mathilde verfügte über einen reichen Juwelenschatz, den sie in ihrem Testament vor allem den Enkeltöchtern vermachte, wobei sie meist auf einen persönlichen Bezug des jeweiligen Schmuckstücks zum Beschenkten achtete. Beispielsweise bekam Mathilde von

Montfort eine Camée (Halbedelstein mit eingeschnittenen Figuren), die einstmals ein Geschenk ihres Vaters, König Jérôme von Westfalen, war. Und auch Enkelin Marie erhielt ein Armband mit Perlen und Rubinen, das einst von Zarin Maria Feodorowna ihrer Schwägerin Charlotte Mathilde geschenkt wurde, also von Maries russischer Großmutter stammte.

So hat sie sorgfältig Erinnerungsstücke ausgesucht, auch Zobelpelze und Spitzenpelerine nicht vergessen, die sie den Enkelinnen Marie und Sophie, den Töchtern der so früh verstorbenen Katharina, als Andenken aus Russland vermachte. Auch die männlichen Familienangehörigen wurden bedacht mit silbernen Teemaschinen oder Schreibzeug in Silber. Die Schwestern in England erhielten meist Brillantschmuck, die Brüder Pendulen aus Marmor oder Bronze. »Ich möchte auch den Gliedern der großbritannischen Familie Zeichen Unserer Liebe und Zuneigung hinterlassen.«

Manche Schmuckstücke und Kunstgegenstände bestimmte sie als »unveräußerlich«, viele Gemälde, Handzeichnungen, wertvolle Bücher und anderes blieben im Hausbesitz. Auch ein »Reiherbusch«, ein Geschenk des türkischen Kaisers Selim III., sollte beim Hausschmuck bleiben. Dennoch wurde ein großer Teil der Kunstschätze verkauft, denn Charlotte Mathilde hinterließ eine wahre Fülle an Schmuck, Gemälden und anderen Kunstgegenständen. Nicht von ungefähr schreibt Fürstin zur Lippe in ihren Erinnerungen: »Das Schloss in Stuttgart ist vollgestopft mit Kunst, man könnte damit gut drei Schlösser ausstatten«. Leider wurden bei der Auktion, die nach Charlotte Mathildes Tod stattfand, viele Objekte zu einem viel zu niedrigen Preis verkauft. Die beiden Professoren der Kunstakademie, die im Auftrag König Wilhelms I. als Sachverständige fungierten, hatten wohl den Wert vieler Gemälde nicht richtig eingeschätzt. So konnte mancher Bürger hier ein »Schnäppchen« machen und für wenige Gulden Porzellan, Gobelins, Silber oder Gemälde aus königlichem Besitz erwerben.[16]

Charlotte Mathilde hat sich als Witwe für ihre finanziellen Belange sehr interessiert und in England einen Vertrauten gehabt, Sir Cox Hippisley, der sich um ihre Geldangelegenheiten kümmerte und mit dem sie darüber brieflich immer in Verbindung stand. Es war nicht

Die Königinwitwe Charlotte Mathilde wurde im Alter fülliger; man beachte
die Rosen auf der Haube.

einfach, das in Großbritannien angelegte Geld, das ihr aus dem Heiratsgut zustand, außerhalb der britischen Kronländer zu bringen und
in Württemberg anzulegen. Dennoch ist es ihr gelungen, ihr gesamtes
Vermögen in die so genannte »Mathilden–Stiftung« einzubringen, um
so ihre Nachkommen finanziell abzusichern. Sie gründete einen Fidei-
kommiss (ein Vermögensteil, der unveräußerbar bleibt), den König
Wilhelm unter dem Namen »Hofdomänenkammergut« führen sollte.

Zu dieser Stiftung gehörten: der Mathilden–Hof, die Zinserträge aus dem Heiratsgut der württembergischen Hälfte und ihr gesamtes Heiratsgut, ihr ganzes sonstiges Vermögen und der Erlös aus der Auktion der Kunstgegenstände. Diese Mathilden–Stiftung war der Grundstein für die Hofdomänenkammer und ist, in abgeänderter Form, bis heute Bestandteil der Hofkammer des Hauses Württemberg.

Das Andenken

Was bleibt im Gedächtnis an diese erste Königin von Württemberg? In Ludwigsburg erinnert besonders die Mathildenschule an Königin Charlotte Mathilde. Sie richtete die Mathilden–Pflege ein »für die allhiesige, meistens arme Schuljugend«, die alljährlich zu ihrem Geburtstag eine Zuwendung von 100 Gulden bekam. Aus dieser Einrichtung entstand ein Heim für arme, verwahrloste Kinder, das 1876 auf die Karlshöhe verlegt wurde. Das Gebäude, im Volksmund »Mathildenstift« genannt, übernahm die Stadt Ludwigsburg und gründete hier eine »Töchterbildungsanstalt«. Ganze Generationen von »höheren Töchtern« aus Ludwigsburg gingen ins Mathildenstift, das heutige Goethe-Gymnasium.[17]

Charlotte Mathilde scheint eine praktisch denkende Frau gewesen zu sein mit einem guten Geschäftssinn, die ihr Hauptaugenmerk auf die finanzielle Sicherstellung ihrer Familie gerichtet hat. Sie kannte sich aus in wirtschaftlichen Fragen und hatte klare Vorstellungen, wie ihre beträchtlichen Geldmittel anzulegen seien. Von der großen Politik hielt sie sich fern und auch auf dem Gebiet der Wohltätigkeit wirkte sie mehr im Stillen. Erst ihre Nachfolgerin, Königin Katharina, setzte ihr Vermögen für das Land ein und spann in großem Stil soziale Netze. Am besten beleuchtet ein Ausspruch Charlotte Mathildes, worin sie den Sinn ihres Lebens sah: »Ich finde, dass es das große Glück der Frauen ist, für ein häusliches Leben bestimmt zu sein, und ich kann nur diejenigen beklagen, die aus ihrem Lebenskreis heraustreten und sich in Angelegenheiten zu mischen suchen, von denen sie nichts verstehen.«

Stammtafel Charlotte Mathilde von Großbritannien

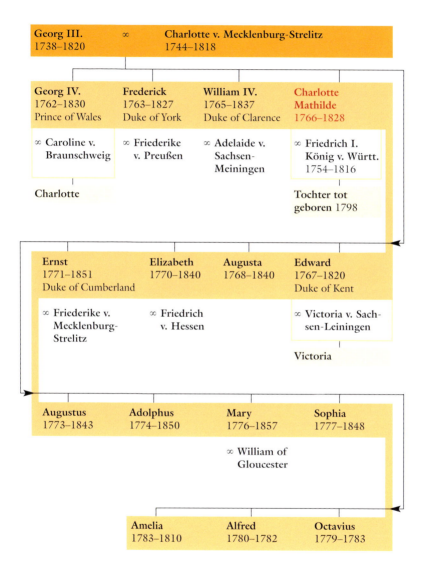

Georg III. 1738–1820 ∞ **Charlotte v. Mecklenburg-Strelitz** 1744–1818

Georg IV. 1762–1830 Prince of Wales	Frederick 1763–1827 Duke of York	William IV. 1765–1837 Duke of Clarence	**Charlotte Mathilde** 1766–1828
∞ Caroline v. Braunschweig	∞ Friederike v. Preußen	∞ Adelaide v. Sachsen-Meiningen	∞ Friedrich I. König v. Württ. 1754–1816
Charlotte			Tochter tot geboren 1798

Ernst 1771–1851 Duke of Cumberland	Elizabeth 1770–1840	Augusta 1768–1840	Edward 1767–1820 Duke of Kent
∞ Friederike v. Mecklenburg-Strelitz	∞ Friedrich v. Hessen		∞ Victoria v. Sachsen-Leiningen
			Victoria

Augustus 1773–1843	Adolphus 1774–1850	Mary 1776–1857	Sophia 1777–1848
		∞ William of Gloucester	

	Amelia 1783–1810	Alfred 1780–1782	Octavius 1779–1783

Königin

Katharina

Prolog

Katharina, Königin von Württemberg, Großfürstin von Russland, gehört zu den populärsten unter den württembergischen Königinnen. Zahlreiche Institutionen, Straßen und Plätze sind nach ihr benannt und halten so die Erinnerung wach, an ihre Person und noch mehr an ihr Wirken. Ihr tragisches Ende und die Spekulationen um ihren frühen Tod tragen nicht unwesentlich zur Legendenbildung und zu ihrer Verherrlichung bei. So ist Katharina für manchen Württemberger zur »Lichtgestalt« geworden – diese schöne junge Frau, die aus dem fernen Russland zu uns gekommen war und mit ihrem unermesslichen Reichtum hierzulande große Werke der Nächstenliebe geschaffen hat. Viele hielten sie »von der Vorsehung« dazu auserkoren, in einem der dunkelsten Momente der württembergischen Geschichte, als Kriegszerstörung und Missernten über das Land gekommen waren, die große Not der Menschen zu lindern.

Doch war es wirklich Vorsehung oder trägt ihr unermüdlicher Einsatz für das Königreich auch ganz menschliche Züge? Sehr vorsichtig wird inzwischen von einigen Historikern angedeutet, dass von Katharina nicht ausschließlich ein rosenfarbenes Bild zu zeichnen ist. Es fällt hierzulande schwer, am Glorienschein der »protestantischen Hausheiligen« – wie sie einmal ironisch bezeichnet wurde – zu kratzen.[1] Eitel, stolz und halsstarrig, manchmal auch ungeduldig und hochfahrend, von brennendem Ehrgeiz getrieben soll sie gewesen sein – alles keine guten Eigenschaften für altwürttembergisch-pietistische Ohren. Dennoch, sie hat für das Land unendlich viel getan, aus welchen Motiven heraus auch immer. Dafür wird sie bis heute verehrt und geliebt. »Die Liebe höret nimmer auf«, so ließ es nach ihrem frühen Tod der trauernde Ehemann, König Wilhelm I., in goldenen Lettern über dem Eingang zu ihrer Grabkapelle eingravieren.

Dieses Gemälde Königin Katharinas von Franz Seraph Stirnbrand entstand kurz vor ihrem Tod 1819.

Kindheit am Zarenhof

Wie bei allen Geburten ihrer Enkelkinder war Zarin Katharina II. von Russland auch bei der Entbindung des sechsten Kindes ihres Sohnes Paul und seiner Gemahlin Maria Feodorowna zugegen. Das kleine Mädchen erhielt bei der Taufe den Namen der Großmutter, Katharina. Den persönlichen Berichten der Zarin zufolge gestaltete sich diese Geburt schwierig und nur ihrem robusten Eingreifen war es zu verdanken, dass Mutter und Kind überlebten. So kam Katharina Pawlowna am 10. (nach julianischem Kalender) beziehungsweise am 21. Mai (nach gregorianischem Kalender) 1788 in Zarskoje Selo, dem Sommersitz der Zarin in der Nähe von Sankt Petersburg, zur Welt.

Ihr Vater, Großfürst Paul von Russland, der Zarewitsch, stand seiner Mutter von Jugend an voller Hass und Misstrauen gegenüber, weshalb sie ihn weitgehend von den Regierungsgeschäften ausgeschlossen hatte. Nicht zu Unrecht warf Paul der Zarin den Mord an seinem Vater, Zar Peter III., vor. Isoliert vom Zarenhof, führte der Kronprinz mit seiner Familie in Gatschina, in einiger Entfernung von Sankt Petersburg, ein sehr beschauliches Leben an der Seite seiner zweiten Gemahlin, der württembergischen Prinzessin Marie Dorothea, die bei der Hochzeit den Namen Maria Feodorowna angenommen hatte. Sie unterhielten einen eigenen Hofstaat, in dem sie auch Künstler und Intellektuelle versammelten. Aus der anfangs sehr glücklichen Verbindung entstammten zehn Kinder, vier Söhne und sechs Töchter, wobei eines der Mädchen, Olga, schon im zarten Alter von drei Jahren verstarb. Die Hofgesellschaft urteilte sehr positiv über Maria Feodorowna: Sie sei »ausgezeichnet mit Schönheit des Körpers, des Geistes und des Herzens«, und »der Großfürst fühlt, wie es scheint, eine zärtliche Liebe zu ihr«. Von ihren Kindern wurde sie sehr geliebt und vom russischen Volk als Wohltäterin hochverehrt. Zarin Katharina II. war von der Schwiegertochter begeistert und äußerte zu ihrer Umgebung: »Ich gestehe Ihnen, dass ich leidenschaftlich für diese bezaubernde Prinzessin eingenommen bin.«

Aus Freude über die Geburt des Kronprinzen Alexanders im Dezember 1777 schenkte die Zarin dem Großfürstenpaar das Schloss

Die Mutter Katharinas, Maria Feodorowna, trägt auf diesem Witwenbild das Medaillon ihres ermordeten Gemahls, Zar Paul I. von Russland. Gemälde von Gerhard von Kügelgen, 1801.

und die Ländereien von Pawlowsk. Hier hat Maria Feodorowna mit viel Liebe und Geschmack in jahrelangem Engagement ein wahres Juwel geschaffen. Berühmt war die erlesene, doch sehr wohnliche Einrichtung der Räume mit prachtvollen Möbeln und Gemälden. Die

Pflege des Parks mit seinen Pavillons und Brücken gehörte zu den besonderen Leidenschaften der botanisch interessierten Großfürstin. Hier wuchsen seltene Pflanzen in Gewächshäusern, es gab blühende Wiesen und Blumen in Hunderten von Töpfen. Heute erstrahlt das Schloss Pawlowsk wieder im alten Glanz und gehört zum unerlässlichen Besichtigungsprogramm jedes Sankt-Petersburg-Reisenden. Der Park ist mit seinen 600 Hektar Fläche einer der größten Landschaftsparks in Europa.

In dieser kultivierten Idylle konnte Katharina fröhlich heranwachsen. Besonders in der ersten Zeit, nach der Thronbesteigung des Vaters im Jahre 1796, lebte die nunmehrige Zarenfamilie hier sehr glücklich. Die Erziehung der jungen Mädchen leitete die Obersthofmeisterin, Baronin Charlotte von Lieven, die noch von Zarin Katharina II. für dieses Amt bestimmt worden war. Frau von Lieven war eine strenge, aber freundliche Erzieherin und besaß den vollen Respekt bei Eltern und Kindern. Sehr viel herzlicher war Frau von Aledinsky, die Katharinas Erziehung übernommen hatte, als diese sieben Jahre alt war, und sie vor allem in Kunst und Malen unterrichtete, was Katharina auch später immer wieder mit Freude ausübte. Frau von Aledinsky wurde eine vertraute Freundin für Katharina. Weitere Lehrer waren zum Beispiel der aus Württemberg stammende Staatsrat von Krafft für Mathematik und in Staatswirtschaft Staatsrat von Storch aus Riga. Französisch, Geschichte und Geographie unterrichtete Baron de Puygé aus der Schweiz, ein Freund des Gelehrten César Le Harpe, unter dem der spätere Zar Alexander I. eine, von sehr liberalem Gedankengut geprägte, Erziehung genoss.

Mit Ausnahme des zweiten Sohnes des Großfürstenpaares, Konstantin, der eher dem Vater glich und nicht sehr ansprechende Gesichtszüge hatte, ähnelten die anderen Geschwister mehr der Mutter. Sie waren alle hochgewachsen, kräftig und offenbar sehr hübsch. Katharina galt zwar nicht als »Schönheit«, besaß aber Charme und Ausstrahlung und hatte schon früh gelernt, sich in Szene zu setzen. In ihrer Sprunghaftigkeit war sie dem Vater charakterlich am ähnlichsten unter den Geschwistern. Ihr fiel es leicht, den Vater um den Finger zu wickeln – Katharina war Vaters Lieblingstochter.

Der Thronwechsel

Leider verdüsterte sich die Stimmung am Zarenhof in den folgenden Jahren dramatisch. Zar Paul I., der schon immer einen unberechenbaren und labilen Charakter hatte, unterlag zunehmend Gemütsschwankungen und litt unter Verfolgungswahn. Die Politik, die er verfolgte, zielte auf die völlige Unterdrückung des russischen Volkes. Seiner Umgebung gegenüber benahm er sich despotisch, sein Argwohn nahm zu und er vermutete überall Rebellion. Noch Wochen vor seinem Sturz musste die ganze Familie mit ihm zusammen in die Michael-Festung übersiedeln, eine mittelalterliche Burg mit Mauern und Gräben, hinter denen er sich geschützter fühlte. Nachdem sein Zustand jedoch immer bedenklicher wurde und er drohte, seine Ehefrau samt Töchtern in ein Kloster zu stecken und die Söhne umzubringen, entschloss man sich zum Handeln.

Es gab konkrete Pläne, den Zaren durch eine Palastrevolution abzusetzen und den Kronprinzen an die Macht zu bringen. Nach langem Zögern war Alexander mit den Vorschlägen einverstanden, und so drangen in der Nacht des 11. März 1801 Soldaten in den Palast ein und überwältigten den Zaren. Es war wohl anfangs nicht beabsichtigt, Paul I. zu ermorden, doch durch seine heftige Gegenwehr zwang er die Soldaten zur Gewaltanwendung. Nach der Todesnachricht ging ein spürbares Aufatmen durch die Bevölkerung, seine Familie schwankte zwischen Trauer und Erleichterung. Es blieb immer ein familiäres Geheimnis, inwieweit die Zarin Maria Feodorowna, der Sohn Alexander und dessen Gemahlin Elisabeth in die Umsturzpläne eingeweiht waren – eine Geschichte, um die sich manche Legende rankt.

Die damals 13-jährige Katharina trauerte zunächst um den Vater, denn es ist fraglich, ob sie die Tragweite des Geschehens in diesen Märztagen wirklich schon erfassen konnte. Sie suchte fortan die Nähe der Mutter und vor allem des viel bewunderten »großen Bruders« Alexander, den neuen Zaren. Auch Alexander fühlte sich zu der langsam erwachsen werdenden Schwester besonders hingezogen, die ihn mit ihrer lebhaften Art und ihrem wachen Geist bezauberte. Nachdem die drei älteren Töchter bereits verheiratet und die anderen

Die Familie Zar Pauls I. Im Bildhintergrund ist die mit drei Jahren verstorbene Tochter Olga dargestellt. Katharina steht rechts neben der Mutter.

Geschwister noch kleine Kinder waren, avancierte Katharina allmählich zu seiner Vertrauten. Mit 16 Jahren liebte sie den Bruder schwärmerisch, und er ließ sich gerne von ihr becircen. Sie schrieb ihm temperamentvolle Briefe, auf die er, geschmeichelt, in liebevollem Ton antwortete. Es wird gerne darüber spekuliert, inwieweit dieses »Liebesverhältnis« über das schickliche Maß hinausging.[2] Ob man aber aus dieser frühen Korrespondenz zwischen Alexander und Katharina eine erotische Komponente herausfiltern kann, möge dahingestellt bleiben. Fest steht, dass die beiden Geschwister über Jahre hinweg ein besonders enges Verhältnis pflegten. Zar Alexander fand in der Schwester eine kluge Ratgeberin und einen Menschen, dem er vertrauen konnte. Katharina ihrerseits versuchte, über den Bruder eigenen politischen Ehrgeiz zu entfalten. Beide blieben sich jedenfalls zeitlebens sehr zugetan.

Eine emanzipierte Großfürstin

Großfürstin Katharina war inzwischen eine erwachsene junge Frau geworden. Sie war liebenswürdig und sehr gebildet, war äußerst sprachgewandt und hatte wissenschaftliche Kenntnisse, was immer wieder von Zeitgenossen hervorgehoben wurde. Dabei war sie sich ihrer Wirkung auf ihre Umgebung sehr bewusst, spann gerne auch Intrigen und hatte ein schnelles Urteil über ihre Mitmenschen, das oft schonungslos war. In ihrer Ausdrucksweise war sie manchmal unverblümt, ihre Schwägerin Elisabeth sagte von ihr, sie spreche »in einer Art, wie sie einer Dame von 40 Jahren nicht gezieme, geschweige denn einem jungen Mädchen«. Sie hatte wohl manches Mal eine eher männliche Art zu denken und zu reden. Der Schweizer Theologe Johann Georg Müller schrieb über sie: »Sie hat nichts weiblich Tändelndes an sich«. Dabei redete sie viel, manches Mal übersprudelnd. Schon ihre Großmutter, Zarin Katharina, sagte über die zweijährige Enkelin: »Sie ist dick, weiß und hat hübsche Augen. Sie sitzt den ganzen Tag in einer Ecke, schwatzt ohne Aufhören, sagt aber nichts Bemerkenswertes.«

Äußerlich war Katharina eine ansprechend aussehende Frau. Der württembergische Hofrat Reinbeck schreibt über sie: »Ihre Gestalt schlank und zart, das Gesicht voller Anmut und Geist, vielleicht nicht nach den Gesetzen des Schönen«. Auch der Freiherr vom Stein bemerkt, »sie ist groß, schön gewachsen, Züge sehr angenehm, Haut von schöner Farbe.« Allgemein hervorgehoben wurde immer wieder ihr prächtiges dunkelbraunes gelocktes Haar, von dem die Fürstin Lieven schreibt, es sei »das schönste Haar der Welt«.

Katharina bekam nun, als älteste der am Zarenhof lebenden Schwestern, ihren eigenen Hofstaat. Und sie genoss offensichtlich auch sonstige Freiheiten, welche, zumindest in der damaligen Zeit, für eine Prinzessin aus kaiserlichem Haus nicht alltäglich waren. Es zeugt vom Selbstbewusstsein Katharinas, wie wenig sie sich offenbar um die öffentliche Meinung und ihren guten Ruf kümmerte, denn sie stürzte sich, gerade mal 19 Jahre alt, in eine leidenschaftliche Liebesaffäre mit einem russischen Offizier, Fürst Peter Bagration. Er war im

Jahre 1807 Kommandant von Pawlowsk, erheblich älter als die Großfürstin und mit einer entfernten Verwandten des Zarenhauses verheiratet, Fürstin Katharina Bagration, die allerdings, von ihrem Ehemann
getrennt, in Dresden oder Wien lebte. Diese Liebesbeziehung zwischen Großfürstin Katharina und Fürst Bagration dauerte zwei Jahre.
In der Schlacht von Borodino 1812 hatte er ruhmreich für Russland
gekämpft, war dabei jedoch tödlich verwundet worden. Nach seinem
Tod beschwor Katharina ihren Bruder, nach den Liebesbriefen zu
fahnden, die sie ehemals an Bagration geschrieben hatte, denn sie
wollte nicht von ihren »erreurs passées«, wie sie es nannte, eingeholt
werden. Anscheinend aber war der Liebhaber so weitblickend gewesen, alle Briefe rechtzeitig zu verbrennen. Seine Witwe, Fürstin Katharina Bagration, tauchte drei Jahre später auf dem Wiener Kongress als
»Gesellschaftsdame« auf, wo sie wegen ihrer Freizügigkeit »der schöne, nackte Engel« genannt wurde. Sie war die Geliebte Metternichs
und Mutter seiner Tochter, was sie jedoch nicht von weiteren Kon-
gress-Affären abhielt. Ironie des Schicksals: Auch der württembergische Kronprinz Friedrich Wilhelm erlag ihren Reizen, obwohl er
gleichzeitig um die Hand der russischen Großfürstin Katharina warb.
Ob er wohl von der Liebesgeschichte Bagration/Katharina wusste?

Das Heiratskarussell dreht sich

In den folgenden Jahren begann für die junge, sehr selbstsicher ge-
wordene Katharina die Suche nach einem passenden Ehemann.
Dies gestaltete sich unerwartet schwierig, da Mutter und Tochter die
Vorstellung hatten, Katharina müsse eine Krone tragen. Zar Alexander
I. ließ seiner Mutter freie Hand mit dem Konzept der Heiratspolitik
für das Haus Romanow. Maria Feodorowna ihrerseits war bestrebt,
Russland fest in die europäischen Dynastien einzubinden, und suchte
nach entsprechenden Eheverbindungen für ihre Söhne und Töchter.

Schon im Jahre 1799 heirateten die beiden ältesten Großfürstinnen, Alexandra und Jelena. Alexandra Pawlowna starb schon nach
zweijähriger Ehe mit Erzherzog Joseph von Österreich, dem Palatin

von Ungarn, im Kindbett. Auch Jelena Pawlowna, die Herzog Friedrich Ludwig von Mecklenburg-Schwerin geheiratet hatte, ist früh verstorben. Im Jahre 1804 wurde die dritte Tochter, Maria Pawlowna, mit dem Erbherzog von Sachsen-Weimar, Carl Friedrich, verheiratet. Mit dieser Schwester hielt Katharina auch nach deren Hochzeit noch regen Kontakt. Sie trafen sich auf Reisen und besuchten gemeinsam den Wiener Kongress. In späteren Jahren kümmerte sich Großherzogin Maria viel um die Söhne Katharinas und lud sie wiederholt an den Weimarer Hof ein. Maria Pawlowna ist im Alter von 73 Jahren in Weimar gestorben.

Zar Alexander I. hatte, noch als Kronprinz, die badische Prinzessin Luise, in Russland Elisabeth Feodorowna, geheiratet. Sie fühlte sich am Zarenhof verlassen und zurückgesetzt, stand im Schatten ihrer Schwiegermutter und der sehr dominanten Katharina, welche die Schwägerin auch bewusst an den Rand gedrängt hatte. Hinzu kam, dass Elisabeth keinen männlichen Thronerben gebar und ihre beiden Töchter sehr früh verlor. Der Zar vernachlässigte seine Gemahlin und lebte lieber mit seiner Geliebten, Maria Naryschkina, zusammen, mit der er auch eine Tochter hatte. Erst in seinen letzten Lebenswochen hat das Zarenpaar wohl noch einmal zusammengefunden.

Der zweite Bruder Katharinas, Großfürst Konstantin, der mit Juliane von Sachsen-Coburg verheiratet war, trennte sich bald von seiner Gattin und lebte fortan in morganatischer Ehe mit einer polnischen Gräfin.

Auch für ihre jüngeren Kinder fand Maria Feodorowna später geeignete Ehepartner an den westeuropäischen Höfen. So heiratete Großfürstin Anna im März 1816, wenige Wochen nach Katharina, den Kronprinzen Wilhelm der Niederlande und ein Jahr später ehelichte Sohn Nikolaus die preußische Prinzessin Charlotte, eine Tochter der berühmten Königin Luise von Preußen. Aus dieser sehr glücklichen Verbindung entstammten sieben Kinder, wobei eine der Töchter, Großfürstin Olga, später Königin von Württemberg wurde. Großfürst Michael, der jüngste Sohn Maria Feodorownas, heiratete die württembergische Prinzessin Charlotte, die nach ihrer Hochzeit den Namen Jelena Pawlowna annahm. Man erkennt, wie vielfältig in dieser Zeit die Verbindungen des Hauses Romanow mit der württembergischen Königsfamilie waren.

Erste Überlegungen um einen geeigneten Ehekandidaten für Großfürstin Katharina gab es schon im Jahre 1799, für das erst elfjährige Mädchen. Damals war der bayerische Kurprinz Ludwig ausersehen. Die entsprechenden Verträge waren vom Grafen Rechberg als Unterhändler des bayerischen Hofes in Sankt Petersburg bereits fertiggestellt worden, als man die Pläne dennoch zunächst auf Eis legte, da noch keines der Kinder im heiratsfähigen Alter war. Im Mai 1808 wurde das Vorhaben von Russland aus erneut diskutiert, vom bayerischen König jedoch nur zögerlich behandelt, weil ihm, laut seinem Minister Montgelas, »wenig erfreuliche Berichte über den Charakter der Prinzessin zu Ohren gekommen waren«. Auch der Kronprinz von Württemberg, ein Neffe Maria Feodorownas, stand auf ihrer Kandidatenliste. Allein, man fand ihn nicht »rein«, da auch in Russland der lockere Lebenswandel Friedrich Wilhelms bekannt war.

Im April 1806 lag eine Offerte aus Preußen vor. Königin Luise wäre gerne in verwandtschaftliche Beziehungen zu dem von ihr so hochgeschätzten Zaren Alexander I. getreten und schlug deshalb eine Verbindung Katharinas mit Prinz Heinrich von Preußen vor. Politisch gesehen wäre eine Vertiefung der Beziehungen zwischen Preußen und Russland nicht ungünstig gewesen, dennoch zögerte der Zarenhof.

Nach dem Willen Katharinas sollte ihre Wahl auf ein Mitglied des österreichischen Kaiserhauses fallen, auf die Erzherzöge Ferdinand oder Johann. Die Mutter, Maria Feodorowna, war dem Plan nicht abgeneigt, hegte jedoch konfessionelle Bedenken, da das Erzhaus einen Übertritt zur römisch-katholischen Kirche forderte und andererseits die orthodoxe Kirche eine Ehe von zwei Brüdern mit zwei Schwestern ablehnte. Katharinas Schwester Alexandra Pawlowna, die Palatina von Ungarn, war zu dem Zeitpunkt schon tot, dennoch erwartete man Schwierigkeiten. Vor allem war der Zar gegen eine Heirat mit dem Hause Habsburg. Er wollte sich in seiner Politik Österreich gegen-

Katharina, die junge und hübsche Großfürstin von Russland.
Gemälde von Friedrich August Tischbein, um 1805.

über frei von familiären Zwängen bewegen können. Dennoch ließ Katharina nicht locker, und als im April 1807 die österreichische Kaiserin Maria Theresa plötzlich verstarb, spekulierte sie darauf, nun eine Kaiserkrone zu erringen. Alexander warf seiner Schwester vor, der Glanz des Thrones hätte sie geblendet, und hoffte, »es ließen sich andere Versorgungen finden, plus assortissant et plus convenable«.[3]

Schon nach dem Frieden von Tilsit 1807 und dann im folgenden Jahr auf dem Erfurter Fürstentag kam es zu Annäherungen zwischen dem russischen Kaiser und Kaiser Napoleon. Der französische Kaiser erwog damals, sich von Josephine scheiden zu lassen, da sie ihm keinen Thronerben schenken konnte. Dabei kam auch zur Sprache, dass sich Napoleon eine Eheverbindung mit Russland vorstellen könnte. »Kaiser Alexander hat Schwestern. Das Alter der einen passt mir«, soll er geäußert haben. Sowohl die Zarinmutter als auch Katharina waren entsetzt über dieses Ansinnen und lehnten strikt ab. Katharina soll gesagt haben, sie wolle lieber den letzten russischen Ofenheizer heiraten als diesen korsischen Parvenue. Der Zar musste sich winden. Zum einen wollte er Napoleon nicht »verprellen«, andererseits war er »zu Hause« der heftigsten Kritik ausgesetzt. Die »Freundschaft« der beiden Kaiser wurde misstrauisch betrachtet, sowohl in Russland als auch von den übrigen Monarchen Europas, die von Zar Alexander I. eine starke Armee und Hilfe gegen Napoleon erwartet hatten. Für die russische Niederlage auf dem Schlachtfeld bei Austerlitz im Dezember 1805 wurde besonders der Zar verantwortlich gemacht. Erst nach dem Untergang der Grande Armée und dem Sieg Russlands über das französische Heer schlug die Stimmung gegen den Zaren um, und Alexander I. wurde als »Retter Europas« gefeiert.

Twer

Um die Werbung Napoleons um Katharina mit Anstand zurückweisen zu können, musste nun rasch gehandelt und ein Heiratskandidat gefunden werden, der möglichst sofort zur Verfügung stand. Die Wahl fiel auf einen Vetter Katharinas, Herzog Georg von Holstein-

Maria Feodorowna hat den herrlichen Park von Pawlowsk nach ihren
Vorstellungen anlegen lassen.

Oldenburg. Er war der zweite Sohn des regierenden Herzogs Peter
von Holstein-Oldenburg und der Herzogin Friederike, einer Schwes-
ter der Zarinmutter, und lebte damals am Hof in Sankt Petersburg.
Schon im November 1808 wurde die Verlobung beschlossen, die
Hochzeit fand am 18. April 1809 (nach dem russischen Kalender)
statt. Herzog Georg wurde vom Zaren zum Generalgouverneur von
Twer, Nowgorod und Jaroslawl ernannt sowie zum Chef der Verkehrswege in Russland. Laut Ehevertrag standen ihm jährlich 100 000
Rubel zu, eine vergleichsweise bescheidene Summe, wenn man die
Ausstattung seiner Gemahlin bedenkt. Neben ihrer Mitgift von einer
Million Rubel aus der kaiserlichen Schatzkammer, die zur Hälfte bei
der Bank angelegt war, aber über deren andere Hälfte sie verfügen
konnte, bekam Katharina noch Dotationen in Höhe von zusammen-

gerechnet circa 350 000 Rubel jährlich. Mit der Eheschließung musste Katharina für sich und ihre Kinder auf einen Anspruch auf die russische Krone verzichten.

Für die Großfürstin war diese Ehe zwar vom Rang her bescheidener, als sie es eigentlich erträumt hatte, doch war die Familie vornehm, auch der Zar gehörte dem holsteinischen Hause an.

Über den Bräutigam schrieb Zarin Elisabeth:»Sein Äußeres ist wenig angenehm, aber man lobt außerordentlich seinen Charakter […] Er ist gebildet und es herrscht Zuneigung zwischen beiden Partnern.« Herzog Georg pries seine Braut in einem Brief an seinen Vater:»Ihr Körper und ihr Verstand sind gleich gerade.« Der Vater wiederum gratulierte zwar dem Sohn zu dieser Partie, warnte jedoch gleichzeitig:»Allein, mein Sohn, die Dornen sind ohne Zahl, die diese Rose umgeben, und dies trübt die Freude deines Vaters unendlich.« Herzog Peter von Oldenburg befürchtete wohl, sein Sohn könne Hofintrigen zum Opfer fallen oder seine Unabhängigkeit verlieren und von seiner Gemahlin zu sehr unterdrückt werden. Doch was als»Notlösung« begann, um einer Heirat mit Napoleon zu entfliehen, sollte unerwartet glücklich verlaufen.

Herzog Georg von Oldenburg war ein gebildeter Mann, ein integrer Charakter und er verstand es offenbar, mit seiner kapriziösen Frau umzugehen. Er bemühte sich, das Vertrauen, das der Zar in ihn gesetzt hatte, zu rechtfertigen, indem er mit viel Kraftanstrengung einige Reformprojekte durchsetzte. So bereiste er das Gebiet seines ausgedehnten Gouvernements, um sich über alles einen eigenen Eindruck zu verschaffen. Eines seiner politischen Ziele war, die Verwaltung zu straffen. Durch seine Aufgaben bei der Leitung des Straßenbauwesens war Georg viel unterwegs, meist begleitet von seiner ehrgeizigen Ehefrau, die immer darauf bedacht war, überall ein wenig mitzumischen.

Twer liegt in waldreicher Umgebung an der Wolga, hier verläuft eine wichtige Handelsstraße zwischen Moskau und Sankt Petersburg. Nach einem verheerenden Brand 1763 wurde die Stadt im Auftrag Zarin Katharinas II. von bedeutenden russischen Baumeistern des Klassizismus wieder aufgebaut und bildet mit dem Stadtpalais ein

Ensemble in reinem klassizistischem Stil. Dies wurde nun zur Residenz des jungen Herzogspaares von Holstein-Oldenburg und zu einem beliebten Treffpunkt von Adel, Politikern und Intellektuellen, die hier gerne auf ihren Reisen zwischen Moskau und Sankt Petersburg Station machten.

Auch Zar Alexander I. fand sich immer wieder in Twer ein. Katharina entwickelte in dieser Zeit großen Ehrgeiz, als Ratgeberin ihres Bruders auf die Politik Russlands Einfluss zu nehmen. Anders als der Zar stand sie jedoch dem konservativen Flügel der Regierung nahe und empfing an ihrem Hof Politiker wie den Grafen Feodor Rostoptschin, den Gouverneur von Moskau, der angeblich für den Brand Moskaus im September 1812 verantwortlich war. Auch andere Vertreter konservativer Kreise versammelten sich bei ihr, wie zum Beispiel der Dichter und Historiker Nikolaj Karamsin. Es wird daher vermutet, dass Katharina ihren Einfluss auf den Zaren nutzte und nicht ganz unschuldig war am jähen Sturz des Reformpolitikers Michael Speranski im März 1812. Dieser war einer der fähigsten Mitarbeiter Zar Alexanders I., doch seine liberalen Reformpläne standen im Gegensatz zu den Interessen des konservativen Moskauer Adels. Mit dem Ende der Ära Speranski und den fortwährenden, von Napoleon aufgezwungenen kriegerischen Auseinandersetzungen traten auch bei Zar Alexander I. der Wille und die Ideen zu einer Reformpolitik für Russland in den Hintergrund.

Bei allen politischen Ambitionen blieb dem Paar noch genügend Zeit, in Twer Künstler zu empfangen und sich auch selbst künstlerisch zu betätigen. Herzog Georg schrieb gerne Gedichte, die manchmal von Katharina illustriert wurden. Die Werke hatten keinen hohen künstlerischen Anspruch, sie dienten vielmehr dem eigenen Amusement, wie Georg, nicht ohne Selbstironie, feststellte. Eines dieser Gedichte war seiner Gattin gewidmet:

Dass ich den schönsten Nebenbuhler selbst nicht scheute,
das war mein größtes Meisterstück!
Dem dank', im Wonnetaumel froh gewiegt, ich heute,
dem dank' ich noch mein spätes Glück.

Georg liebte seine Gemahlin ganz offensichtlich und auch Katharina fühlte sich glücklich und zufrieden im familiären Kreis, besonders, nachdem auch die beiden Söhne geboren waren: Am 30. August 1810 kam Friedrich Paul Alexander und am 14. August 1812 Konstantin Friedrich Peter zur Welt.

Es hätte eine Provinz-Idylle sein können, wäre Europa nicht gerade zu dieser Zeit im Zeichen der napoleonischen Kriege gestanden. Im Sommer 1812 wurde Russland von den heranziehenden französischen und alliierten Truppen bedroht. Wir kennen den Fortgang der Geschichte: den siegreichen Kaiser Napoleon vor den Toren des brennenden Moskau, den Rückzug der Großen Armee und ihren letztendlichen, grausamen Untergang. Zum Kampf gegen den von Katharina so gehassten französischen Kaiser stellte sie in Twer ein eigenes, von ihr bezahltes Jägerbataillon auf,»zum Schutze des Vaterlandes und der gerechten Sache.« Die Menschen rief sie zur aktiven Verteidigung des Landes auf. Man sagte, sie hätte keinen Augenblick gezögert, an der Spitze ihres Bataillons in die Schlacht zu ziehen, wenn es ihr erlaubt gewesen wäre. Nach dem Rückzug der Franzosen kümmerte sich vor allem Georg intensiv um die verwundeten und kranken russischen Soldaten in den Lazaretten.

Bei einem dieser Besuche infizierte sich der Herzog mit Fleckstyphus und innerhalb weniger Tage verstarb er, am 15. Dezember 1812, trotz der aufopfernden Pflege Katharinas. Völlig verzweifelt und in größter Trauer um den geliebten Gemahl brach Katharina an seinem Totenbett zusammen und erkrankte ernsthaft. Ihr Zustand gab Anlass zu großer Besorgnis, zumal die Symptome mehr psychischer Natur zu sein schienen – mit täglichen Ohnmachtsanfällen und einer oft lang anhaltenden Körperstarre. Vermutlich litt Katharina unter»Katatonie«, einer Form der Schizophrenie, einer Krankheit, die in Schüben verläuft und mit plötzlicher Bewegungsstarre und Gemütstörungen einhergeht.[4] Die Ärzte empfahlen ihr viel Ruhe, später auch Badekuren, worauf sich Katharina mit ihren kleinen Söhnen in die Obhut und Pflege der Mutter nach Pawlowsk zurückzog. Glücklicherweise erholte sie sich nach einigen Wochen sehr gut, sodass ihr später von dieser Krankheit, bis auf die immer wiederkehrenden

Ohnmachtsanfälle, angeblich nichts mehr anzumerken war. Manche vermuten allerdings, die Ursache ihres frühen Todes stehe in einem Zusammenhang mit dieser damals durchlittenen Krankheit.

Reisen durch halb Europa

Nachdem Katharina ihr seelisches Gleichgewicht wiedergefunden hatte, riet man ihr, die böhmischen Bäder aufzusuchen, um restlose Gesundung zu erlangen. Nachdem ihr Interesse an der Politik wieder erwacht war, stand ihr jedoch der Sinn nicht nach Badereisen, weshalb sie zunächst nach Prag fuhr, wo sie sich mit ihrer Schwester Maria Pawlowna traf. Von März bis Mai 1813 blieb sie dort, erst im Juni reiste sie weiter nach Ostböhmen, wo sie auf Schloss Opocno ein wichtiges Treffen zwischen ihrem Bruder, Zar Alexander I., und Metternich arrangierte. Damit meldete sie sich nach langer Zeit wieder zurück auf der politischen Bühne. Dann fuhr sie mit ihrer Schwester nach Teplitz, wo sie auch mit Goethe zusammentraf. Er vermerkte zu dieser Begegnung in einem Brief vom 1. Juli 1813: »Man erkennt das Schwesterliche an Gesicht, Gestalt und Betragen. Sie war sehr freundlich und mir ist es sehr angenehm, ihr aufgewartet zu haben.« Auch Karlsbad besuchte Katharina und berichtete darüber: »Ich begreife nicht, wie sich Liebhaber des Badelebens finden können, welches doch gewiss das allerermüdendste und müßigste ist, was sich denken lässt.« Weiter erzählte sie, dass man im Juli heizen musste, »was die Folge irgendeines entfernten Erdbebens sei, wie man sagte.«

Im Dezember 1813 reiste Katharina in die Schweiz, um in Schaffhausen den Theologen und Pädagogen Professor Johann Georg Müller zu treffen. Er war ein Freund Herders, welchen Katharina von Weimar her kannte und der diese Verbindung vermutlich hergestellt hatte. Mit Professor Müller stand sie jahrelang in regem Briefkontakt. Den Jahreswechsel verbrachte sie dann bei ihrem Onkel, König Friedrich I. von Württemberg, in Stuttgart und Ludwigsburg, wobei sie damals den Kronprinzen noch nicht angetroffen und kennen gelernt hatte. Im Februar 1814 besuchte sie ihren Schwiegervater in Oldenburg, an dessen Hof sie inzwischen ein gern gesehener Gast war, offenbar hegte er keine Vorbehalte mehr gegenüber Katharina. Nach einem Aufenthalt in Holland, im März 1814, reiste sie von dort aus weiter nach London.

Während dieser Englandreise hat Katharina angeblich nicht den besten Eindruck hinterlassen, man war bei Hofe indigniert über das eigenwillige, oft taktlose Benehmen dieser russischen Großfürstin, die offenbar wenig diplomatisch auftrat. Auch die Gattin des russischen Botschafters, Fürstin Dorothea Lieven, die Schwiegertochter von Katharinas ehemaliger Erzieherin, beklagte Katharinas Verhalten. Die Fürstin störte wohl am meisten, dass nun Katharina bei Empfängen und Festlichkeiten die Aufmerksamkeit aller Anwesenden auf sich zog, während sonst sie selbst der Mittelpunkt solcher Anlässe war. Dorothea Lieven schilderte auch das erste Treffen Katharinas mit König Georg IV., bei dem die russische Großfürstin nicht, wie erwartet, in großer Toilette erschienen war – was der König als Affront empfand. Er:»Ihre Prinzessin sieht nicht gut aus!« Darauf sie:»Ihr Prinz ist schlecht erzogen.«[5]

Die Bevölkerung hingegen feierte die russischen Gäste. Katharina hatte von ihrer Kinderfrau Miss Drust hervorragend englisch sprechen und schreiben gelernt, was allgemeine Bewunderung hervorrief. Hier in London ereilte sie am 31. März 1814 die Nachricht, dass die Alliierten siegreich in Paris eingezogen waren und Napoleon besiegt war, worauf sie voller Freude demonstrativ ihre Trauerkleidung abwarf, die sie seit dem Tod ihres Mannes ständig getragen hatte. Auf Einladung des englischen Königs trafen sich Ende Mai, Anfang Juni 1814 alle siegreichen Fürsten in London, darunter auch der preußische König Friedrich Wilhelm III. und Zar Alexander I. Letzterer blieb drei Wochen in England und wohnte in dieser Zeit bei seiner Schwester in einem Hotel am Picadilly. Auch der Zar trat in London anscheinend großspurig auf und benahm sich ungeschliffen. Sein Verhältnis zu König Georg IV. blieb sehr unterkühlt. Man munkelte auch über ein Abenteuer des Zaren mit der Gräfin Jersey, die eigentlich die Favoritin des englischen Königs war.

Heftige Auseinandersetzungen gab es auch zwischen Katharina und König Georg wegen Charlotte, der englischen Kronprinzessin.

König Wilhelm I. von Württemberg nach seiner Thronbesteigung 1816
auf einem Gemälde von Joseph Stieler

Diese hatte sich eng an Katharina angeschlossen und auf deren Hilfe gehofft gegen ihren Vater, der eine Ehe seiner Tochter mit dem niederländischen Kronprinzen wünschte, wogegen sich Charlotte sträubte. Der König war erbost über die Einmischung der Großfürstin in seine Entscheidungen und unterstellte Katharina, sie unterstütze seine Tochter nur, weil sie selbst Ambitionen auf eine Heirat mit dem Hause Oranien habe. Drei Jahre später hat dann Großfürstin Anna, Katharinas Schwester, den niederländischen Prinzen geheiratet. So gingen diese Wochen in London dahin, einerseits mit Hofintrigen und auf der anderen Seite mit vielfältigen Besichtigungsprogrammen für die Gäste.

Von größter Bedeutung für Katharina jedoch war, dass gleichzeitig mit dem Zaren auch Kronprinz Friedrich Wilhelm von Württemberg, ihr Cousin, gekommen war, den sie schon voller Neugierde erwartet hatte. Es muss wohl Sympathie auf den ersten Blick gewesen sein, jedenfalls unternahmen beide viel gemeinsam und es entwickelte sich schnell eine heftige Liebesgeschichte. Nach drei Monaten verließ Katharina England und reiste in Gesellschaft Friedrich Wilhelms mit dem Schiff zurück von Dover nach Calais. Obwohl sie nach wie vor mit dem Gedanken an eine Heirat mit dem Hause Habsburg spielte, wechselte sie dennoch eifrig Briefe mit Friedrich Wilhelm. In einem dieser Briefe nimmt er Bezug auf ihre Affäre, indem er schreibt, er wolle nicht ihren weiteren Plänen im Wege stehen, er fürchte »die unglücklichen Folgen eines einzigen Augenblicks, meine Schwäche in Portmouth – Sie werden stets das Idol meines Lebens sein.«[6]

Auf dem Wiener Kongress

Von September 1814 bis zum Juni 1815 fand in Wien eine Konferenz statt, bei der die versammelten Potentaten nach dem napoleonischen Desaster eine Neuordnung in Europa beschließen wollten. Jeder war dabei bestrebt, die eigene Souveränität zu erhalten und für sein Land einen möglichst großen Gebietszuwachs zu erringen. Darüber hinaus wurde von Österreich, Preußen, Bayern, Württemberg und Hannover ein deutsches Fünferkomitee gebildet, das die Aufgabe hatte, eine neue Verfassung auszuarbeiten. Die beiden großen Diplomaten dieses Kongresses waren Fürst Metternich und Graf de Talleyrand, die nicht nur am Verhandlungstisch, sondern besonders auch auf dem gesellschaftlichen Parkett brillierten. Ihre Devise war, nach Schlachtfeldern und Kanonen sollten sich die Teilnehmer nun auf Bällen und Maskeraden ablenken, was zu dem berühmt gewordenen Bonmot vom »tanzenden Kongress« führte.

Natürlich gab es einige Hauptakteure: An erster Stelle stand der Gastgeber, Kaiser Franz I. von Österreich. Er war durch die Ehe seiner Tochter Marie Luise mit Napoleon persönlich betroffen. Sein Enkel, der einzige Sohn aus dieser Verbindung, lebte unter seinem Schutz in Schloss Schönbrunn. Kaiser Franz war bekannt für seine sparsame Haushaltsführung, weshalb er die immensen Kosten beklagte, welche dieser Kongress mit fortschreitender Dauer verursachte. Manches Mal grollend, bezahlte er am Ende aber alles. Er wirkte auf das Publikum immer etwas steif und hölzern, waren ihm doch die fortwährenden Vergnügungen und Lustbarkeiten, welche diesen Kongress begleiteten, eher ein Gräuel. Kaiser Franz I. liebte sein beschaulich ruhiges Familienleben. Durch den plötzlichen Trubel, der in der Stadt und im kaiserlichen Schloss herrschte, fühlte er sich empfindlich gestört, zumal viele der gekrönten Häupter als Gäste bei ihm in der Hofburg logierten.

Anders als ihr Gemahl nahm Kaiserin Maria Ludovica gerne an den Festlichkeiten teil und war allgemein sehr beliebt. Man schwärmte von ihrer Schönheit und rühmte ihre Phantasie, mit der sie immer wieder neue Lustbarkeiten ersann, um die Gäste zu unterhalten. Sie war damals schon sehr leidend und konnte daher zu ihrem Bedauern nicht bei allen Festen teilnehmen – ein Jahr nach dem Wiener Kongress ist sie gestorben. Zu den oft langwierigen Verhandlungen am Konferenztisch schickte der Kaiser gerne seinen Staatskanzler, Fürst Metternich, oder beauftragte seine Brüder, die Erzherzöge Karl und Johann. Die letzte politische Entscheidung jedoch, zumindest was Österreich betraf, behielt er sich selbst vor.

Die große Ära des aus dem Rheinland stammenden Diplomaten Fürst Clemens Wenzel Metternich begann auf diesem Kongress. Er dominierte die Aktivitäten der Konferenz und seine Staatskanzlei am Wiener Ballhausplatz galt als Zentrum der Macht und eines von ihm kontrollierten Netzwerkes: Nichts Wichtiges konnte in Wien geschehen, ohne dass Metternich es erfuhr. Der Fürst war ein kultivierter, geistreicher Mann, elegant, ein wenig eitel und – ein berühmter Herzensbrecher. Legendär waren die rauschenden Feste, die während der Kongresszeit in seinem Palais am Rennweg von ihm inszeniert wurden. In der Diplomatie ist sein Stil sprichwörtlich geworden mit den »Vier Metternich'schen B's« – für Büro, Ballsaal, Boudoir, Bett. Meist hielt er sich daran.

Metternichs Konkurrent und Gegenspieler, sowohl auf der politischen Bühne wie auch bei manch galantem Abenteuer, war der Graf Charles Maurice de Talleyrand, Herzog von Benevent, der große Vertreter Frankreichs. Er war einer der geschliffensten Diplomaten seiner Zeit, damals 60 Jahre alt und aus einer der ältesten und vornehmsten französischen Adelsfamilien stammend. Er hatte ein untrügliches Gespür für politische Umschwünge, deshalb befand er sich immer »auf der richtigen Seite«. Nachdem Talleyrand jahrelang Napoleons Außenminister gewesen war, vertrat er in Wien die Interessen der zurückgekehrten Bourbonen, er nannte es die Interessen Frankreichs.

So genannten »Ball-Klatsch« gab es während des Wiener Kongresses zuhauf. So hatte beispielsweise Metternich eine Liaison mit Wilhelmine von Sagan, einer der vier schönen Töchter des Herzogs Peter von Kurland. Dies forderte Talleyrand heraus und er pflegte nun gleichzeitig mit Wilhelmines bildhübscher Schwester Dorothea, der Ehefrau seines Neffen, ein inniges Verhältnis – was für anhaltenden Gesprächsstoff sorgte! (Wenn die Damen nicht in Wien waren, lebten sie auf dem böhmischen Schloss Ratiboritz, dem Geburtsort der letzten Königin von Württemberg, Charlotte zu Schaumburg-Lippe).

Auch ein satirisches Flugblatt mit folgendem Inhalt kursierte im Oktober 1814 in Wien:

Er liebt für alle – Alexander von Russland
Er denkt für alle – Friedrich Wilhelm von Preußen
Er spricht für alle – Friedrich von Dänemark

Er trinkt für alle – Max von Bayern
Er frisst für alle – Friedrich von Württemberg
Er zahlt für alle – Kaiser Franz

Ein wichtiger Mann beim Wiener Kongress war »der Sekretär Europas«, wie man ihn nannte, der Protokollführer der Verhandlungen, Friedrich von Gentz. Er war preußischer Staatsmann und Publizist. Von seinen Aufzeichnungen und klugen Einschätzungen können wir heute vieles erfahren, da er nahezu jeden kannte und viele Details erfuhr.

Von den angereisten Gästen rangierte protokollarisch an vorderster Stelle Zar Alexander I. von Russland. Er kam in Begleitung seiner Gemahlin, Zarin Elisabeth, zwei seiner Schwestern und – seiner damaligen Geliebten. Hier in Wien konnte die Zarin endlich einmal an der Seite ihres Gatten Russland repräsentieren, während sie »zu Hause« am Zarenhof stets im Schatten stand. Deshalb war sie auch sehr zurückhaltend, fast schüchtern, doch wurde ihre Anmut und zarte Schönheit sehr bewundert. Die beiden Großfürstinnen, die Schwestern des Zaren, Maria Pawlowna, Erbgroßherzogin von Sachsen-Weimar, und Katharina Pawlowna, Herzogin von Holstein-Oldenburg, erregten in der Wiener Gesellschaft viel Aufsehen durch ihr Auftreten, ihre Ausstrahlung und ihren Geist. Fürst von Ligne, österreichischer Generalfeldmarschall, schrieb über sie: »Die Großfürstin Maria fesselt die Herzen an sich, Katharina aber nimmt sie im Sturm«.

Besonders beliebt und populär bei den Wienern aber war der Zar selbst. Er war ein Frauenheld, immer liebenswürdig, sprach ausgezeichnet deutsch und französisch, tanzte leidenschaftlich gerne und mischte sich mitunter auch »unters Volk«, indem er die berühmten Kaffeehäuser und Weinbeiserln besuchte. Bei den politischen Gesprächen hingegen zeigte er sich konsequent und hart in der Sache. Der Zar ließ sich nicht durch seine Diplomaten vertreten, sondern erschien selbst auf der Konferenz. Sein Bestreben war, eine Festigung der Stellung Russlands in Europa zu erreichen, möglichst verbunden mit einem territorialen Zuwachs im Westen und Süden seines Reiches.

Während ihr Bruder mit der großen Politik oder den vielfältigen Zerstreuungen beschäftigt war, versuchte Katharina, ihre eigenen politischen Ambitionen mit ihrem Liebesleben in Einklang zu bringen. Je intensiver sich ihr Kontakt zum württembergischen Kronprinzen Friedrich Wilhelm gestaltete, umso mehr entfernte sich ihr Interesse weg von der Politik Russlands, hin zu den Belangen Württembergs. Mancher Beobachter glaubte, dem jungen Paar könnte eine vielversprechende Zukunft blühen, vielleicht eine deutsche Kaiserkrone? Hierzu schrieb Friedrich von Gentz:»Diese beiden hochstehenden Persönlichkeiten könnten, vereinigt und ihren Einfluss auf Alexander nutzend, eines Tages vielerlei unternehmen.« Auch der Historiker Heinrich von Treitschke beurteilte die Lage ähnlich:»Das junge Paar verstand einen solchen Nimbus geistiger Größe um sich zu verbreiten, dass selbst nüchterne Männer meinten, vom Stuttgarter Hof werde dereinst ein neues Zeitalter über Deutschland ausgehen, und manche sahen im Prinzen den künftigen deutschen Kaiser.« Solche Einschätzungen beflügelten Katharinas Ehrgeiz und machten den Liebhaber auch als Ehekandidaten für sie attraktiv.

Für die Kongress-Teilnehmer war es unterhaltsam, die Liebesgeschichte zwischen der russischen Großfürstin und dem Kronprinzen von Württemberg zu verfolgen. Man sah »Katharina glücklich, mit dem Geliebten im Prater alleine durch den Abend schreiten« oder verliebt im Park flanierend, auch bei manchen der beliebten Schlittenpartien war das Paar zu sehen. Alles wurde beobachtet und kommentiert. So schrieb Gräfin Elise Bernstorff:»Ganz Europa belauschte die Fortschritte ihrer Zärtlichkeit und ihr heißes Ringen nach Erfüllung.« Zu Katharinas Namenstag am 6. Dezember veranstaltete der Zar ein grandioses Fest im Palais seines Botschafters, Graf Andrej Rasumowski. Dafür ließ er eigens aus Sankt Petersburg das Corps du ballet anreisen, welches in Zigeunerkostüme gekleidet für russisches Flair sorgen sollte. Zum Souper um 2 Uhr morgens hatte man, mitten im Winter, frische Ananas und Kirschen aus den Treibhäusern von Pawlowsk geordert. Es wurde gemunkelt, jede Kirsche hätte den Zaren einen Silberrubel gekostet! Die Orangen kamen aus Sizilien, Erdbeeren aus England und Trauben aus Frankreich. Mit Trüffeln aus dem Perigord und den Austern aus Ostende war auf diese Weise kulinarisch halb Europa vertreten, ganz im Sinne des Kongresses. Alles was Rang und Namen hatte war geladen, und die Diamanten der Damen funkelten mit tausend Kerzen um die Wette. Den Höhepunkt dieser rauschenden Ballnacht bildete ein kleines Spiel, bei dem die Herren Lose ziehen und der jeweiligen Dame ihres Herzens die Gewinne verehren durften – natürlich überreichte der württembergische Kronprinz »seiner« Katharina den Hauptgewinn, eine Zobelpalatine.[7]

Es zeichnete sich allmählich ab, dass ihre leidenschaftliche Affäre damals in England keine Kurzgeschichte blieb, sondern dass beide in diesen Monaten in Wien über die Möglichkeit einer russisch-württembergischen Ehe nachdachten. Dies hielt jedoch die Liebenden nicht davon ab, noch anderweitig ihre Fühler auszustrecken. So überlegte Friedrich Wilhelm, ob nicht eine eheliche Verbindung mit dem Erzhause Habsburg mehr Vorteile für Württemberg bringen könne, während Katharina ihrerseits eine Heirat mit Erzherzog Karl noch nicht endgültig ad acta gelegt hatte. Jedenfalls ließ sie Friedrich Wilhelm noch ein wenig im Ungewissen über ihre Pläne und flirtete nach wie vor auch mit dem Erzherzog. Friedrich Wilhelm beschäftigte sich unterdessen intensiv mit der begehrten Fürstin Bagration. Offiziell aber galten Katharina und Wilhelm als das Traumpaar des Wiener Kongresses und jeder rechnete mit einer bevorstehenden Hochzeit.

Das Ende einer gescheiterten Ehe

Das größte Hindernis für eine Eheschließung bildete jedoch die noch bestehende erste Ehe Friedrich Wilhelms mit der bayerischen Königstochter Charlotte Auguste. Sie hatten am 8. Juni 1808 geheiratet, womit beide verhindern wollten, in napoleonische Heiratspläne verwickelt zu werden. Graf Montgelas, Minister am bayerischen Hof, berichtete über diese Ehe: »Der junge Prinz war bekannt durch seine Kenntnisse, Talent, eine gewisse Liebenswürdigkeit und Leichtigkeit des Benehmens, ziemlich viel Welterfahrung, allerlei galante Abenteuer und einige jugendliche Verirrungen.« Weiter beklagt der Minister, wie wenig rücksichtsvoll er sich gegen seine Gattin betrug: »Es war zu bezweifeln, ob er sie überhaupt als seine rechtmäßige Gemahlin ansah. So vergingen 7 qualvolle Jahre in geduldiger Ergebung von der einen Seite und übelster Behandlung von der anderen Seite.« Erste Schritte zu einer Ehescheidung wurden schon Ende 1813 eingeleitet. Zu Beginn des Jahres 1814 kehrte die Prinzessin nach München zurück und ein königliches Gericht erklärte die Ehe für ungültig, nachdem beide Partner den Nichtvollzug dieser Ehe bestätigt hatten. In finanzieller Hinsicht wurde Charlotte von König Friedrich I. großzügig ausgestattet. »Der württembergische König behandelte die Sache mit der Würde, die er stets zu behaupten wusste«, so Montgelas.

Das Verfahren in Rom vor der Sacra Rota zur Auflösung dieser Ehe gestaltete sich langwierig, die Verhandlungen mit dem Vatikan wurden vom bayerischen König geführt. König Friedrich von Württemberg, der über die neuen Ehepläne seines Sohnes mit Katharina hoch erfreut war, versprach seinerseits, die Sache in München voranzutreiben. In einem Schreiben an ihn bat Großfürstin Katharina, seine Schwiegertochter in spe: »Ich wage ebenfalls, an die delikate Münchner Angelegenheit zu erinnern; setzt ihr ein Ziel und gestattet nicht, dass ein Hindernis die Empfindlichkeit eines Ereignisses aufschiebt, das das Glück Eurer Kinder sein wird.«[8] Die Zarinmutter hatte darauf bestanden, bevor sie einem Heiratsantrag stattgeben könne, müsse aus Rom die Annullierung dieser ersten Ehe vorliegen. Endlich kam das päpstliche Breve im Frühherbst 1815, es gab beiden Partnern die Möglichkeit zur Wiederverheiratung.

Charlotte Auguste heiratete am 18. Oktober 1816 den inzwischen verwitweten und doppelt so alten Kaiser Franz I. von Österreich und nannte sich fortan »Carolina Augusta«. Diese Hochzeit kommentierte ihr erster Gemahl, Friedrich Wilhelm von Württemberg: »Ich würde mich vor jeder anderen Frau fürchten, die an ihre nunmehrige Stelle gelangte und der gegenüber ich soviel Unrecht gehabt hätte wie in diesem Fall. Aber ich bin ihrer sicher [...] sie wird mit ritterlicher Nachsicht mein seinerzeitiges Benehmen vergessen.« Immerhin hat er im Rückblick die moralischen Qualitäten dieser Frau erkannt, als Gemahlin hat er sie wenig wahrgenommen. Die Ehe Carolinas blieb kinderlos, doch für die Kinder und Enkel des Kaisers aus seinen früheren Ehen wurde sie »die geliebte Großmama«. Nachdem sie Witwe ge-

Die erste Gemahlin Wilhelms I. von Württemberg, Charlotte von Bayern. Die Ehe wurde 1814 für ungültig erklärt.

worden war, lebte sie in der Salzburger Residenz und ist dort im hohen Alter von 81 Jahren gestorben. Sie wirkte in Salzburg als Wohltäterin und eifrige Förderin der Kunst. Das Museum »Carolino Augusteum« und die Carolinenbrücke über die Salzach erinnern heute noch an sie.[9]

Die neue Ehe

Nach der Schreckensnachricht über die Rückkehr Napoleons von Elba Mitte März 1815 reisten die europäischen Fürsten Ende Mai aus Wien ab, die Schlussakte des Kongresses stammt vom 9. Juni 1815. Zar Alexander I. fuhr zusammen mit dem österreichischen Kaiser nach Heidelberg, um das Hauptquartier ihrer Truppen zu besuchen. Zuvor gab es noch, vom 2. bis 4. Juni, einen Besuch bei König Friedrich von Württemberg, der die beiden Kaiser mit hohen Ehren und großer Gala in seiner Residenz in Stuttgart empfing. Zur selben Zeit reiste Katharina in Begleitung ihres Schwagers Joseph, Palatin von Ungarn, nach Ofen, zum Besuch der Grabstätte ihrer so früh verstorbenen Schwester Alexandra. Von dort aus folgte auch sie einer Einladung an den Stuttgarter Hof, wo sie kurze Zeit nach dem Kaisertreffen, am 15. Juni, eintraf. Es war ein sehr familiärer Besuch von drei Tagen, bei dem nur der Kronprinz fehlte, der damals am Feldzug gegen Frankreich sehr erfolgreich teilnahm. Ein Wiedersehen mit Friedrich Wilhelm und gleichzeitig auch mit Zar Alexander gab es erst im Oktober 1815 in Frankfurt am Main. Bei dieser Gelegenheit gab Katharina dem württembergischen Thronfolger das lange erwartete Jawort und er konnte endlich am Zarenhof um die Hand der Großfürstin anhalten.

Nach fast dreijähriger Abwesenheit kehrte Katharina im Dezember 1815, nunmehr als Braut, nach Sankt Petersburg zurück. Sie wollte sich den Hochzeitsvorbereitungen widmen und vor allen Dingen ihre beiden Kinder nach der langen Trennung wieder in die Arme schließen. Kurze Zeit später folgte ihr Friedrich Wilhelm nach Sankt Petersburg, wo er von der Zarenfamilie sehr herzlich aufgenommen wurde. Hier lernte er auch Katharinas Söhne kennen, worüber sie an den Schwiegervater schrieb: »Meine Kinder gefallen Fritz, worüber ich sehr glücklich bin.« Nach Weihnachten wurde dann in Sankt Petersburg im Familienkreis die Verlobung gefeiert. Katharina wurde zu diesem Fest reich beschenkt, die Mutter gab ihr ein diamantenverziertes Medaillon mit ihrem Bildnis und der Zar überreichte Edelsteine, einen großen Brillant-Solitär und einen großen Saphir.

Vor der Hochzeit musste ein Ehevertrag aufgesetzt werden, wozu von württembergischer Seite drei Unterhändler bestimmt waren: der Gesandte in Sankt Petersburg, Graf Heinrich von Wintzingerode, Staatsrat Eugen von Maucler und Legationsrat Schaul. Dieser Vertrag lehnte sich in weiten Teilen an den Vertrag aus der ersten Ehe Katharinas an. Die Söhne durften der Mutter nach Württemberg folgen, die Kosten für deren Erziehung musste der Bräutigam übernehmen. Sie erbten die Hälfte der Mitgift aus Katharinas erster Ehe, also eine halbe Million Rubel, die bei der kaiserlichen Bank in Russland angelegt waren. Für die zweite Ehe bekam Katharina 500 000 Rubel als Mitgift, die aber auch bei russischen Banken angelegt werden mussten, falls das Geld nicht zur Lebensführung notwendig war. Nach Katharinas Tod musste die Hälfte dieser Summe wieder ans Zarenhaus zurückgezahlt werden, den Rest sollten die Kinder aus der neuen Ehe erben. So weit der Ehevertrag. König Wilhelm I. hat sich übrigens an diese Regelung strikt gehalten, obwohl ihm Katharina zwischenzeitlich, in einem Testament aus dem Jahre 1817, einen Teil ihres Geldes vermacht hatte. Er wollte dem Zaren gegenüber nicht in den Ruf der Vorteilsnahme gelangen. Neben der Mitgift flossen die üblichen Dotationen und Apanagen, wie sie einer Großfürstin von Russland zukamen, weiter und standen Katharina zur freien Verfügung. Hinzu kam die Aussteuer: Möbel, Silber, Kirchengeräte, Teppiche, Spiegel, Schmuck und Pelze im Wert von nochmals einer Million Rubel.

Die Trauung fand am 20. Januar 1816 mit großer Prachtentfaltung statt, Galadiners, Bälle und Theateraufführungen wechselten sich ab. Den Höhepunkt der Festlichkeiten aber bildete ein grandioses Feuerwerk. Die Gäste aus Württemberg waren beeindruckt vom Glanz dieser Feste am Zarenhof und dem Reichtum, dessen auch sie ein wenig teilhaftig wurden, denn sie erhielten wertvolle Geschenke. Allein Eugen von Maucler freute sich über Geschenke im Wert von 7000 Gulden (womit er Schulden bezahlen konnte, wie er sagte). Auch Katharina wurde anlässlich der Hochzeit mit wertvollem Schmuck bedacht. Zar Alexander schenkte diesmal Amethysten und Maria Feodorowna eine Agraffe mit Brillanten. Auch Bräutigam und Schwiegervater beschenkten die Braut mit Diamanten-Medaillons, bestückt mit ihren jeweiligen Konterfeis. Diese Medaillons waren zu der Zeit ein sehr beliebter Schmuck, auf vielen Gemälden und Porträts vornehmer Damen ist er zu erkennen.

Nach ihrer eigenen Hochzeit blieben Friedrich Wilhelm und Katharina noch bis zu den Hochzeitsfeierlichkeiten für Großfürstin Anna mit dem niederländischen Kronprinzen am 9. Februar 1816 in Sankt Petersburg, verbrachten also ihre Flitterwochen im Schoße der Familie in Pawlowsk. Erst am 14. März traten sie die Reise nach Württemberg an, wo das neue Kronprinzenpaar am 13. April seinen feierlichen Einzug hielt. In Stuttgart wurden sie vor dem Neuen Schloss unter dem Jubel der Bevölkerung von König Friedrich I. und Königin Char-

Königin Katharina 👑

lotte Mathilde herzlich willkommen geheißen. Sämtliche Kirchenglocken der Stadt läuteten und mit Salutschüssen wurde die neue Kronprinzessin begrüßt. Für die folgenden Tage hatte der König zu Ehren des Brautpaares Große Gala angesetzt, mit Hofball, Konzert, Theater und festlichen Diners.

Schon bald nach der Hochzeit waren zahlreiche Gepäckwagen von Russland aus auf die Reise gegangen, die den reichen Brautschatz Katharinas nach Württemberg brachten. Mehrere Tage lang wurde nun der Inhalt dieser kostbaren Fracht in einigen Räumen des Kronprinzenpalais ausgestellt und dem staunenden Publikum gezeigt. Schon Zarin Katharina II. hatte einstmals für ihre Enkeltöchter festgelegt, wie hoch deren Mitgift sein sollte und welche Aussteuer sie bekommen sollten. Jede der Großfürstinnen wurde danach gleich ausgestattet, zum einen mit kirchlichen Geräten für die Messfeier nach russisch-orthodoxem Ritus, zum anderen mit Mobiliar, Spiegeln, Teppichen, Leuchtern, Kristall, Silber und dergleichen mehr. Auch Katharinas Garderobe war aus Russland mitgekommen, darunter befanden sich 36 Reisekleider und 20 Tüllkleider, die entweder bestickt oder mit Gold- oder Silberfäden durchwirkt waren. Auch 20 Samtroben in verschiedenen Farben waren verpackt worden, dazu über 50 Seidenkleider, 14 Wollkleider, Wäsche, weiße Kleider, 50 Hauben und 64 Hüte – eine reiche Kollektion, die die Braut nach Stuttgart mitbrachte.[10]

Im württembergischen Landesmuseum befindet sich noch ein Schleier von Königin Katharina aus Brüsseler Spitze mit dem Monogramm CP (Catharina Pawlowna), der vermutlich aus diesem Inventar stammt.

Angesichts dieses zur Schau gestellten Prunkes wurde in der einfachen Bevölkerung bereits diskutiert, ob sich das arme Königreich Württemberg diese an Luxus gewöhnte Zarentochter überhaupt würde leisten können!

Das Bildnis »mit der Halskrause« entsprach der damaligen Mode und war ein Geschenk an die Landwirtschaftliche Versuchsanstalt in Hohenheim.

Am württembergischen Hof

Doch Katharina bevorzugte persönlich einen einfachen und schlichten Lebensstil, worin sie mit ihrem Gemahl einig war. Sie hatte aus Russland nur wenig Personal mitgebracht, wie ihre ehemalige Kinderfrau, Miss Drust, und eine englische Nurse für die Söhne. Auch eine russische Kammerfrau und der ehemalige Kammerherr ihres ersten Mannes waren mit ihr gereist. Der übrige Hofstaat bestand aus Württembergern, wobei Katharina, was heute wieder aktuell ist, Personal abbaute, um Kosten zu reduzieren. Dies brachte ihr damals vor allem in Hofkreisen zunächst heftige Kritik ein. Man befürchtete, das Theater und die prachtvollen Festlichkeiten, wie sie König Friedrich I. so glänzend zu zelebrieren verstand, würden nun völlig entfallen.

Doch trotz der vielen Einsparungen bei Hofe, die im Hinblick auf die im Jahre 1816 in Württemberg herrschende große Hungersnot auch erforderlich waren, verstand es das junge Paar dennoch zu repräsentieren. Fürstin Pauline zur Lippe beispielsweise, welche kurze Zeit nach dem Tod König Friedrichs Stuttgart besuchte, beschreibt in ihren Erinnerungen: »Die Einrichtung des Schlosses unter dem neuen König hat nicht mehr so viel Glanz und Fülle, ist dafür aber von geschmackvoller Schönheit. Die Kronleuchter, Spiegel und Kristall stammen alle aus russischen Werkstätten. Beim Diner gab es keine besondere Etikette, man sprach französisch. Sie (Katharina) war mit einem weißgoldenen Tüllkleid bekleidet, geschmückt mit Diamanten und Rosen im Haar und am Gürtel«.

Schon bald nach Bekanntwerden der Heiratspläne von Kronprinz Friedrich Wilhelm mit der Großfürstin von Russland war man in Stuttgart daran gegangen, das Palais Hohenheim an der oberen Königstraße nochmals zu erweitern und als Wohnsitz für das Paar einzurichten. Es sollte dem hohen Rang der neuen Kronprinzessin gerecht werden. Laut dem Ehevertrag wurde dort eine russisch-orthodoxe Kapelle eingerichtet, für deren Ausstattung Katharina ihre kostbaren Ikonen und Messgeräte aus Twer mitgebracht hatte. Einige Stücke davon haben sich erhalten und befinden sich heute in der Grabkapelle auf dem Rotenberg. Der ursprünglich im Barockstil erbaute Palast war einst von Franziska von Hohenheim, der späteren Gemahlin Herzog Carl Eugens, bewohnt worden. Im Jahre 1808 wurde er von Hofbaumeister Nikolaus Friedrich von Thouret als Wohnsitz für den Thronfolger umgebaut, heute steht dort der so genannte »Mittnachtbau«.

Zum ersten Geburtstagsfest, das Katharina in Württemberg feierte, wenige Wochen nach ihrer Ankunft, schenkte ihr der König das Landhaus Bellevue. Es lag inmitten eines kleinen Parks direkt am Neckarufer bei Cannstatt und gefiel der Schwiegertochter besonders gut. Vor allem im Sommer verbrachte sie hier, zusammen mit ihrem Gemahl oder der ganzen Familie, glückliche Stunden. Besonders verband das Kronprinzenpaar auch ihre Pferdeleidenschaft. Katharina war eine sehr gute Reiterin und unternahm gerne Ausritte mit dem

Ansicht des Residenzschlosses in Stuttgart, vom ehemaligen Hoftheater aus gesehen. Um 1810.

Kronprinzen zum Gestüt nach Scharnhausen, später auch nach Weil bei Esslingen, wo Wilhelm durch seinen Hofbaumeister Giovanni Salucci ein kleines Landschlösschen erbauen ließ.

Der spätere König Wilhelm I. baute in seinen Gestüten eine Araberzucht auf mit 16 Stuten, Vollblütern orientalischen Ursprungs. Den Grundstock für diese Araberherde, die heute das Glanzstück des Landesgestüts in Marbach darstellt, legte Wilhelm mit seinem Lieblingspferd »Bai-Tactar«, einem ägyptischen Hengst. Im September 1840 beauftragte er seinen Stallmeister, Baron von Taubenheim, mit Unterstützung Friedrich Wilhelm Hackländers als Sekretär, in den vorderen Orient zu reisen und möglichst edle und wertvolle Araberpferde einzukaufen und nach Württemberg zu bringen. Mit seinen arabischen Vollblütern errang König Wilhelm I. internationale Erfolge.

Am 30. Oktober 1816 starb König Friedrich I. nach kurzer, schwerer Krankheit. Bis zuletzt hatte Katharina, obwohl hochschwanger, am Krankenbett des von ihr so sehr geschätzten Schwiegervaters und Onkels gewacht. Wenige Stunden nach seinem Tod brachte sie ihre erste Tochter zur Welt, Marie.

Der Regierungsantritt war für Friedrich Wilhelm, der sich als König Wilhelm I. nannte, um sich vom Vater abzugrenzen, nicht leicht. König Friedrich hatte dem Sohn Schulden in Millionenhöhe hinterlassen, das Land litt unter Missernten und innenpolitisch war die Verfassungsfrage noch nicht abgeschlossen. Erst im Jahre 1819 bekam Württemberg seine neue Verfassung, die dem Monarchen eine zentrale Stellung einräumte. Er konnte seine Minister ernennen, die nur ihm, nicht den Landständen, verantwortlich waren. Das Schreibereiwesen wurde zur modernen Bürokratie umgeformt und die Besoldung der Beamten verbessert.

In der Außenpolitik versuchte der König, auf Grundlage seiner dynastischen Verbindungen mit Zar Alexander I., eine gewisse Führungsrolle innerhalb der kleinen deutschen Königreiche wie Bayern, Sachsen und Hannover zu übernehmen. Es ist denkbar, dass er, zusammen mit Katharina, davon geträumt hat, einmal an der Spitze einer dritten Großmacht, neben Preußen und Österreich, zu stehen.

Not und Elend in Württemberg

Katharina erhielt anlässlich der Thronbesteigung einen Brief von Johann Georg Müller aus Schaffhausen:»Sie sind Mutter eines Volkes geworden, das mit ehrfurchtsvollem Vertrauen und treuer Ergebenheit von dem menschenfreundlichen Helden, den es als König verehrt, und von K. M. Hülfe in Not der gegenwärtigen schweren Zeit, die Gründung eines neuen Wohlstandes erwartet.«

Schon im Juni 1816 hatte sie mit dem Kronprinzen zusammen eine Reise durch Oberschwaben und in die Schweiz unternommen. Diese Reise diente zum einen dem Zweck, Land und Leute etwas kennenzulernen, andererseits wollten sie sich auch ein Bild vom Ausmaß der Missernten und der Hungerkatastrophe, die ringsum im Lande herrschte, machen. Dazu der Bericht eines Zeitgenossen:»Da saßen die Armen frierend und haschten nach Kleie und Mehlstaub, um das elende Leben von einem Tage zum anderen hinüber zu schleppen. Sie kochten Wurzeln und Gras und Heu zu kraftlosen Suppen, mahlten Stroh und Sägespäne, schlachteten Pferde. Die halbe Bevölkerung schlich bettelnd umher, Kinder schrien nach Brot vor fremden Türen, aus denen sie der gleiche Jammer angrinste.«

Eine andere Aufzeichnung, die von der Schwäbischen Alb stammte, gibt Auskunft über ein Unwetter, das am 10. Juli 1816 stattfand und die Ernte zerstörte:»Es hat ein erschreckliches Hagelwetter gegeben. Der ganze Himmel war durch Stunden hindurch ein einziges Feuer und die Felder sahen bald aus wie mitten im Winter. Noch lange nach dem Hagel konnte man die ›Steine‹ auf Haufen zusammenkehren. Überall jammern die Leute. Sogar die Bauern von der Blaubeurer Alb müssen darben.« Es waren nicht allein die Missernten des Jahres 1816, die zu der Katastrophe führten, auch in den Jahren zuvor war Württemberg immer Durchzugsland für fremde Truppen gewesen. Sie hatten das Land verwüstet, Dörfer niedergebrannt und die Bevölkerung drangsaliert. Als Folge davon erlebte Württemberg in diesen Jahren eine große Auswanderungswelle, die Menschen hofften, in Übersee oder in Osteuropa bessere Zukunftschancen zu erhalten – leider haben sich die großen Erwartungen nicht immer erfüllt.

Katharina begriff, dass hier schnelle und effektive Hilfe vonnöten war. Und in ihrer zupackenden, aber durchaus überlegten Art begann sie, die mannigfachen Probleme in Angriff zu nehmen. Als erste Notmaßnahme gegen den Hunger richtete sie Suppenküchen für die Armen und Bedürftigen im Lande ein, in denen täglich bis zu 350 Essensportionen abgegeben wurden, gekocht von Frauen und Töchtern der höheren Stände. Gleichzeitig sorgte sie für die Verteilung von Lebensmitteln und Heizmaterial aus den königlichen Forsten. Darüber hinaus finanzierte Katharina aus ihrer eigenen Schatulle den Ankauf von Getreide und Saatgut, auch bat sie den Zaren um Hilfe bei der Landbeschaffung für viele Auswanderer, die damals Zuflucht im russischen Reich suchten. Als im Sommer 1817 erstmals wieder eine reiche Ernte eingefahren werden konnte und der erste Erntewagen in Stuttgart einzog, herrschte großer Jubel bei der Bevölkerung. Der Wagen wurde mit Kränzen geschmückt, alle Glocken der Stadt läuteten, Kinder sangen und mit Dankgebeten wurde dieses Fest begleitet.

In der bittersten Notzeit erkannte König Wilhelm, wie wichtig die Bauernschaft für das Land war und in welcher bedrängten Lage sich das Agrarland Württemberg befand, dessen Gesamtbodenfläche zu zwei Dritteln bewirtschaftet war. Doch der Bauernstand war unterprivilegiert, durch Fron, Abgabe von Zehnten und einseitige Jagdgesetze belastet und auch die Gerätschaften der Bauern waren vielfach veraltet. Als erste Maßnahme zu einer wirksamen Hilfe hob der König die Leibeigenschaft auf und sorgte außerdem dafür, dass den Bauern beispielsweise Wildschäden ersetzt wurden.

Um die Produktion zu erhöhen und die Agrartechnik zu verbessern wurde am 1. August 1817 die »Landwirtschaftliche Centralstelle« gegründet, ihr folgte eine Unterrichts- und Versuchsanstalt, die zuerst in Denkendorf geplant war, dann aber in Hohenheim, am 20. November 1818, feierlich eingeweiht wurde. Das Ziel der Schule war, durch eine bessere Ausbildung der Landwirte und verbesserte Maschinen eine Steigerung der Erträge zu erreichen. Der erste Direktor dieses Instituts war der in Deutschland führende Wissenschaftler für Landwirtschaft Johann Nepomuk Hubert Schwerz, unter anderem der Erfinder des »Schwerz'schen Pflugs«. Aus dieser Musteranstalt entwickelte sich im Laufe der Jahrzehnte 1848 die Akademie Hohenheim, 1904 die Landwirtschaftliche Hochschule und seit 1967 die Universität Hohenheim.

Als Leistungsschau und Anregung, aber auch »zur Ermunterung zur fortschreitenden Verbesserung der Viehzucht« sollte ein Fest durchgeführt werden, das »Landwirthschaftsfest zu Kannstadt«. Dabei sollten die besten Erzeugnisse aus Ackerbau und Viehzucht prämiert werden. Auch ein Pferderennen und ein Schifferstechen für die zum jährlichen Zunfttag versammelten Schiffer wurden veranstaltet. Es gab einen Pferde-Vieh-Schafmarkt, einen Krämermarkt und eine Ausstellung landwirtschaftlicher Geräte und gewerblicher Erzeugnisse.

Dieses erste Landwirtschaftliche Hauptfest fand am 27. September 1817 im Beisein des Königspaares und des ganzen Hofes statt, es kamen über 30 000 Besucher aus allen Landesteilen nach Cannstatt. Das Symbol des Festes war die Fruchtsäule – von Thouret gestaltet –, die 15 Meter hoch und gut sichtbar in den Himmel ragte und mit Weinlaub, einem Ährenkranz, Trauben und Früchten geschmückt war. Zur Unterhaltung der Gäste trugen Seiltänzer, Moritatensänger und eine Menagerie bei, doch gab es damals noch keinen Ausschank, geschweige denn Bierzelte – aber das »Cannstatter Volksfest« hat sich bis heute erhalten.

Katharinas Hilfsprogramme

Wie in anderen Ländern zu dieser Zeit gab es auch in Württemberg eine Armenfürsorge, die von einzelnen Personen oder Institutionen privat organisiert war. Königin Katharina ging nun daran, eine zentrale Stelle zu gründen, um »alle zum Helfen bereite Menschen anzusprechen und die Kräfte zu bündeln, damit die Wirkung nicht zerinnt durch zersplitterte Einzelaktionen«. Dies sollte erreicht werden durch eine straffe Organisation, die das ganze Land umfasste, mit einer Zentralleitung und lokalen Unterorganisationen in den einzelnen Oberämtern. Sie wandte sich vor allem an die Frauen, denn sie seien »der Teil der menschlichen Gesellschaft, dessen hoher Beruf im

Leben ist, zu helfen«. Die Königin plante einen »Wohltätigkeitsverein« mit der Zentralstelle in Stuttgart und Außenstellen im Lande, die in der Mehrheit von adeligen Damen besetzt waren.

Der König unterstützte seine Frau in dieser Tätigkeit und mit ihren Plänen. So konnte sie mit einer ersten Einladung ins Alte Schloss am 29. Dezember 1816 alle zusammenrufen, die sie für kompetent hielt und welche die Verhältnisse in Württemberg kannten.

»Ihr bekannter Eifer für das Wohl Ihrer Mitmenschen bewogen mich, Ihnen Meinen mit Genehmigung des Königs, Meines Gemahls, entworfenen Plan zu einem Wohltätigkeitsverein mitzuteilen, dessen Zweck ist, dem Dürftigen zu helfen. Ich füge die Bitte hinzu, Mir in diesem für den Staat so wichtigen Geschäft mit Rat und Tat beizustehen, und hoffe, sie werden diesen Beweis meiner persönlichen Achtung nicht ablehnen, sondern demselben entsprechen [...] Ich verbleibe Ihre wohlgeneigte Catharina.«

Am 6. Januar 1817 kam es zur Gründung der »Zentralleitung für die freiwilligen Wohltätigkeitsvereine«, woraus dann im Jahre 1956 das Landeswohlfahrtswerk, 1992 das Wohlfahrtswerk für Baden-Württemberg entstand, eine Einrichtung also, die bis in unsere Tage Bestand hat.

Katharina wählte dafür geeignete Ratgeber, wie den Verleger Freiherr von Cotta, den Hofbank-Direktor Gottlob Heinrich Rapp oder Geheimrat August von Hartmann, der später den Vorsitz in der Zentralleitung innehatte. Zunächst aber ließ sie sich selbst an die Spitze der Zentralleitung wählen, die wöchentlich tagte. Sie las alle Protokolle der Sitzungen, wobei sie jeweils unterschrieb, nur die Verwaltungsarbeit überließ sie anderen. Zu Beginn waren in der Zentralleitung 14 Männer und sieben Frauen tätig. Königin Katharina war gewohnt, sich durchzusetzen, und so hat sie ihren einmal durchdachten Plan auch vorangetrieben. Immer erwartete sie prompte Ausführung ihrer Anordnungen und nahm manches Mal bürokratische Hürden, dank ihrer hohen Stellung schob sie auch behördliche Bedenken oft beiseite.

Die Grundidee des Wohltätigkeitsvereins war: »Arbeit verschaffen hilft mehr als Almosen geben.« Dieses Modell der »Hilfe zur Selbsthilfe« war neu und wurde zunächst von einigen Ministern und Staatsbeamten kritisch betrachtet, auch die Öffentlichkeit war anfangs misstrauisch: »Für die Armen werden schon die Landstände sorgen, das sind rechtliche Männer, die werdens schon machen, das ist kein Geschäft für Weiber, denn wir sind hier nicht in Russland.« Die Leute hatten Angst, dass sie von den Mitarbeitern des Wohltätigkeitsvereins ausgekundschaftet werden sollten, doch wollten sich diese nur ein Bild der allgemeinen Lage machen. Die Unterstützung der Armen sollte nach einem genauen Plan erfolgen und erst nach Prüfung der Lebensumstände des jeweiligen Bedürftigen. Damit kein Betrug möglich war, wurden Hausbesuche durchgeführt. Die Königin legte Wert darauf, dass die Verhandlungen mündlich geführt wurden und ein persönlicher Kontakt zustande kam, denn sie fand,»das viele Schreiben macht das Übel nur ärger.« Als die Mutter der Königin, Maria Feodorowna, bei ihrem Besuch in Stuttgart 1818 auch die Einrichtungen dieses Vereins kennen lernte, war sie so begeistert, dass sie dem Wohltätigkeitsverein beitrat und jährlich 2000 Rubel spendete.

Mit der zunehmenden Verbesserung der Lebensumstände in Württemberg dachte Königin Katharina daran, eine Sparkasse ins Leben zu rufen für»Dienstboten und Angehörige der unbemittelten arbeitenden Klassen«. Bei ihren Besuchen in Göttingen, wo es seit 1801 die erste kommunale Spar- und Leihkasse gab, und beim Schwiegervater in Oldenburg, der schon 1786 die erste Landessparkasse gegründet hatte, hatte sie bereits Vergleichbares gesehen. Ähnliches schuf auch ihre Schwester Maria, Großherzogin von Weimar, mit der ersten Sparkasse in Thüringen für die Bürger Weimars.

Mit Schreiben vom 27. August 1817 forderte Katharina den Direktor der königlichen Hofbank, Geheimen Hof- und Domänenrat von Rapp, auf, ein Gutachten für die Einrichtung einer Bank zu erstellen, in der auch Kleinsparer ihren Lohn günstig anlegen konnten. Daraufhin wurde im Gremium des Wohltätigkeitsvereins die Gründung einer Sparkasse beschlossen. Katharina ernannte, mit Genehmigung des Königs, zwölf Vorsteher für dieses Institut, welches am 12. Mai 1818 als»Württembergische Sparkasse« eröffnet werden konnte. Zitat: »I. M. haben die Bemerkung gemacht, dass der Vermögenszerfall mancher Personen in dem schlechten Umtrieb der Vermögen seinen Grund habe, und durch unsicheres Geldausleihen in kleinen Posten schon bedeutende Summen verloren gegangen seien. Daher hege sie die Absicht, den Staatsangehörigen es möglich zu machen, dass dieselben ihre Sparpfennige nicht ohne Interesse und an sicherem Orte niederlegen dürfen.« Diese Sparkasse wurde bis zum Jahre 1918 vom jeweiligen König immer besonders gefördert, bis 1881 besaß sie – unter anderem – Portofreiheit für ihren gesamten Postverkehr. Sie entwickelte sich schnell zur öffentlichen Sparkasse, 1884 zur Städtischen Sparkasse, ab 1916 hieß sie Girokasse und ab 1975 Landesgirokasse. Heute zählt die Landesbank Baden-Württemberg (LBBW) mit ihren Tochtergesellschaften Baden-Württembergische Bank und Landesbank Rheinland-Pfalz zu den Größten der Branche.

Um auch Kindern aus sozial schwachen Bevölkerungsschichten eine entsprechende Ausbildung zu gewährleisten, kam es auf Initiative Katharinas zur Gründung von Industrieschulen. Dort erhielten die Kinder Unterricht in Sprache, Rechnen, Religion, Naturkunde und eine handwerkliche Ausbildung. Die Jugendlichen sollten in die Lage versetzt werden, selbst für ihren Unterhalt zu sorgen und nicht auf Almosen angewiesen zu sein. Gleichfalls gab es »Strickschulen« und Beschäftigungsanstalten, um die Kinder von der Straße wegzuholen und sie zu sinnvollen Tätigkeiten anzuleiten.

In Württemberg standen den Knaben sehr gute Ausbildungsstätten zur Verfügung, dagegen konnten Mädchen eine höhere Schule nur besuchen, wenn sie adeliger Herkunft waren: die »Ecoles des demoiselles«. Nach dem Vorbild Maria Feodorownas in Russland gründete daher Katharina eine Bildungsanstalt nach Art des Smolny-Instituts, die allen begabten Töchtern offen stehen sollte, nicht nur dem Adel. Mit viel Elan kümmerte sich Katharina um alles, was den Schulalltag betraf, Lehrpläne, die Einrichtung, auch die passende Schulkleidung, welche maiengrün war, was den Zöglingen den Spitznamen »die Laubfrösche« eintrug. Neu für die damalige Zeit war die Einführung von Turnunterricht für die Mädchen. Zur Eröffnung am 17. August 1818 waren an der Schule 200 Tagesschülerinnen und 15 Kostgängerinnen angemeldet, ihr erster Direktor war Karl August Zoller. In ihrer Begrüßungsansprache sagte die Königin, sie hoffe,

»dass die Schülerinnen mit immerwährender Anstrengung die ihnen dargebotenen Bildungsmittel zu benützen sich beeifern«. Den Namen »Katharinenstift« hat die Schule erst nach ihrem Tod erhalten und trägt ihn bis heute.

Das Katharinenhospital

Die Idee, beim ehemaligen Lazarett eine gemeinnützige Krankenanstalt einzurichten, entstand schon 1817. Sie sollte »auf einem freien Punkte außerhalb der Stadt, von Gärten umgeben, in gesunder Luft, ein kostbares, geräumiges und schönes Krankenhaus sein, für Dienstboten, Handwerksburschen und ähnliche Bedürftige, dessen Organisation und Ausstattung ausgezeichnet ist«. Sein Name sollte

Das Katharinenhospital in Stuttgart wurde erst nach dem Tod Katharinas erbaut. Es lag damals noch am Rande der Stadt.

»Catharinen Hospital« sein. Nach dem Tod der Königin wurde das Krankenhaus von der Stuttgarter Bürgerschaft erbaut, es war gedacht als »heiliges Vermächtnis« und wurde gemeinsam von den Bürgern, dem königlichen Haus, dem Staat und der Stadt Stuttgart finanziert.

Der Betrag kam aus vielen Spenden, oft Kleinstspenden von einfachen Bürgern, zusammen, aber auch reiche Stuttgarter Familien beteiligten sich an der großen Sammelaktion. Anscheinend wurden Listen herumgereicht und es gehörte zum guten Ton, sich hier freigiebig zu zeigen. Selbst aus der Oldenburger Familie und aus Russland trafen namhafte Beträge ein. So konnte am 24. Juni 1820 die Grundsteinlegung stattfinden und am 9. Januar 1828 die Einweihung. Das Krankenhaus wurde laufend erweitert. 1944 wurde es zerstört, nach dem Krieg wiederaufgebaut, heute ist es ein modernes Klinikum.

Voller Stolz und Anerkennung äußerte sich die Zarinmutter, Maria Feodorowna, als sie ihre Tochter besuchte, über die erfolgreiche Tätigkeit Katharinas im sozialen Bereich: »Ich war hocherfreut und glücklich, überall wahrzunehmen, dass Katharina ihren Beruf erfüllt.«

Die Sammlung Boisserée

Nach der Säkularisation wurde die sakrale Kunst aus vielen Kirchen und Klöstern verschleudert oder zerstört. Die beiden Brüder Sulpiz und Melchior Boisserée aus Köln erkannten früh den Wert dieser Gemälde, retteten viele Bilder und trugen damit eine respektable Kunstsammlung zusammen, die sie in Heidelberg ausstellten. Es handelte sich dabei um altdeutsche und niederländische Malerei, von Albrecht Dürer, Johann van Eyck oder Lucas van Leyden. Das württembergische Königspaar reiste auf Empfehlung von Hofrat Rapp im Herbst 1818 nach Heidelberg, um sich die Bilder anzusehen. Sie trugen sich mit dem Gedanken, diese Sammlung nach Stuttgart zu holen, obwohl manche Zeitgenossen behaupteten, beide hätten keinen allzu großen Sachverstand besessen, was religiöse Gemälde anlangte. Katharina war in der Tradition der orthodoxen Ikonenmalerei aufgewachsen und Wilhelm hatte eine große Vorliebe für antike Statuen, in späteren Jahren auch für erotische Darstellungen, sie waren also sicherlich keine ausgewiesenen Kenner von Bildern dieser Art. Doch beide hatten ein gutes Gespür dafür, welche Bedeutung eine solche Sammlung als Anziehungspunkt für eine Residenzstadt haben könnte. Deshalb bot das Königspaar den Brüdern Boisserée geeignete Räumlichkeiten inmitten der Stadt an und diese waren einverstanden, die Gemälde in Stuttgart auszustellen. Tatsächlich gestaltete sich der Andrang zu den Bildern groß, viele Besucher kamen nach Stuttgart und die Stadt gewann damit eine neue Attraktion.

Nach Katharinas Tod wurde vermutet, die Königin hätte die Bilder aus eigener Tasche für die Stadt ankaufen wollen, gesichert ist das freilich nicht. Weitere Kaufverhandlungen musste nun das Land führen, das zunächst ein Gutachten über Qualität und Nutzen der Bilder anfertigen ließ. Eberhard Wächter, Maler und Mitglied dieses Kunstausschusses, kam zu einem negativen Ergebnis, und auch ein Vertreter der Stände soll den berühmt gewordenen Satz geäußert haben: »Mr brauchet koi Kunscht, mr brauchet Grombiere« (Wir brauchen keine Kunst, wir brauchen Kartoffeln). Wessen Urteil letztendlich den Ausschlag gegeben hat, ist heute nicht mehr relevant. Neidvoll blicken jedenfalls die Stuttgarter nach München, wo diese Gemälde einen wichtigen Bestandteil der Alten Pinakothek bilden, nachdem König Ludwig I. von Bayern im Februar 1827 die Bilder für 240 000 Gulden angekauft hat. Bei allem Bedauern über den »Verlust« dieser Sammlung für Stuttgart muss man jedoch anmerken, dass es in Württemberg zu dieser Zeit wahrhaft drückendere Probleme gab und den Verantwortlichen damals die Bedeutung dieser Gemäldesammlung sicher nicht bewusst war.

Katharinas Kinder

Bemerkenswert ist, dass Katharina trotz der vielen Aufgaben, die sie mit Elan in Angriff genommen hatte, dennoch auch ihre Mutterpflichten sehr ernst nahm und sich persönlich um alles kümmerte. Die beiden Söhne Alexander und Peter waren bei der zweiten Heirat ihrer Mutter fünf und drei Jahre alt. Zur Erziehung der Knaben hatte Katharina den Lehrer Johannes Ramsauer, einen Pestalozzi-Schüler, bestellt. Beide Eltern nahmen großen Anteil an der Kindererziehung und täglich wurden die Aufgaben überprüft. Außerdem bekamen die Söhne auch einen russischen Lehrer, die Mutter achtete sehr darauf, sie diesem Kulturkreis nicht ganz zu entfremden.

Dank der großzügigen Erbregelung in ihrem zweiten Ehevertrag hatten die beiden Söhne ein immenses Erbe zu erwarten – sie galten als »die reichsten Prinzen Europas.« Beide standen unter der Vormundschaft des Zaren und ihres Großvaters, Herzog Peter von Holstein-Oldenburg, bei dem sie auch nach dem Tode ihrer Mutter aufwuchsen. Zu ihrem Stiefvater hatten Katharinas Söhne ein gutes Verhältnis, besonders Peter von Oldenburg, der beim Tod des leiblichen Vaters erst vier Monate alt war und ihn nicht mehr erlebt hatte, liebte den württembergischen Stiefvater sehr. Prinz Alexander von Holstein-Oldenburg starb schon mit 19 Jahren, doch sein Bruder Peter hielt zeitlebens, auch später von Russland aus, die Verbindung nach Württemberg aufrecht. Zum Tode König Wilhelms verfasste er eine Elegie, die er in einem kleinen Buch mit schwarzem Samteinband in der königlichen Gruft auf dem Rotenberg niederlegte. Ein Auszug daraus lautet:

Dumpfes Geläute erschallt ringsum von den Türmen im Lande,
und in das Trauergewand hüllt sich ein biederes Volk:
Er ja ward ihm entrissen, der König, der mild es regiert,
weise mit kräftiger Hand, väterlich sanft es beschirmet.

Freisinnig waltete er und gerecht, fast ein halbes Jahrhundert,
Kirchen und Schulen zum Schutz, Armen und Kranken zum Trost.
Hat mir das herbe Geschick schon frühe den Vater entrissen,
warst wie ein Vater Du stets, liebend und freundlich für mich;
Laß' mich die Worte des Dankes, genetzt von Thränen der Wehmuth,
niederlegen aufs Grab, das mit der Mutter Dich eint!

Welch eine große Zuneigung, die Stiefsohn und Stiefvater verbunden haben, spricht aus diesen Worten.

Am 30. Oktober 1816 kam, wie schon erwähnt, die erste Tochter Marie zur Welt, und am 17. Juni 1818 wurde die zweite Tochter Sophie geboren. Beide Schwangerschaften und Entbindungen verliefen ohne Probleme und das Familienglück im Stuttgarter Schloss schien perfekt. Die beiden Mädchen entwickelten sich prächtig und erhielten von den Eltern viel Aufmerksamkeit. Königin Katharina sorgte sehr für eine standesgemäße Unterbringung ihrer Töchter. Jedenfalls ist überliefert, die Räume hätten ihr nicht gefallen, die Nikolaus Friedrich von Thouret im Auftrag des Königs umgestaltet hatte. Sie fand, die Einrichtung sei »für gemeine Leute« und die Decken seien viel zu niedrig. »Hier herein kann das Kind nicht«. Thouret musste alles nochmal verändern.

Anderen Zeitgenossen hat es jedoch im Schloss gut gefallen. Karl Friedrich Schinkel beispielsweise, der unter anderem das Stuttgarter Schloss besichtigte, beschreibt in seinem Reisetagebuch: »Sämtliche Wohnzimmer sind gegen den herrlichen Garten gelegen [...] Die kleinen Prinzessinnen hatten Unterricht. Es standen fein säuberlich Strickkörbchen, Schreib- und Lesebücher ordentlich auf jedem Platz.« Aber auch Spötter beobachteten das Leben im Schloss und schrieben ihre Glossen darüber. Der Journalist Ludwig Börne zum Beispiel bemerkte ironisch: »Ich sah einen Spiegel, der 2 Millionen Rubel gekostet hat – ein Geschenk des Zaren. Die Prinzessinnen sah ich Brei essen aus geschmolzenem Silber – von wollte ich sagen!«[11]

Nach dem Tod Katharinas kamen die Töchter in die Obhut ihrer Stiefmutter, Königin Pauline, der zweiten Frau König Wilhelms. Diese bemühte sich redlich um die beiden Mädchen, es gelang ihr jedoch nicht, ein besonders inniges Verhältnis zu ihnen aufzubauen. Die Prinzessinnen blieben die Lieblinge ihres Vaters, was am Stuttgarter Hof Anlass zu manchen Auseinandersetzungen gab.

Ein rätselhafter Tod

Man stelle sich diese Szene vor: Da wirft sich eine junge Frau, eine Königin, des Nachts bei Eis und Schnee in eine offene Kutsche und fährt dem geliebten Gatten hinterher, weil sie nicht glauben will, was man ihr zugetragen hatte – und findet ihn zusammen mit seiner Mätresse in flagranti. Innerlich aufgewühlt und äußerlich völlig durchnässt kehrt sie ins Schloss zurück. Die Kammerfrau muss ihr die durchweichten Stiefel von den Füßen schneiden, so klamm ist das Leder. Mit einer Unterkühlung und von Fieber geschüttelt, niedergedrückt vom Kummer des Herzens liegt sie danieder auf dem Krankenbett und stirbt nach wenigen Tagen. So gefühlvoll wird diese Geschichte gerne beschrieben und so passt sie auch in die Zeit der beginnenden Romantik.

In der Grabkapelle auf dem Württemberg fand Königin Katharina ihre letzte Ruhestätte. Lithographie von Eberhard Emminger, um 1860.

Heute müssen wir den unglücklichen, frühen Tod Katharinas nüchterner betrachten. Das ärztliche Bulletin über die letzten Krankheitstage und der Bericht über ihren Tod und die danach erfolgte Sektion geben klare Auskunft zur Todesursache. Demnach hatte sich Katharina schon am 3. Januar 1819 eine leichte Erkältung zugezogen, dennoch wollte sie am darauf folgenden Tag zusammen mit König Wilhelm eine Kutschfahrt nach Scharnhausen unternehmen – trotz der Warnung vor scharfem Wind und schlechtem Wetter. Außerdem hatte sich an ihrem Mundwinkel ein Bläschen gebildet, das von ihr selbst aufgestochen wurde,»ohne Wissen der Ärzte«, wie der Leibarzt, in leicht vorwurfsvollem Ton, feststellte. Vermutlich aus Eitelkeit und gleichzeitig aus Unwissenheit kam es zu einer bakteriellen Infektion. Es bildete sich »eine Schwulst«, die sich entzündete und mit Kräutersäckchen behandelt wurde. Man kannte damals keine effizientere Therapie. So konnte sich der Entzündungsherd ausbreiten und sie bekam hohes Fieber. Diese Wundrose führte zu einem Gefäßverschluss im Gehirn, wie die Sektion des Schädels bestätigt hat. Königin Katharina starb am 9. Januar 1819 morgens um halb acht Uhr an einer Apoplexie. Sehr lange hat sie wohl nicht gelitten, denn der Arztbericht vermerkte, sie habe in der Nacht geschlafen und »I. M. sprachen morgens um 7 Uhr über mancherlei Gegenstände ungehindert«. Danach fiel sie jedoch in Bewusstlosigkeit, der Puls wurde schwächer und sie starb.[12]

Mit Sicherheit waren, medizinisch gesehen, die Gefäße im Gehirn Katharinas durch die Krampfanfälle der Vergangenheit schon so vorgeschädigt, dass es zu diesem Schlaganfall kommen konnte. Auch eine erneute Schwangerschaft, welche die Ärzte festgestellt hatten, könnte die allgemeine Widerstandskraft des Körpers herabgesetzt haben.

Sofort nach ihrem Tod begannen Gerüchte zu kursieren, die bis heute nicht ganz verstummt sind. Den »eingeweihten Hofkreisen« war nicht verborgen geblieben, dass es beim Königspaar zu kleineren, vielleicht auch größeren Auseinandersetzungen gekommen war. Katharina wirkte in den letzten Monaten vor ihrem Tod oft bedrückt und hatte offensichtlich Kummer. Nachdem König Wilhelm seit dem Sommer 1817 immer wieder alleine in die italienischen Bäder gereist war, hatte man vermutet, dass er die alten Beziehungen zur italienischen Adeligen Bianca Carrega wieder aufgenommen hatte. Besser bekannt war die Dame als Blanche La Fleche, Baronin Keudelstein, die Wilhelm schon 1811 am Hofe seiner Schwester in Kassel kennen gelernt hatte, als sie dort Hofdame und Favoritin seines Schwagers Jérôme war.

Man suchte nach Ursachen und Erklärungen für den überraschenden Tod Katharinas und so sah sich der König, mitten in seinem Schmerz und seiner Trauer um die Gemahlin, plötzlich in der Defensive, er musste sich verteidigen, innerhalb der Familie, auch gegenüber dem Zaren. Man vermutete psychosomatische Ursachen für Katharinas unerwarteten Tod, einerseits durch ihre genetische Veranlagung zu Krampfanfällen, andererseits durch den seelischen Schock, den eine mögliche Untreue ihres Gatten ausgelöst haben könnte.

Ob Katharina tatsächlich wegen einer Affäre Wilhelms Eifersucht empfand, ist fraglich und man darf dies nicht mit unseren heutigen Maßstäben messen. Katharina war am Zarenhof aufgewachsen in einer Zeit und einem Umfeld, wo man mit den Seitensprüngen der Zaren und Großfürsten offen und großzügig umging. Worüber sie jedoch eifersüchtig wachte, war ihr politischer Einfluss, den sie auf den König auszuüben gedachte. Sie wollte »mitregieren«, im besten Sinne. Wenn es der Wahrheit entsprach, was damals am Hof kolportiert wurde, und Wilhelm tatsächlich wieder ein Verhältnis mit seiner früheren Freundin La Fleche begonnen hatte, konnte dies freilich dennoch Anlass für Unstimmigkeiten des Ehepaares sein. Vielleicht nicht zu Unrecht befürchtete die überaus ehrgeizige Königin, dass die gleichfalls nach Einfluss strebende Mätresse die bevorzugte Stellung Katharinas untergraben könnte – dieses wäre für Katharina weitaus gravierender gewesen als ihre verletzten Gefühle.

Zunächst wurde Katharinas Leichnam im Schloss aufgebahrt, um der Bevölkerung Gelegenheit zu geben, von der Königin Abschied zu nehmen, wobei »den in anständiger Kleidung erscheinenden Personen Zutritt gestattet wird«. Der ganze Raum war schwarz drapiert, auf einem Trauergerüst mit Baldachin stand der Sarg, der mit schwarzem Samt überzogen und mit goldenen Borten verziert war. Über dem Haupt der Toten war die Krone, zu ihren Füßen lag der Sankt-Katharinenorden mit Stern. Die Sorge, die Freiherr vom Stein in einem Kondolenzschreiben an König Wilhelm äußerte, dass Katharina hoffentlich nicht scheintot wäre, da sie doch zu Bewusstlosigkeit und Gliederstarre neige, war unbegründet. Der offene Sarg mit dem Leichnam wurde rund um die Uhr bewacht, auch ein Leibarzt war ständig zugegen. Im Königshaus wurde 24 Wochen Hoftrauer angesetzt.

Am 14. Januar fand die Beisetzung in der Stuttgarter Stiftskirche statt, nachdem der Sarg noch zwei Tage in der russisch-orthodoxen Kapelle aufgebahrt war. Von dort bewegte sich der Trauerzug über die Königstraße und die Stiftsstraße bis zur Kirche, links und rechts war der Weg gesäumt von Militär. Den Wagen mit dem Sarg zogen acht Pferde, ihm folgte der tief gebeugte König mit den beiden Prinzen von Oldenburg, den Söhnen Katharinas. Der Chor der Stiftskirche war mit schwarzem Stoff ausgeschlagen, auf einem von Salucci entworfenen Trauergerüst wurde der Sarg während der Trauerfeier abgestellt und danach, zu den Klängen einer Trauerkantate, in die Gruft der Stiftskirche gesenkt.

Einige Zeit nach der Beisetzung gab König Wilhelm I. seinem Hofbaumeister Salucci den Auftrag zum Bau einer eigenen Grabkapelle für Königin Katharina. Er wollte damit die herausragenden Verdienste Katharinas für Württemberg würdigen. Böse Zungen behaupteten, es habe auch zur Beruhigung seines Gewissens beigetragen. So entstand in vierjähriger Bauzeit auf dem Platz der ehemaligen Stammburg des Hauses Württemberg auf dem gleichnamigen Berg ein Mausoleum für die Königin, die russische Großfürstin Katharina. Die Ruinen der alten Burg wurden abgetragen und es wurde ein Rundbau aus Sandstein errichtet, mit einer Kuppel, die innen mit Stuckrosetten verziert wurde. Die Kapelle war innen und außen mit Säulen geschmückt, ganz im Stile des Klassizismus. Nach ihrer Fertigstellung wurde im Juni 1824 Katharinas Leichnam in die Krypta der Kapelle überführt, wo er in einem Sarkophag aus weißem Carraramarmor bis heute ruht.

Trauer um die Königin

Die Trauer landauf, landab war ungemein. Man bedauerte, eine »Mutter des Volkes« verloren zu haben, einen »vom Himmel gesandten Engel«, beinahe eine Heilige. Immer sind die Menschen bestürzt, wenn eine junge Frau, dazu noch Mutter von unmündigen Kindern und an herausragender Stelle tätig, so früh gehen muss. Wir haben derlei Verklärungstendenzen auch in der jüngeren Vergangenheit erlebt, beispielsweise in England, beim Tod Lady Dianas. So ähnlich werden die Menschen beim Tode Katharinas empfunden haben, jedenfalls trafen aus allen Teilen des Königreichs Kondolenzschreiben ein, zahlreiche Honoratioren in den verschiedenen Oberämtern des Landes verfassten Traueroden und Gedichte auf die »Frühvollendete«.

Vergessen waren die anfänglichen Vorbehalte und Anfeindungen gegen die »Landfremde«, mit denen Katharina zu Beginn ihrer Tätigkeit besonders in der Leitung des Wohltätigkeitsvereins zu kämpfen hatte. Die Trauer über das frühe Hinscheiden war echt und manifestierte sich nicht nur in Trauerbotschaften, es wurden auch in allen ihren Institutionen Gedenkfeiern abgehalten. Als Beispiel sei hier die Rede Dekan Köstlins am 17. Januar 1819 in der Hospitalkirche genannt, die dieser im Beisein der Zöglinge der Katharinenschule hielt: »Theuerste Leidtragende, tiefbetrübte Zuhörer! Vergangenen Donnerstags des Tages der Wehklagen und Thränen, an welchem die verblasste Hülle der schönsten Seele, an welchem Catherinas Leichnam feyerlich zu Grabe getragen wurde. Noch lebt in unseren Herzen die Erschütterung, worin die Schreckensbotschaft, Catherina sey ein Raub des Todes geworden, uns versetzte; noch vermögen wir uns nicht zu fassen über den unersetzlichen Verlust. Die allgemeine Stimmung hat daher verlangt, dass ein Sonntagsgottesdienst ihr gewidmet ist. In einem Stande, wo die Eitelkeiten dieser Welt sie mit so mächtigem Reize fesseln konnten, in einer Lage, die ihr die Mittel eines gemächlichen und weichlichen, eines in stetem Wechsel angenehmer Tändeleien und lustigen Zerstreuungen genussreich dahingleitenden Lebens in so reichem Masse darbot, ließ ihr heller und starker Geist sich nicht verblenden und von den Sinnentrieben unterjochen; mit festem Willen schrieb sie sich die erhabene Lebensregel vor, zum Wirken des Guten alle Vortheile, die ihre glänzenden Verhältnisse ihr gewährten, zu benutzen, alle Kräfte, die ihr zu Gebote standen, anzuwenden. Sie – nein! Sie hat jenen fröhlichen Müßiggang nicht gekannt. Nur sparsam kostete sie vom Leben das Vergnügen, und ein Gräuel war es ihr, in nichtiger Unterhaltung Tage und Stunden zu vertändeln.«

Auch die Stuttgarter Museumsgesellschaft beging am 24. März 1819 eine Gedenkfeier an die verstorbene Königin, bei welcher der Dichter Professor Gustav Schwab »in metrischem Sylbenmaaß die Thaten und Vorzüge der Verewigten schilderte«; ein Auszug daraus:

Jetzt unterliegt der zarte Leib den Krämpfen,
ihm droht von mächt'gem Geiste die Gefahr.
Da kam der Bote von Paris geeilet,
und sie stund auf und wandelte geheilet.

Sie schwebte forschend ob den deutschen Thronen,
bis sie sich einen Sieger auserkor,
den Königssohn, dem frische Lorbeer-Kronen
um seine jugendliche Schläfe wehn.
Der Freiheits-Kämpfer hat die Braut gefunden,
der heut'ge Tag ist's, ach! Der sie verbunden.

So kam die Fernbewunderte gezogen,
und ließ sich leuchtend sehen in dem Land,
[...] O dieses wunderschöne Licht aus Norden,
warum ist's nicht zur vollen Sonne worden?

[...] doch alle Kräfte so zusammenketten,
dass eins dem andern Hülf' und Leben bot;
Und aufzurichten jene Segensstätten,
wo Leib und Seele fand ihr täglich Brot.
Das konnte nicht dem Herzen bloß gelingen,
ein königlicher Geist mußt' es vollbringen.

Und als das Werk stund in der schönsten Blüthe,
als die vom Sturm ermüdete Natur
zu diesem Thun das Füllhorn ihrer Güte
belohnend ausgoß auf die weite Flur,
und nun die guten Jahre sollten kommen,
ward solche Königin von uns genommen.

Auch der Dichter Ludwig Uhland, damals Advokat in Stuttgart und mit der Politik seines Landesherrn nicht immer einverstanden, schickte dem trauernden König Verse, für die sich Wilhelm beim Dichter mit den Worten bedankte: »Wenn wir auch in den Ansichten verschieden sind, in den Gefühlen sind wir es nicht.« Die Sprache der damaligen Zeit mutet uns heute vielleicht fremd an, doch ist darin die wahrhafte Trauer der Menschen spürbar.

»Ihr Leben dauert fort in seinen Saaten«

Diese Worte sprach Gustav Schwab, der damalige Rektor am Katharinenstift, bei der Trauerfeier im März 1819. Der Ehrgeiz des Königspaares war es gewesen, aus Württemberg damals schon ein »Musterländle« zu machen – und damit auch persönlich höheres Ansehen innerhalb der deutschen Staaten zu gewinnen. Nachdem unter König Wilhelm I. die neue Landesverfassung in Kraft treten konnte, wollte sich Katharina der Misere in der gebeutelten Bevölkerung annehmen. Dabei ist es ihr gelungen, die für die damalige Zeit neue Idee einer zentral gesteuerten Hilfsorganisation in die Tat umzusetzen. Auch in anderen Ländern gab es damals ähnliche Überlegungen und Denkanstöße. Doch in Württemberg konnte sie, dank Katharinas Intellekt, ihrer Energie und nicht zuletzt mit Hilfe ihres finanziellen Einsatzes, als wirksames Hilfssystem auch verwirklicht werden.

In der kurzen Zeit von nur drei Jahren, die ihr als Königin von Württemberg beschieden war, hat sie im Lande so segensreich gewirkt, dass sie unvergessen geblieben ist. »Katharinas Leben ist nicht spurlos verschwunden; es dauert fort in seinen Saaten«.

Stammtafel Katharina Pawlowna (Haus Romanow)

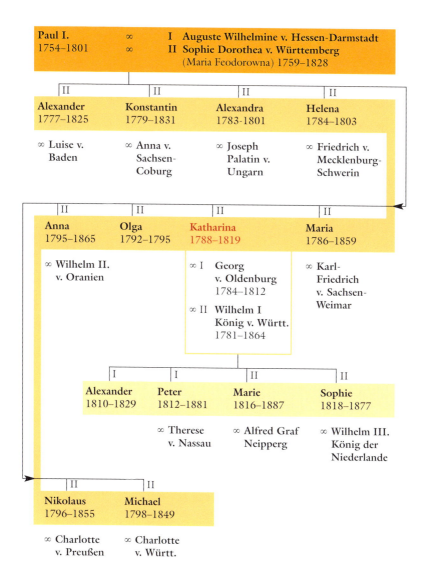

Paul I. 1754–1801	∞ I **Auguste Wilhelmine v. Hessen-Darmstadt** ∞ II **Sophie Dorothea v. Württemberg** (Maria Feodorowna) 1759–1828

II **Alexander** 1777–1825
∞ Luise v. Baden

II **Konstantin** 1779–1831
∞ Anna v. Sachsen-Coburg

II **Alexandra** 1783-1801
∞ Joseph Palatin v. Ungarn

II **Helena** 1784–1803
∞ Friedrich v. Mecklenburg-Schwerin

II **Anna** 1795–1865
∞ Wilhelm II. v. Oranien

II **Olga** 1792–1795

II **Katharina** 1788–1819
∞ I Georg v. Oldenburg 1784–1812
∞ II Wilhelm I König v. Württ. 1781–1864

II **Maria** 1786–1859
∞ Karl-Friedrich v. Sachsen-Weimar

I **Alexander** 1810–1829

I **Peter** 1812–1881
∞ Therese v. Nassau

II **Marie** 1816–1887
∞ Alfred Graf Neipperg

II **Sophie** 1818–1877
∞ Wilhelm III. König der Niederlande

II **Nikolaus** 1796–1855
∞ Charlotte v. Preußen

II **Michael** 1798–1849
∞ Charlotte v. Württ.

Königin

Pauline

Prolog

D as Gedächtnis der Gerechten bleibt im Segen« – diesen Bibeltext aus den Sprüchen Salomons hat der Sohn für seine Mutter ausgewählt, als Grabinschrift und für die Trauerpredigt. Welche Verehrung und Liebe sprechen daraus für eine Frau, die zeitlebens lieber in der Stille wirken wollte und deren beständige Sorge ihren Kindern und den Landeskindern galt. Vom Schicksal war sie als Königin an die Spitze ihres Landes gestellt, Pauline von Württemberg, eine schöne, eine fromme und eine wohltätige Frau.

Dennoch steht ihre Persönlichkeit bis heute, jedenfalls im Bewusstsein der Menschen und auch in der württembergischen Geschichtsschreibung, stets im Schatten ihrer Vorgängerin und ihrer Nachfolgerin – der beiden aus dem russischen Zarenhaus stammenden Königinnen Katharina und Olga. Diese sind im Lande überaus populär geworden, während Königin Pauline neben ihnen eher unbedeutend wirkt und meist als eine unglückliche, bigotte Frau dargestellt wird, die wenig mit Gaben des Geistes gesegnet zu sein schien. Immerhin galt sie in ihrer Jugend als eine ausgesprochene »Schönheit«. Während einer Paris-Reise, die sie zu Beginn ihrer Ehe zusammen mit ihrem Gemahl, König Wilhelm I., unternommen hatte, wurde sie als »die schöne Stuttgarterin« gefeiert.

Überliefert ist auch eine Geschichte aus der Jungmädchenzeit Paulines, als unter den Schwestern ein edler Wettstreit entbrannt war, wer denn nun die Schönste der Prinzessinnen sei. Er gipfelte im Ausspruch der älteren Schwester gegenüber Pauline: »I ben wüscht und du bischt schö, aber i ben gscheit und du bischt domm!«[1]

Leider fehlen uns heute weitgehend Briefe, die von ihrer Hand geschrieben wurden und aus denen sie uns als Persönlichkeit entgegentreten könnte. So werden wir uns auf das Urteil mancher ihrer Zeitgenossen verlassen müssen. Einer berichtet über Königin Pauline: »Nie habe ich ein opferwilligeres, zur Selbstverleugnung willigeres Gemüth gekannt.«

Der Porträtist Joseph Stieler malte an vielen europäischen Fürstenhöfen. Auf diesem Bild hält Königin Pauline liebevoll ihren Sohn Karl auf dem Schoß.

Geburt, Kindheit, Eltern

Prinzessin Pauline Therese Luise von Württemberg wurde am 4. September 1800 in Riga, der Hauptstadt Lettlands, geboren. Ihr Vater, Herzog Ludwig von Württemberg, in der Familie auch »Louis« genannt, war zu dieser Zeit als Gouverneur in russischen Diensten dort stationiert. Pauline war die dritte Tochter des Herzogs und seiner Gemahlin Henriette von Nassau-Weilburg, die insgesamt fünf Kinder miteinander hatten, vier Töchter und einen Sohn. Der Familie Paulines sollen die ersten Kapitel gewidmet sein.

Herzog Ludwig, 1756 in Treptow/Pommern geboren, war der zweitgeborene Sohn Herzog Friedrich Eugens von Württemberg und Herzogin Sophie Dorothee von Brandenburg-Schwedt. Sein älterer Bruder Friedrich übernahm nach dem Tod des Vaters 1797 die Regentschaft in Württemberg und wurde im Jahre 1806 durch Napoleon zum ersten König von Württemberg ernannt. Eine der Schwestern Ludwigs, Sophie Dorothea, heiratete den russischen Kronprinzen Paul und wurde als Maria Feodorowna Kaiserin von Russland. Diese guten Beziehungen sowohl zum Zarenhaus als auch nach Württemberg sollten für die Zukunft der Familie von Herzog Louis große Bedeutung erlangen.

Zunächst aber diente er, wie seine Brüder, in der preußischen Armee, wo er bis zum Generalmajor aufstieg. Im Oktober 1784 heiratete er die polnische Prinzessin Maria Anna Czartoryska, die Tochter des Führers der nationalen Widerstandsbewegung, Fürst Adam Czartoryskis. Dieser einflussreiche und sehr begüterte Fürst war ein entschiedener Kämpfer für ein unabhängiges Polen, und seine ehrgeizige Tochter setzte auf die preußisch-russischen Verbindungen ihres Ehemannes. Ihre Hoffnung war, für Ludwig und ihren kleinen Sohn Adam die polnische Königskrone gewinnen zu können. Prinz Adam wurde am 16. Januar 1792 auf dem Familienbesitz der Czartoryskis in Pulavy geboren. Doch der Traum von der Krone zerrann, als Herzog Ludwig während des Unabhängigkeitskrieges als General im polnischen Heer die Seiten wechselte und in die gegnerischen, russischen Dienste überging. Als Verräter abgestempelt, musste er daraufhin das

Land verlassen und in die Scheidung seiner ohnehin nicht sehr harmonischen Ehe mit Maria Anna einwilligen. Dies war für ihn mit erheblichen finanziellen Einbußen verbunden, laut Ehevertrag aber kam der zweijährige Sohn Adam, da er ein Prinz von Württemberg war, in die Obhut des Vaters. Die Mutter des Kindes konnte die Trennung von ihrem Sohn lange Zeit nicht verkraften. Zum Glück für den Knaben fand er dann in der zweiten Frau seines Vaters eine liebevolle Stiefmutter und durfte in späteren Jahren noch in einem fröhlichen Geschwisterkreis aufwachsen.

Maria Anna Czartoryska musste vor der russischen Armee fliehen und Polen ebenfalls verlassen. Sie lebte ab dem Jahre 1830 in Paris, wo sie ein Zentrum für polnische Emigranten, Künstler und Intellektuelle aufbaute, das bekannte Hotel Lambert. Hochbetagt starb sie dort mit 86 Jahren. Durch ihren Roman»Malvina oder Der Instinkt des Herzens« gelangte sie zu einiger Berühmtheit.[2]

Herzog Ludwig kehrte nach der Trennung von seiner ersten Gemahlin wieder ins preußische Heer zurück und wurde 1795 als Nachfolger seines Vaters zum Gouverneur der preußischen Gebiete in Franken, Ansbach und Bayreuth, bestimmt. Hier lernte er die noch blutjunge, knapp siebzehnjährige Henriette von Nassau-Weilburg kennen und heiratete sie am 28. Januar 1797. Die Hochzeitsfeierlichkeiten fanden im stilvollen Rahmen auf Schloss Eremitage nahe Bayreuth statt. Das Anwesen war einstmals der bevorzugte Wohnsitz seiner Großtante, der Markgräfin Wilhelmine von Bayreuth, die das Schloss damals sehr geschmackvoll und reich hatte ausstatten lassen.

Die Braut, Henriette, war die Tochter des Fürsten Karl von Nassau-Weilburg und seiner Frau Karoline von Oranien. Sie wurde am 22. April 1780 im Schloss Kirchheimbolanden, in der Nähe von Alzey, geboren. Schon früh verlor sie beide Eltern und stand unter der Obhut ihres älteren Bruders Friedrich Wilhelm. Dieser musste mit seinen Geschwistern ins preußische Franken fliehen, nachdem französische Revolutionstruppen 1792 in die Pfalz eingefallen waren. Die junge Henriette muss wohl ein sehr hübsches Mädchen gewesen sein, von schlanker, hoher Gestalt und mit hellen, wachen Augen. Noch in höherem Alter wurde ihre fürstliche Erscheinung gerühmt, sie fiel auf

Königin Pauline schenkte dem lang ersehnten Thronerben Karl das Leben.

mit ihrem silberweißen Haar und mit ihrer geschmackvollen Kleidung. Sie war gebildet und geistreich und stand durch ihre Lebhaftigkeit oft im Mittelpunkt einer geselligen Runde.

Für Pauline und ihre Geschwister war die Mutter Henriette der Familienmittelpunkt, obwohl die Ehe der Herzogin mit Louis nicht einfach war. »Sie hatte mit ihrem Gemahl viel zu dulden und ihre Ehe war mit manch drückendem Kreuz durchflochten«, so ein Zeitgenosse. Dies sollte wohl eine Anspielung sein auf die Tatsache, dass Herzog Ludwig im Laufe der folgenden Jahre einen beträchtlichen Schuldenberg anhäufte. Er lebte auf zu großem Fuße, jedenfalls großzügiger, als es seine Einkünfte eigentlich erlaubt hätten. Immer wieder mussten die württembergischen und die russischen Verwandten einspringen und die Familie finanziell unterstützen. Mit ihrer Schwägerin, der Zarin Maria Feodorowna, verband Herzogin Henriette eine lebenslange Freundschaft. Sicher war es ihrer Vermittlung zu verdanken, wenn der herzoglichen Familie immer wieder Hilfe vom Zarenhaus zuteil wurde.

Kurze Zeit nach Paulines Geburt übersiedelte die Familie in das idyllisch gelegene Landgut Würzau. Dieses liegt südlich der ehemals kurländischen Residenzstadt Mitau, in der fruchtbaren Ebene von Semigallen, die auch »der Brotkorb Lettlands« genannt wird. Hier also verbrachte Pauline ihre ersten Kinderjahre und hier kam auch ihre jüngere Schwester Elisabeth zur Welt. Das kleine, inmitten von Weizenfeldern gelegene Schloss aus dem 18. Jahrhundert mit seinem anmutigen barocken Park war einmal der Lieblingswohnsitz des letzten Herzogs von Kurland, Peter Biron, gewesen. Ab 1795 kam es in den Besitz der russischen Krone und wurde so zu Beginn des Jahres 1801 dem württembergischen Herzog Ludwig für sich und seine Nachkommen vom russischen Zaren auf 50 Jahre zum Geschenk gemacht. Zar Alexander I. hoffte, seinem in ständiger Finanznot stehendem Onkel mit den Einnahmen aus dieser Domäne helfen zu können und für die wachsende Familie des Herzogs Louis hier eine geeignete Residenz zu schaffen. Nach dem Tod des Herzogs im Jahre 1817 war seine Witwe Henriette froh, dass sie die Einkünfte aus diesem Gut auch in Württemberg beziehen konnte, um die ihr hinterlassenen Schulden abzuzahlen.[3] Leider ist heute, nach der Zerstörung im Krieg, von der einstmals schönen barocken Anlage des Schlosses Würzau nur noch das Kavaliershaus erhalten, das jetzt unter Denkmalschutz steht.

Das Leben auf diesen kurländischen Landgütern gestaltete sich wohl nicht ganz so einsam, wie man vielleicht annehmen möchte. Herzog Ludwig bevorzugte einen großartigen Lebensstil und ließ das Schloss repräsentativ ausstatten, unter anderem mit wertvollen Spiegeln aus dem Zarenhaus. Leider mussten einige dieser Interieurs später verkauft werden, um Schulden zu tilgen. In unmittelbarer Nachbarschaft von Würzau gab es etliche Güter, man konnte Gesellschaften pflegen, beispielsweise lebte im nur wenige Kilometer entfernten Schloss Mitau zu dieser Zeit (1798–1807) der spätere französische König Louis XVIII. mit seinem Hofstaat in der Emigration.

Die Idylle währte jedoch nur wenige Jahre. Am 1. Januar 1806 wurde Württemberg zum Königreich erhoben und König Friedrich legte nun großen Wert auf einen erweiterten Hofstaat, weshalb er seine Brüder gerne in württembergischen Militärdiensten sehen wollte. Er übertrug das Kommando über seine königliche Garde an Herzog Ludwig und ernannte ihn zum Feldmarschall der Kavallerie. So übersiedelte die herzogliche Familie nach Ludwigsburg, wo sie ein Palais in der Nähe des königlichen Schlosses bezog. Für Herzogin Henriette und den damals zweijährigen Sohn Alexander war die Umstellung in das gemäßigte, südlichere Klima ein Vorteil, da sie im rauen, nordischen Winter schwer erkrankt waren und sich hier nun langsam erholten.

Mit dem württembergischen Königspaar verband vor allem Henriette schnell eine enge Freundschaft. König Friedrich hielt große Stücke auf das kluge Urteil seiner Schwägerin und holte immer wieder ihren Rat ein. Aber auch Königin Charlotte Mathilde war der Familie herzlich zugetan und verfolgte die Entwicklung der Kinder mit liebevoller Zuwendung. In einem Brief an ihren Gemahl erwähnt sie ausdrücklich, wie reizend diese seien und dass Amelia und Pauline »schöner geworden sind«. Besonders geliebt wurde Herzogin Henriette von ihrer schon erwachsenen Nichte Katharina – damals Königin von Westfalen –, die ihrer »bonne tante Emmy« einen herrlichen Garten in Ludwigsburg zum Geschenk machte. König Friedrich schrieb darüber an seine Tochter: »Für sie ist der Garten ein Paradies; sie verbringt ihr ganzes Leben dort, sogar noch abends bis ½ 8 Uhr. Die Herzogin Louis ist voller Freude.«

Als am 1. Januar 1811 die Herzoginwitwe Franziska von Hohenheim, die zweite Gemahlin Herzog Carl Eugens von Württemberg, auf ihrem Witwensitz in Kirchheim unter Teck verstorben war, bot

König Friedrich das nun frei gewordene Schloss seinem Bruder Ludwig als neuen, größeren Wohnsitz an. Die kleine Stadt und das Schloss Kirchheim, welches in landschaftlich reizvoller Lage am Fuße der Schwäbischen Alb unterhalb der Burg Teck liegt, wurde nun zur eigentlichen Heimat der Familie. Der Name Herzogin Henriettes ist noch immer in der Stadt lebendig. Trotz ihrer eigenen finanziellen Beschränkungen wirkte sie als »Mutter der Armen« und ist durch Stiftungen und soziale Einrichtungen in Teilen der Bevölkerung Kirchheims bis heute als »unsere Herzogin« unvergessen geblieben. Auch Königin Pauline ist in Kirchheim in besonders guter Erinnerung, da sie dort manche Stiftung, zusammen mit ihrer Mutter, gefördert hat.

Zunächst aber sorgte der sich in fortwährender Geldnot befindliche Herzog Louis immer wieder für Aufregungen. Auf einer Reise zu seinem Gut in Kurland wurde er von den polnischen Gläubigern in Warschau festgehalten und nur durch Vermittlung seines königlichen Bruders konnte es gelingen, einen Vergleich auszuhandeln und ihn wieder auf freien Fuß zu setzen. Auch seine Gemahlin Henriette war gezwungen, ihr Heiratsgut und weiteren Besitz gegenüber dem Gatten einzuklagen. Hier kam ebenfalls mit Hilfe des Königs ein Vergleich zustande, wobei Friedrich seiner Schwägerin wenigstens ihre Juwelen auslösen konnte. Insgesamt musste ein Schuldenberg von 148 000 Gulden abgetragen werden.

Carl Maria von Weber in Stuttgart

Schon in den Ludwigsburger Jahren stellte Herzog Ludwig einen Privatsekretär ein, der sich seiner zerrütteten Finanzen annehmen sollte. Darüber hinaus hatte er den Auftrag, neue Geldmittel zu beschaffen und wütende Gläubiger fern zu halten. Diese undankbare Aufgabe übernahm ein offensichtlich geschäftsgewandter, noch sehr junger Mann von 21 Jahren, Carl Maria von Weber. Der in Eutin geborene Musiker und Komponist trat seinen Dienst am herzoglichen Hofe im September 1807 an. Er kam auf Empfehlung eines anderen Bruders von Herzog Louis, des kunstsinnigen Herzogs Eugen von

Württemberg, der in seiner Residenz in Carlsruhe (Oberschlesien) einen viel beachteten Musenhof unterhielt. Dort hatte Weber die Chance erhalten, am Schlosstheater zu dirigieren und seine Kompositionen aufzuführen, so zum Beispiel seine Sinfonie in C-Dur und ein Concertino für Horn. Leider konnte Weber nur wenige Monate in Carlsruhe bleiben, da Herzog Eugen 1806 kriegsbedingt gezwungen war, sein Theater aufzulösen.

In Württemberg führte der junge, lebenslustige Musiker nun das flotte Leben eines Kavaliers, hielt sich Reitpferd und Diener und war Stammgast in einer fröhlichen Runde im »Petersburger Hof« in Stuttgart. Zum Theater hielt Weber Verbindung, vor allem die Liebe zur Sängerin Margarete Lang hatte ihn wohl inspiriert, denn er komponierte in dieser Zeit seine Oper »Silvana«. Daneben erteilte er Musik- und Klavierunterricht bei den herzoglichen Kindern. Allerdings äußerte er in einem Brief, »der Unterricht werde ihm trotz der trefflichen Eigenschaften der Prinzessinnen wegen des zarten Alters derselben ziemlich schwer«. Königin Pauline erinnerte sich später, Weber habe ihnen die Melodien des »Jungfernkranzes« und der »Veilchenblauen Seide« schon vorgespielt, lange bevor er am »Freischütz« gearbeitet hat. Auch komponierte er speziell für die herzogliche Hausmusik kleine Stücke, wie zum Beispiel op. 12 »Momento capriccioso« oder op. 10 »Six pièces à 4 mains«.

Leider hatte Carl Maria von Weber bald selbst etliche Schulden angehäuft und war überdies in einen Korruptionsskandal verwickelt, in dem er vermutlich seinen Kopf für »höher gestellte Personen« hinhalten musste. Herzog Ludwig stellte nämlich, um Geld zu beschaffen, gegen Zahlung hoher Summen Wehrpflichtige auf seinem Besitz, dem Buchenbacher Hof, als Arbeiter ein, wodurch diese vom Kriegsdienst befreit waren. Dieses nicht ganz legale Unterfangen kam König Friedrich zu Ohren, der sofort den Sekretär beschuldigte. Es kamen weitere Anschuldigungen hinzu wie Silberdiebstahl, Veruntreuung von Geldern – jedenfalls wurde Weber, von der Orchesterprobe weg, verhaftet. Nach 16-tägiger Haft wurde er auf allerhöchsten Befehl des Königs am 26. Februar 1810 morgens um 8 Uhr auf der Landstraße nach Heilbronn freigelassen mit der Weisung, lebenslang nie wieder württembergischen Boden zu betreten. Weber hat sich daran gehalten und widmete sich fortan ganz seiner Musik. Er ging zunächst nach Mannheim, war dann drei Jahre Operndirektor in Prag und wurde danach königlicher Kapellmeister in Dresden. Mit 40 Jahren ist Carl Maria von Weber in London an Tuberkulose gestorben. Seine Schulden hat er übrigens bezahlt, auf Heller und Pfennig.

Erziehung und Jugendjahre

Wenn Pauline und ihre Geschwister angesichts solcher Probleme dennoch eine vorbildliche Erziehung genießen konnten, so ist dies wahrlich das Verdienst der Mutter, die »als eine rechte Fürstin, von außen und von innen« galt.

Neben Carl Maria von Weber als Musiklehrer gab es natürlich weitere Erzieher und Gouvernanten für die jungen Prinzen und Prinzessinnen. Zunächst wäre da Mademoiselle Rosalie de Chaillot zu nennen, deren Bruder ebenfalls dem Hofe Herzog Ludwigs angehörte, als Hofmeister für den ältesten Sohn, Herzog Adam. Pauline erwähnt sie in einem reizenden kleinen Kinderbrief, den sie aus Ludwigsburg an die Mutter schrieb: »M.lle de Chaillot konnte uns nicht zur Königin begleiten, da sie Schmerzen am Daumen hatte, sie trug die Hand eingewickelt in ein Taschentuch«.[4]

Eine wichtige Bezugsperson für die Kinder wurde Alexandrine des Écherolles, eine aus französischem Adel stammende, sehr gebildete junge Frau. Sie hatte ihre Familie in

Aus der berühmten Ludwigsburger Porzelanmanufaktur: Tasse mit dem Medaillon der Königin Pauline.

den Wirren der Revolution verloren, musste das Stammschloss der Écherolles bei Moulins verlassen und war nun gezwungen »dienen zu gehen«, wie sie es nannte. Alexandrine kam auf Empfehlung von Mademoiselle de Belonde, der Hofdame Henriettes, nach Württemberg. Bei ihrem Eintreffen am Abend des 10. Mai 1807 im Ludwigsburger Palais konnte sie die vier Prinzessinnen kurz begrüßen, die gerade für einen Besuch bei Königin Charlotte Mathilde fein gemacht wurden. Über diese erste Begegnung schrieb sie: »Ich war ganz entzückt von der sanften und rein unschuldigen Miene dieser vier kleinen Mädchen, deren außerordentlich einfacher Anzug mir bei Prinzessinnen ein Reiz mehr schien.« Und später resümiert sie: »Seitdem ich mich schnell und in Liebe den jungen Prinzessinnen angeschlossen, war mein Los ein glückliches.«[5] Auch von Herzogin Henriette war sie begeistert: »Ich war betroffen von ihrer Schönheit, noch mehr aber von ihrem Wohlwollen, das über ihre Züge verbreitet war. Es war so viel Seele und Herz in allem, was sie mir sagte.« Fräulein von Écherolles fand in der Familie Herzog Louis ein neues Zuhause und blieb über 40 Jahre lang bei Henriette. Königin Pauline verdankte es ihrem Wirken, dass sie ein besonders gutes und feines Französisch sprach.

Am 22. September 1816 wurde Pauline zusammen mit ihrer um ein Jahr älteren Schwester Amalie konfirmiert. Den Religions- und Konfirmandenunterricht hatte Freiherr Christian Ludwig von Geß erteilt, der die jungen Mädchen auch in »Weltgeschichte« unterwies. Die Feier fand in der Schlosskapelle in Kirchheim statt, wobei die Prinzessinnen in 22 Fragen des Katechismus geprüft und dann vom Oberhofprediger d'Autel eingesegnet wurden. König Friedrich schenkte seinen beiden Nichten zu diesem feierlichen Anlass Ohrgehänge, was aus einem erhaltenen Dankesbrief Paulines hervorgeht: »Sire […] die Worte fehlen mir, um Ihnen meine Dankbarkeit zu beweisen und das unaussprechliche Vergnügen, das mir Ihre Ohrringe bereitet haben […] Mit dem tiefsten Respekt bin ich Eurer Majestät sehr ergebene und sehr gehorsame Dienerin und Nichte Pauline von Württemberg«.[6] Dieses war wohl der letzte Kontakt, den die junge Pauline zu ihrem Onkel hatte, denn noch im selben Monat verstarb König Friedrich und sein Sohn Wilhelm trat die Nachfolge an. Damals ahnte niemand, wie eng die Beziehung der Konfirmandin zu diesem Cousin einmal werden sollte.

Genau ein Jahr nach der Konfirmation Paulines starb ihr Vater, Herzog Ludwig, am 20. September 1817 nach längerer Krankheit, bis zuletzt von seiner Ehefrau fürsorglich gepflegt. Trotz der Kümmernisse, die er ihr bereitet hatte, trauerte Henriette um diesen Verlust. »Sie hatte an ihrem Gemahl viel zu dulden«, schreibt einer ihrer Biografen. Der Tote wurde nach Stuttgart überführt und in der Fürstengruft unter der Stiftskirche beigesetzt.

Italienreise

Um sich von ihrer Trauer etwas abzulenken und den Töchtern die Möglichkeit zu geben, ihre Bildung abzurunden, unternahm Herzogin Henriette mit den Prinzessinnen Pauline und Elisabeth eine ausgedehnte Italienreise. Sie waren beinahe ein Jahr lang unterwegs, wobei es damals üblich war, zur Stärkung der Gesundheit auch die Seebäder zu besuchen.

Von dieser Reise wurde später immer wieder gerne erzählt, im Besonderen auch von der Papstaudienz – als überzeugte Protestantin berichtete Henriette: »[...] aber das Pantöffelchen habe ich ihm doch nicht geküsst.« Königin Pauline bewahrte in ihrer privaten Bibliothek wohl manche Erinnerungsstücke an Italien und diese Reise auf. Neben Vedouten von Rom und einem italienischen Wörterbuch befanden sich dort auch Kunstblätter aus Mailand und eine »Biblia sacra«, ein Prachtband aus italienischem Saffianleder mit Goldschnitt. Es gibt Reiseberichte, die Generalmajor von Mylius, der Reisebegleiter der herzoglichen Damen, notiert hat. Beispielsweise liest man vom 28. April 1819 in Rom: »Pauline hat sich beim Einsteigen in den Wagen an dem Fuße beschädigt, wozu auch eine Entzündung kam, und musste deshalb mehrere Tage das Bette hüten, sind aber jetzt wieder hergestellt.« Einige Tage später in Florenz heißt es: »Pauline hinkt noch.« Und nach zwei Wochen in Livorno »geht der Fuß ganz gut, nur darf sie keine Seebäder gebrauchen«.

Es wurde ein ausgedehntes Besichtigungsprogramm absolviert, aber natürlich auch Gesellschaften, Bälle und Empfänge des italienischen Adels und der verschiedenen Botschaften besucht. Dabei kam es einmal zu kleinen Aufregungen des Protokolls, als die Herzogin mit ihren Töchtern von den Königen von Spanien und Neapel auf eine sehr unhöfliche Art empfangen wurde: Der König von Neapel war nur in Zivil gekleidet und empfing in einem Vorzimmer, in dem sich gewöhnlich nur der Hofstaat versammelte, während der spanische König sie auf dem Gang traf und sie nach der Begrüßung einfach auf dem Flur stehen ließ. »An diesem Tage wurde in Neapel über diese Sache mit sehr viel Indignation gesprochen, weshalb ihnen die Prinzen von Salerno große Artigkeiten zufügten.« Man sieht, welche gewichtige Rolle solche gesellschaftlichen Feinheiten in dieser Zeit gespielt haben. Wenn allerdings diese beiden Könige damals geahnt hätten, dass ihnen mit Pauline die zukünftige Königin von Württemberg gegenüberstand ...

Der Geschwisterkreis

Prinzessin Pauline wuchs zusammen mit zwei Brüdern und drei Schwestern auf. Der älteste Sohn der Familie war Herzog Adam Karl Wilhelm von Württemberg aus der ersten Ehe Herzog Ludwigs. Er war am 16. Januar 1792 auf dem polnischen Gut Pulavy der Fürsten Czartoryski geboren worden und lebte seit 1794 beim Vater und dessen neuer Familie in Württemberg. Herzog Adam schlug die militärische Laufbahn ein, zunächst in württembergischen Diensten, danach wurde er in der russischen Armee Generalleutnant und Generaladjutant unter Zar Nikolaus I. Wie sein Vater machte auch er hohe Schulden, blieb aber unverheiratet und hinterließ keine legitimen Nachkommen. Er lebte nach seinem Ausscheiden aus dem Militär meist in Wien, später in Frankfurt und hielt den Kontakt zur Familie in Kirchheim aufrecht. Immer wieder war er auch Gast bei seiner Schwester, Königin Pauline.

Das jüngste Kind von Herzog Louis und Herzogin Henriette war der Sohn Alexander, geboren am 9. September 1804 auf Schloss

Pawlowsk, in der Nähe von Sankt Petersburg. Zunächst in der württembergischen Armee ausgebildet, kam er 1830 in österreichische Militärdienste, wo er unter General Radetzky in Italien als Offizier des Generalstabs eingesetzt war. 1860 schied er als General der Kavallerie aus. Herzog Alexander war seit 1835 mit der ungarischen Gräfin Claudine Rhédey von Kis Rhéde verheiratet. Die Ehe wurde jedoch vom württembergischen Hof als nicht standesgemäß betrachtet und die Kinder deshalb von Erbansprüchen ausgeschlossen. Da Claudine auch nicht den Namen einer »Herzogin von Württemberg« tragen durfte, verlieh ihr der österreichische Kaiser zur Hochzeit den Titel einer »Gräfin Hohenstein«. Bei einem Jagdunfall kam die schöne Claudine auf tragische Weise ums Leben, erst 29 Jahre alt. Herzog Alexander lebte nach dem Tod seiner Gemahlin mit den Kindern in Wien. Als sein Sohn Franz Paul Ludwig in den englischen Hochadel einheiratete, erhob König Karl von Württemberg die drei Kinder von Alexander und Claudine zu »Fürsten von Teck« – die heutige englische Königin, Queen Elizabeth II., ist eine Ur-Ur-Enkelin dieses württembergischen Herzogs und seiner ungarischen Gemahlin.

Die älteste der Schwestern Paulines war Maria Dorothea, geboren am 1. November 1797 in Carlsruhe (Oberschlesien). Sie heiratete mit 22 Jahren den Palatin von Ungarn, Erzherzog Joseph von Österreich, der für seinen Bruder, Kaiser Franz I., die Statthalterschaft in diesem Land übernommen hatte. Maria Dorothea war für ihren Ehemann die dritte Gemahlin, seine beiden ersten Ehefrauen starben jeweils bei der Geburt eines Kindes. Die überzeugte Protestantin durfte bei der Eheschließung mit dem katholischen Erzherzog ihre Konfession beibehalten, ein seltenes Privileg im Hause Habsburg. In Ungarn wurde sie eine starke Stütze für die dortige evangelische Gemeinde, auch der erste protestantische Kirchenbau in Ofen ist ihr zu verdanken. Politisch setzte sich die überaus kluge und engagierte Maria Dorothea für die nationale Bewegung Ungarns ein, was sie einerseits in Konflikt mit dem Kaiserhaus in Wien brachte, sie auf der anderen Seite jedoch in Ungarn unvergessen werden ließ. Dem erzherzoglichen Paar waren fünf Kinder beschieden.

Die zweite Schwester, Amalie, war nur ein Jahr älter als Pauline. Sie wurde am 28. Juni 1799 geboren. Amalie war die erste der Prinzessinnen, die verheiratet wurde, im April 1817 mit dem um zehn Jahre älteren Erbprinzen Joseph von Sachsen-Altenburg, der sie um 20 Jahre überleben sollte. Sie gebar ihrem Gemahl sechs Töchter. Wie ihre Mutter und die Schwestern hat auch sie sich in ihrer neuen Heimat besonders um die sozialen Belange gekümmert und Kinderheime und Industrieschulen gegründet. Sie erkrankte während der Unruhen im Revolutionsjahr 1848 schwer und starb kurz darauf.

Die jüngste Tochter der Familie von Herzog Louis war Elisabeth, am 26. Februar 1802 in Würzau geboren. Sie heiratete 1830 den Markgrafen Wilhelm von Baden und lebte mit ihm in einer glücklichen Ehe, meist im Karlsruher Schloss oder auf Schloss Salem nahe des Bodensees. Vor ihrer Heirat war Elisabeth ein Jahr lang Äbtissin des adeligen Damenstifts in Oberstenfeld, was verbunden war mit eigenen Einkünften – nicht unwichtig für eine Familie, die noch über Jahre hinaus an den vom Vater hinterlassenen Schulden zu tragen hatte.

Da Herzogin Henriette ihre Kinder und besonders die Töchter zu tätiger Hilfe und Nächstenliebe erzogen hatte, finden wir in allen vier Schwestern wirkliche »Landesmütter«, die sich lebenslang um Verbesserungen und Neugründungen im sozialen Bereich gekümmert haben. Häufig trafen sich die Geschwister bei der Mutter im Kirchheimer Schloss, das zu einem wahrhaften Mittelpunkt der Familie wurde. Alle durften mit ihren mannigfachen Kümmernissen zur Mutter und Großmutter kommen und kehrten meist gestärkt und getröstet zurück. Auch Königin Pauline pflegte mit ihren Geschwistern und deren Familien eine lebenslange Verbindung.

Hochzeit, Ehe und das Leben am Hof

König Wilhelm strebte mit seiner dritten Heirat eine politisch möglichst indifferente Lösung an und suchte daher nach einer passenden Braut innerhalb des eigenen Landes. Pauline von Württemberg, als Tochter der allseits geschätzten und geliebten Tante Henriet-

Zur Hochzeit mit seiner Cousine Pauline von Württemberg ließ Wilhelm I. eigens Kronjuwelen anfertigen, die Pauline auf diesem Gemälde trägt.

 *Königin Pauline*

te, war natürlich eine nahe liegende Kandidatin – zumal sie im heiratsfähigen Alter und von ausnehmender Schönheit war. Sie selbst dürfte, wie damals üblich in fürstlichen Häusern, kaum gefragt worden sein. Aber sie wusste, wohin die Pflicht sie gerufen hat, schließlich kannte sie ihren Cousin von Jugend an und dessen reiches Vorleben war sicherlich auch in Kirchheim bekannt.

Es wurde hier also eine reine Zweckehe geschlossen, das Land erwartete einen Thronerben. Selbst wenn Pauline ein sehr naives junges Mädchen gewesen sein sollte und vielleicht romantische Vorstellungen von ihrer Hochzeit hatte, so war sie doch für eine solche Ehe vorbereitet und erzogen worden, sozusagen um »in den heil'gen Ehstand abkommandiert zu werden« – wie es in Richard Strauss' »Rosenkavalier« besungen wird. Fürstliche Ehen waren damals selten wirkliche Liebesheiraten. Wenn ein Paar einigermaßen friedlich zusammenleben konnte, war man zufrieden und man sprach von einer »glücklichen Verbindung«.

Die Residenzstadt erlebte anlässlich dieser Hochzeit ein glanzvolles Fest, welches die Menschen in Hochstimmung versetzte nach all den traurigen Jahren mit Hungersnöten, Armut und nicht zuletzt auch der Trauer um die so früh verstorbene Königin Katharina. In weiten Teilen der Bevölkerung wurde es sehr begrüßt, dass die Braut eine Württembergerin war. Besonders die Kirchheimer waren stolz, dass eine »ihrer Prinzessinnen« die neue Landesmutter werden sollte, und man überbot sich in Huldigungen aller Art. Der Oberamtsrat und Stadtschultheiß von Nürtingen schrieb zum Beispiel: »[...] und haben die Hoffnung, dass sie die Zierde des königlichen Thrones, das Glück ihres erhabensten Gemahls, unseres vielgeliebten Landesvaters, und uns allen wahre Landesmutter sein werde. Möge der gütige Gott einen Ehebund segnen, auf den ein treues Volk mit Theilnahme und Hoffnung hinblickt, und durch sein Segnen die heißen Wünsche eines treuen Volkes erhören!«

Die Hochzeit fand am 15. April 1820 in Stuttgart statt, die verschiedenen Feierlichkeiten aber erstreckten sich über mehrere Tage. Schon am 13. April kamen in Kirchheim alle Schützengilden der umliegenden Bezirke, begleitet von ihren Musikcorps, zusammen, um die Braut in einem feierlichen Defilee vor dem Schlosse zu verabschieden. Am darauf folgenden Tag begann das Fest mit einem Gottesdienst in der Martinskirche, worauf sich anschließend alle »Officiellen« der Stadt und der angrenzenden Oberämter bei einem eigens für die Braut errichteten Ehrentempel versammelten. Schulkinder säumten den Weg und es wurden Gedichte überreicht. »Gefühle« heißt eines dieser Gedichte, das der Schullehrer aus Kirchheim verfasste:

Freude glüht in vielen Seelen
über Ihr erhabnes Loos,
und ich kann es nicht verhehlen,
auch mich freut es grenzenlos.

Weil das Edle mit dem Großen
sich zum schönen Bund vereint,
jubeln hoch die Zeitgenossen,
unsres Lebens Sonne scheint.

Von der Königin Pauline
würdig König Wilhelms Hand
singen spät noch Deutschlands Söhne:
Sie beglückten sich und's Land.

Vier Ehrenjungfrauen und 24 weiß gekleidete Mädchen geleiteten danach die königliche Braut zum Wagen, der sie über Esslingen nach Berg brachte, wohin ihr 40 Stuttgarter Bürger entgegengeritten waren, um sie feierlich in die Residenz zu begleiten. Zum Gefolge Paulines gehörte neben der Mutter, ihrem Bruder Alexander und der Schwester Elisabeth auch die Dienerschaft. Vor dem Hauptportal des Schlosses wurde sie vom Bräutigam und dem versammelten Hofstaat freudig begrüßt, an diesem Abend speiste man im kleinen Kreis im Vorzimmer des großen Marmorsaals.

Die Trauung erfolgte am nächsten Tag, mittags um 12 Uhr, in der Großen Galerie des Schlosses. Schon vorher hatte sich die große Hochzeitsgesellschaft in den Zimmern vor dem Marmorsaal versammelt, um dann unter Glockengeläute in einem feierlichen Festzug das Brautpaar an den Altar zu geleiten. Die Schleppe des Brautkleids war so ausladend, dass sie von zwei Staatsdamen getragen werden musste. Oberhofprediger d'Autel vollzog die Zeremonie, unterstützt vom zweiten Prälaten, der den Trautext verlas. Während des Ringwechsels erklangen wieder sämtliche Kirchenglocken der Stadt und es fielen 100 Kanonenschüsse. Anschließend begann die große Gratulations-Cour im Thronzimmer, die Mittagstafel zu 130 Couverts (Gedecke) war im Weißen Saal gedeckt, wozu die Hofkapelle Tafelmusik spielte. Abends war dann im herrlich beleuchteten Schloss »Polonaisen-Ball« und die Bürger veranstalteten zu Ehren des Brautpaares einen Fackelzug. Die »Allerhöchsten Neuvermählten« zeigten sich auf dem Balkon der Menge im Schlosshof und wurden mit Trompeten und Posaunen bejubelt. Gegenüber dem Schloss war von der Bürgerschaft, nach Plänen des Hofbaumeisters Nikolaus Friedrich von Thouret, ein Prunkgebäude mit einem Obelisken errichtet worden, der mit Blumen und Kränzen geschmückt und nachts mit Feuergefäßen herrlich beleuchtet war.

Am 16. April wurde abends die Oper »Fernando Cortez« von Spontini gegeben, dirigiert vom erst kurz zuvor ans Hoftheater berufenen Intendanten Peter Lindpainter. Die Bürger hatten freien Eintritt und beide Majestäten wurden bei ihrem Erscheinen im voll besetzten Hoftheater mit begeisterten Bravorufen empfangen. Am letzten Tag dieser ausgedehnten Hochzeitsfeierlichkeiten gab es mittags nochmals große Tafel im Marmorsaal zu 75 Couverts und abends ein Konzert im Weißen Saal. Wieder wurden Schloss und Prunkgebäude festlich illuminiert und »die Dames erschienen an allen Tagen in Gala und Schleppkleidern.«

Da Prinzessin Pauline selbst über keinen sehr wertvollen, schon gar nicht repräsentativen Schmuck verfügte, ließ König Wilhelm anlässlich seiner Hochzeit vom Hofjuwelier August Heinrich Kuhn für sie eine Parure aus Diamanten anfertigen. Dazu gehörten ein Collier,

König Wilhelm I. von Württemberg in Uniform auf einem Staatsgemälde von Joseph Stieler, 1827. Der König sah sich gerne in der Pose des Feldherrn.

Ohrgehänge und zwei Armbänder. Glanzstück dieser Parure aber war das »Reiche Diadem«, bestehend einzig aus zum Teil sehr großen Diamanten, welche zusammen ein Gewicht von über 500 Karat hatten. Auf ihrem Porträt in der Ahnengalerie des Ludwigsburger Schlosses trägt Königin Pauline diesen »Staatsschmuck«, der komplett erhalten ist und sich heute als Teil des Kronschatzes im Württembergischen Landesmuseum in Stuttgart befindet. Die Tatsache, dass im Jahre 1838 vom Sohn des Hofjuweliers, August Friedrich Kuhn, zu diesem Brautschmuck noch eine ergänzende Brosche für Königin Pauline angefertigt wurde, könnte vielleicht als Hinweis darauf gewertet werden, dass es damals zwischen dem Königspaar, nach mancherlei Krisen, zu einer gewissen Aussöhnung gekommen war, zumindest aber ein »modus vivendi« gefunden worden war. Aber dazu später.

König Wilhelm I. war mit seinen knapp 40 Jahren ein attraktiver Mann von eleganter, drahtiger Gestalt und selbstbewusstem Auftreten, der einer jungen Prinzessin schon imponieren konnte. Pauline dagegen war zu Beginn der Ehe noch unerfahren und erhob keinerlei Anspruch auf Mitgestaltung bei den Regierungsgeschäften, was ihr der König vermutlich auch gar nicht zugestanden hätte. Mit den Jahren gewann ihr Auftreten als Königin aber deutlichere Konturen. Sie war politisch durchaus informiert, vertrat eine eigene Meinung und konnte besonders gut Konversation führen, indem sie jeden ins Gespräch zog. Dennoch blieben ihr machtpolitische Ambitionen ein Leben lang fremd. Sie sah ihren Part ausschließlich in der Familie und in der Verpflichtung, ihr Land zu repräsentieren, welches sie immer pflichtbewusst und in königlicher Haltung ausfüllte.

Die ersten Ehejahre verliefen harmonisch. König Wilhelm zeigte sich gerne mit seiner auffallend schönen Gemahlin, es gab gemeinsame Spazierfahrten, Theaterbesuche, auch manche Reisen. Noch am Vorabend der Hochzeit hatte Wilhelm den Hofstaat für seine neue Gemahlin zusammengestellt, wohl wissend, wie wichtig gerade diese Personen waren, die neben der wirklichen Familie die intimste Umgebung eines Herrscherpaares, in diesem Fall der Königin, bildeten. Es gab eine strenge Hierarchie innerhalb des Hofstaats, angeführt von der Staatsdame oder Obersthofmeisterin, die im Rang gleich hinter den Mitgliedern der Königsfamilie rangierte, gefolgt von den Hofdamen. Diese wichtigen Ämter waren verbunden mit hohem gesellschaftlichem Ansehen und wurden teils von unverheirateten Töchtern aus adeligem Haus, manchmal auch von den Ehefrauen hoher Staatsbeamter bekleidet. Zu den Aufgaben einer Hofdame gehörte es, der Königin beratend zur Seite zu stehen, ihr Gesellschaft zu leisten und sie auf ihren Ausfahrten zu begleiten. Die Damen waren meist sehr gebildet, beherrschten gut die französische Sprache und konnten sich gewandt und taktvoll bei Hofe bewegen. Nicht selten entwickelte sich über die Jahre hinweg ein sehr vertrautes, ja freundschaftliches Verhältnis zwischen der Königin und ihren Hofdamen.[7]

Königin Pauline behielt lange Jahre immer dieselben Damen in ihrer Umgebung, was sicher für ein großes Vertrauensverhältnis spricht. Eine richtige Freundin wurde ihr die Gräfin Karoline Larisch, die mit dem Außenminister, Graf von Beroldingen, verheiratet war. Aber auch ihre Kammerfrau, Frau von Stahl, blieb ihr 43 Jahre lang treu ergeben, zum Dank hat ihr Pauline im Testament »das gesamte Weißzeug und die Frauenkleider« vermacht. Ihre Hofdame, Fräulein von Lützow, ehelichte am Hofe den Baron von Gemmingen und blieb bis zu ihrem Tode bei der Königin.

In den Sommermonaten übersiedelte das Königspaar mit dem engsten Kreis des Hofstaates in das kleine Landhaus »Bellevue«, das am Ufer des Neckars in Cannstatt lag. Erst nach dem Umbau des Schlosses Friedrichshafen in den Jahren 1824 bis 1830 entwickelte sich diese Sommerresidenz am Bodensee zum Lieblingssitz der königlichen Familie. In den folgenden Jahren wurde auch der Hafen zu einem modernen Seehafen ausgebaut und das erste Dampfschiff auf dem Bodensee, die »Wilhelm«, lief hier 1824 vom Stapel. Besonders Königin Pauline liebte das Leben auf diesem Schloss mit seinem herrlichen Park und den schattigen Laubengängen, wo sich die Familie meist in unbeschwerter, heiterer Stimmung traf. Bis heute befindet sich Schloss Friedrichshafen im Besitz der herzoglichen Familie und wird von ihr privat genutzt.

Auch die wichtigste Aufgabe einer Königin erfüllte Pauline in den folgenden Jahren: Sie gebar König Wilhelm nacheinander drei gesunde

Kinder, vor allen Dingen den ersehnten Thronfolger. »Sie hat ihren Beruf als Gattin und Mutter als stetiges, pflichttreues, gewissenhaftes Wirken im Kreise der Familie gesehen. Durch Lebensumstände war sie dann in sich selbst hineingetrieben«, so schreibt 20 Jahre nach ihrem Tode Adolf Palm, der sie vermutlich noch erlebt hatte, in seinem »Lebensbild«. Er spielt auf eine Entfremdung der beiden Ehegatten an, die wohl Ende der 30er-Jahre zu beobachten war und vielleicht durch Wilhelms Beziehung zur Hofschauspielerin Amalie von Stubenrauch ausgelöst wurde. Zu einer Trennung hat dies allerdings nie geführt. Wilhelm und Pauline blieben 44 Jahre verheiratet und haben, zumindest nach außen hin, die Fassade der Gemeinsamkeit aufrechterhalten.

»Die Stubenrauch«

Für die einen verbindet sich mit dem Namen der Hofschauspielerin Amalie von Stubenrauch eine ganze Ära des Stuttgarter Theaterlebens und eine besonders glänzende dazu. Für die anderen aber ist Mademoiselle Stubenrauch noch immer ein Inbegriff von Unmoral und Intrigen. Sie war die Geliebte König Wilhelms und blieb seine Mätresse über 30 Jahre hinweg, in einem fast bürgerlich anmutendem Liebesverhältnis, welches beiden wohl ein wirkliches Lebensglück beschert hat. In seinen Erinnerungen an König Wilhelm I. bezeichnet Theodor Griesinger den Monarchen als nüchternen Menschen und einen Vollblutpolitiker, der nur zwei Liebhabereien hatte: die Pferde und das Theater. »Nebst dem, was daran hing, aber: Wer ist so vollkommen, dass er über die menschlichen Leidenschaften und Schwachheiten erhaben dastände?«

Amalie von Stubenrauch war die Tochter eines bayerischen Beamten und wurde vermutlich am 4. Oktober 1803 in München geboren.[8] Mit 20 Jahren kam sie an das Münchner Hoftheater, wo sie durch ihre Schönheit und ihre stattliche Erscheinung, besonders aber durch ihre schauspielerische Ausdruckskraft schon König Ludwig I. aufgefallen war. Sie wird beschrieben als dunkelhaarig und üppig, anmutig und mit gezügeltem Temperament. Am 7. März 1827 gastierte

Die langjährige Geliebte König Wilhelms I. war die Hofschauspielerin Amalie von Stubenrauch. Hier dargestellt auf einer Miniatur von Emanuel Thomas Peter, um 1850.

sie erstmals am Theater in Stuttgart mit viel Erfolg in der Rolle der »Jungfrau von Orleans«, schon Wochen vorher angekündigt von einem Sänger aus München: »Nach mir kommt eine Kollegin, so was Schönes habt ihr nie gesehen!« Ein Jahr später hatte Amalie ein festes Engagement am Hoftheater, dem sie bis zum Ende ihrer Schauspielkarriere 1846 treu geblieben ist.

Den Einfluss, den Amalie zweifellos auf den König ausübte, nutzte sie kaum zur persönlichen Bereicherung, sondern meist im Interesse von Kunst und Theater. Sie war eine großartige Schauspielerin und feierte in allen Hauptrollen Triumphe, zusammen mit Schauspielern wie Gnauth und Seydelmann verhalf sie der Stuttgarter Hofbühne zu einer glanzvollen Zeit. Hinter den Kulissen allerdings war sie diejenige, die über Wohl und Wehe des Theaterlebens bestimmte, nicht immer zur Freude der Kollegen und der Intendanten. Der Vorwurf, »Ursache für Protektionismus und Hintertreppeneinflüsse am Theater« zu sein, war wohl nicht ganz unbegründet, jedenfalls kam man an ihrer Person nicht vorbei. Im Jahre 1838 verließ Seydelmann Stuttgart und wechselte zur Berliner Hofbühne. Zum Abschied schrieb er dem Intendanten Graf Leutrum: »[...] er verdient Vertrauen, keine Intrigen – er wirft gerne den Pelz seiner hiesigen Anstellung von sich, denn er hat Läuse. Aber, wenn's kratzt und beißt, muss er – himmlisch lächelnd – stille halten.« Als aber im Revolutionsjahr 1848 König Wilhelm beschlossen hatte, das Theater aus Kostengründen aufzugeben, vor allem aber aus der Furcht heraus, innerhalb der Theaterleute einen revolutionären Keim zu finden, da war es die Stubenrauch, die beschwichtigte und vermittelte. Die Bühne konnte nach wenigen Monaten wiedereröffnet werden.

Amalies Haus an der Neckarstraße 3, welches mit seiner Rückseite direkt an den Hofgarten angrenzte und damit in Nachbarschaft des königlichen Schlosses lag, bot dem König einen diskreten Zutritt. Hier lebte sie eher bürgerlich, führte aber ein sehr gastliches Haus und achtete streng darauf, ihre finanzielle Unabhängigkeit vom König zu bewahren. Amalie nahm ihre wesentlich jüngeren Schwestern Josephine und Konstanze in ihrem Haus auf und kümmerte sich um deren Erziehung. Konstanze heiratete 1842 Friedrich von Bayer-Ehrenberg, einen württembergischen Offizier. Es ging das Gerücht, das Mädchen sei nicht ihre Schwester, sondern Amalies Tochter aus der Beziehung mit König Wilhelm. Eine unhaltbare Behauptung: Konstanze wurde 1820 geboren! Der Stubenrauch'sche Salon in der Neckarstraße war aus dem gesellschaftlichen Leben der Stadt bald nicht mehr wegzudenken. Hier verkehrten Künstler und Literaten wie Hackländer und

Dingelstedt, aber auch viele Besucher, die sich von Amalies Protektion Ehren, Ämter oder andere Vergünstigungen erhofften. Auch Hofleute kamen zu ihr, obwohl Amalie selbst nie zu den Hofkreisen gehört hat.

Als im Jahre 1846 ein Umbau des Hoftheaters notwendig wurde, bot der König im Residenzschloss den Weißen Saal als Interimsbühne für Theateraufführungen an. Dagegen verwahrte sich Königin Pauline allerdings strikt. Mit einem gewissen Recht empfand sie es als Zumutung, die Geliebte ihres Gemahls sozusagen »im Haus« zu haben, in ihrem ureigensten Familienbereich. Die sonst so kluge und taktvolle Amalie reagierte darauf beleidigt, flüchtete sich zunächst in eine Krankheit und reichte später ihre Pensionierung ein. Nicht alle Mitglieder des Ensembles waren darüber allzu traurig. Man erzählte sich von der Abschiedsvorstellung der Stubenrauch als »Griseldis«, dass ihr der männliche Hauptdarsteller die Worte nachgerufen habe: »Fahr hin, Griseldis, deine Zeit ist um!« Ihren berühmten Salon aber behielt Amalie weiterhin, und auch »das zarte Verhältnis« zum König bestand bis zu dessen Tod im Juni 1864. In seinen letzten Lebensmonaten stand sie ihm treu zur Seite und hat ihn rührend gepflegt.

Nach Wilhelms Tod musste Amalie von Stubenrauch, die Frau, die er über 30 Jahre geliebt hatte, Württemberg sehr schnell verlassen. Die königliche Familie wollte das Andenken an König Wilhelm möglichst »moralisch rein« erhalten. Den streng pietistischen Kreisen im württembergischen evangelischen Konsistorium war die katholische Mätresse des Königs immer schon ein Dorn im Auge gewesen. Man befürchtete, sie würde auf den »rechten Glauben« Wilhelms ungünstigen Einfluss nehmen, was sicherlich eine unnötige Sorge war. Sehr unwahrscheinlich mutet auch an, dass Königin Pauline, obwohl ihrerseits streng protestantisch, die Stubenrauch meist als »die Jesuitische« bezeichnet haben soll – auch wenn ihr Amalie zeitlebens ein Stachel sein musste, dergleichen passt kaum zum Wortschatz einer in der höfischen Sprache des 19. Jahrhunderts erzogenen Fürstin. Man unterstellte Amalie, sich unangemessen bereichert zu haben, was ihr allerdings nie nachgewiesen werden konnte und wohl auch nicht der Fall war. Sie starb am 14. April 1876 auf ihrem kleinen Besitztum am Tegernsee, wo sie ihre letzten Lebensjahre sehr zurückgezogen verbracht hatte.

Die Kinder

Zur königlichen Familie gehörten auch die kleinen Töchter der verstorbenen Königin Katharina, die fast vierjährige Marie und die zwei Jahre alte Sophie. Nach ihrer Hochzeit übernahm Pauline die Erziehung der beiden Mädchen und bemühte sich redlich, den Kindern eine gute Stiefmutter zu sein. Zumindest anfangs scheint sie eine harmonische Beziehung zu den Kindern aufgebaut zu haben, besonders, nachdem sich der Geschwisterkreis noch durch ihre eigenen Kinder vergrößert hatte.

Die Stiefsöhne König Wilhelms aus Katharinas erster Ehe mit Prinz Georg von Oldenburg, Friedrich Paul Alexander und Konstantin Friedrich Peter, besuchten gerne den württembergischen Hof, lebten aber sonst in der Obhut der Oldenburger Großeltern. Der ältere von beiden, Friedrich Paul, verstarb schon als junger Mann 1829. Sein Bruder, Prinz Peter von Oldenburg, kam in russische Militärdienste und lebte in Sankt Petersburg. Er war häufig Gast in Stuttgart oder auf dem Sommersitz in Friedrichshafen und nahm regen Anteil am Leben der württembergischen Königsfamilie, bei den sozialen Stiftungen Königin Paulines beteiligte er sich immer wieder mit namhaften Spenden.

Am 24. August 1821 wurde Königin Pauline »um 7 Uhr früh von einer Prinzessin glücklich entbunden, die neugeborene Prinzessin befinden sich in erwünschtem Wohlsein«, so die Hofberichterstattung. Die Großmutter, Königinwitwe Charlotte Mathilde, eilte sofort von Ludwigsburg nach Stuttgart und besuchte nun zweimal täglich Mutter und Kind. Offensichtlich hatte sie ein besonders herzliches Verhältnis zur Schwiegertochter, deren Entwicklung sie ja von Kindesbeinen an verfolgen konnte und die ihr in ihrem häuslichen Wesen sehr ähnlich war. Jedenfalls stand auch bei den noch folgenden Niederkünften Paulines die Großmutter Charlotte Mathilde stets an ihrer Seite, meist war sie als erste zur Stelle. Die Tochter erhielt den Namen »Katharina«, vielleicht in Erinnerung an die so früh entschlafene erste Gemahlin des Königs. Wilhelm I. präsentierte sich mit Pauline und dem Kind gerne in der Öffentlichkeit als harmonische Familie, besonders, nachdem im März 1823 endlich der Kronprinz geboren war.

Diese Collage enstand zum 25-Jahr-Regierungsjubiläum König Wilhems I.
im Jahre 1841. Sie zeigt oben das Königspaar und in der Bildmitte den
Kronprinzen, der von seinen Schwestern umrahmt ist. Neben Karl sieht man
Sophie (links) und Marie, darunter Auguste (links) und Katharina.

Als im Morgengrauen des 6. März 101 Kanonenschüsse von den
Höhen Stuttgarts herab die Geburt eines Thronfolgers anzeigten, war
die Bevölkerung vor Freude »aus dem Häuschen«. Freiherr von Se-
ckendorff schrieb in seinen Hofbericht: »Preis und Dank der Vorsehung, welche das sehnlichste Flehen und innige Wünschen jedes treu-

en Württembergers in Erfüllung brachte.« Der Schlosshof füllte sich trotz der frühen Stunde mit einer Menschenmenge und in der Schlosskirche wurde ein Dankgottesdienst gefeiert, an dem auch die königliche Familie teilnahm. Den ganzen Tag über trafen Deputationen aus dem Land, der Bürgerschaft und den Zünften ein, die dem König ihre Glückwünsche überbrachten und zahlreiche Festgedichte überreichten. Eines davon lautete:

Sohn, sei des Vaters Bild,
sei wie die Mutter mild,
wahre das Recht!
Württemberg jauchzet dir,
Württemberg huldigt dir,
sei deines Stammes Zier,
Edles Geschlecht!

Es war seit über hundert Jahren erstmals wieder geschehen, dass einem württembergischen Monarchen innerhalb seiner Regierungszeit ein Thronfolger geboren wurde. Die Menschen jubelten und »ganz Württemberg glich in diesen Tagen einer Familie, welche das schönste Familienglück feierte«.

Am 21. März wurde der Sohn um 3 Uhr nachmittags in der Schlosskirche auf den Namen Karl Friedrich Alexander getauft. Neben der Familie, den Taufpaten und Mitgliedern verschiedener Adelshäuser versammelten sich im Schloss auch das diplomatische Corps, die Minister und Vertreter der Landstände. Die Tafeln im Speisesaal und in der Galerie waren geschmückt wie ein »Blumengarten«. Trotz des Regenwetters waren die Straßen der Stadt und der Platz vor dem Schloss voll von Menschen und Wagen, jeder wollte dabei sein und feiern. Der König selbst ging lange durch die Straßen, um sich die festlich geschmückte Stadt anzusehen, immer wieder wurde er mit Vivat-Rufen begrüßt. Auch der Täufling wurde auf dem Arm seiner Großmutter Henriette dem jubelnden Volk am Fenster präsentiert. Die prächtige Illumination der Stadt und das Feuerwerk konnten allerdings wegen des Regens erst am folgenden Tag zelebriert werden.

Das dankbare Königspaar machte den verschiedenen sozialen Einrichtungen des Landes größere Stiftungen aus seiner Privatschatulle. Mitte April zeigte sich Königin Pauline, zum Ausgang des Wochenbetts, erstmals wieder in der Öffentlichkeit. Sie erschien bei einer Opernaufführung in der Hofloge, und »beide Majestäten wurden mit wiederholten Hochrufen empfangen«.

Am 4. Oktober 1826 wurde dem Königspaar noch ein weiteres Kind geboren, die Prinzessin Auguste Wilhelmine Henriette. Von dieser jüngsten Tochter sollte Pauline in späteren Jahren eine blühende Enkelschar beschieden sein.

Leider zeichnete sich mit den Jahren ab, dass König Wilhelm seine beiden Töchter aus der Ehe mit Katharina deutlich bevorzugte gegenüber den Kindern Paulines, vor allem der lebhaften und geistreichen Sophie widmete er viel Zeit. Pauline wiederum erkor ihre Tochter Katharina zu ihrem ausgesprochenen Liebling – eine Konstellation, die nicht unbedingt dem Familienfrieden förderlich war. Immer wieder gingen die beiden »Familienzweige« getrennte Wege So im Jahr 1838, als der König mit den Töchtern Marie und Sophie eine Reise nach Berlin unternahm und den preußischen Hof besuchte. Auf der Rückreise wurde noch Station in Weimar gemacht bei der Tante der Mädchen, Maria Pawlowna, Großherzogin von Sachsen-Weimar. Zur selben Zeit reiste Königin Pauline mit den anderen Töchtern nach Oberitalien, vielleicht zu einer Bildungsreise, wie sie selbst einstmals genossen hatte. Immerhin traf die Familie dann im Sommer am Bodensee wieder zusammen.

Die finanziellen Verhältnisse unter den Kindern waren höchst unausgeglichen, da die Töchter Katharinas deren reiche Mitgift geerbt hatten. Ob dies allerdings unter den heranwachsenden Töchtern wirklich eine so große Rolle spielte und Neid hervorgerufen hat, muss dahingestellt bleiben. Allerdings belief sich allein der Wert von Juwelen und Gold- beziehungsweise Silbergegenständen der »russischen« Prinzessinnen auf runde 570 000 Gulden, während Paulines Töchter nur 50 000 bis 60 000 Gulden teuren Schmuck besaßen.[9] Durch die in den folgenden Jahren erfolgten Eheschließungen der Kinder gingen sie ihre eigenen Wege. Dennoch sind alle Kinder des Königspaares der Familie treu verbunden geblieben, kamen oft zu Besuch und glänzten bei allen Veranstaltungen und Festen des Hofes. Sicher hat hier der ausgeprägte Familiensinn Paulines einen erheblichen Beitrag geleistet.

Marie Friederike Charlotte

Die am Todestag ihres Großvaters König Friedrich, am 30. Oktober 1816, geborene Marie war die älteste Tochter König Wilhelms I. Die Tochter Königin Katharinas muss eine »anmutige, sehr zarte Erscheinung« gewesen sein »mit einem bezaubernden Lächeln«, die sich ihrer vornehmen, königlichen Abstammung immer bewusst war. Auch nach ihrer Eheschließung mit dem nicht ganz standesgemäßen Grafen Neipperg behielt sie den Titel einer »Königlichen Hoheit« bei. Die am 19. März 1840 gefeierte Hochzeit mit Alfred Graf Neipperg war eine in diesen Kreisen eher seltene Liebesheirat, wenn auch die Gatten bald auf Distanz lebten und ihre Ehe kinderlos blieb. Marie bewohnte das Prinzessinnen-Palais in Stuttgart, das für die Töchter Königin Katharinas 1834 von Hofbaumeister Giovanni Salucci erbaut worden war, das heutige Wilhelmspalais. In den Sommermonaten aber zog sie mit großem Gefolge zu ihrem Mann auf dessen Schloss in Schwaigern bei Heilbronn, wo beide ein gastliches Haus führten. Graf Neipperg war ein gebildeter und gelehrter Botaniker, der herrliche Gartenanlagen und Gewächshäuser besaß. Bei einer Gemsenjagd im Bregenzerwald 1853 stürzte er so schwer, dass er ein Gehirntrauma davontrug, worunter seine Geistesverfassung zunehmend litt und eine Einweisung in die »Irrenheilanstalt« nach Winnenthal notwendig machte. Marie reagierte verbittert über ihr Schicksal. Von manchen Zeitgenossen wurde kritisiert, sie kümmere sich nicht genug um den Ehemann und lasse zu, dass der Schwiegersohn des Königs im Winnenthal im Thorhaus sitze und den Leuten den Wagenschlag öffne. Im Jahre 1865 starb Graf Neipperg, seine Gemahlin lebte noch 22 Jahre als Witwe in ihrem Stuttgarter Palais, wo sie sich vor allem finanziell in der Armenfürsorge sehr engagierte. Sie

Das Wilhelmspalais in Stuttgart ließ König Wilhelm I. von seinem Hofbaumeister Giovanni Salucci für seine Töchter Marie und Sophie, aus der Ehe
mit Katharina von Russland, erbauen. Die Einweihung war 1840.

verstarb am 4. Januar 1887 und wurde als einzige Nachfahrin neben
ihren Eltern in der Grabkapelle auf dem Rotenberg beigesetzt. In
ihrem Testament legte sie alle Einzelheiten für ihre Bestattung fest,
unter anderem schrieb sie: »Sollte H. von Gerok leidend sein, das
Wetter schlecht, so ersuche ich den verehrten Herrn Oberhofprediger
dringend, mich nicht auf den Rotenberg zu geleiten, er würde sich
erkälten.«

Sophie Friederike Mathilde

Am 18. Juni 1839 heiratete Prinzessin Sophie den Erbprinzen Wilhelm von Oranien, welcher zehn Jahre später als König Wilhelm III. den niederländischen Thron bestieg. Das Paar bekam drei Söhne, die aber alle unverheiratet blieben und vor dem Vater starben, womit das Haus Nassau-Oranien mit dem Tode Wilhelms im männlichen Zweig erlosch. Die Hochzeit der zweiten Tochter der verstorbenen Königin Katharina und Wilhelms wurde in Stuttgart mit einer großen Festnacht nebst Girlanden, Festbeleuchtung, Transparenten glanzvoll begangen. Selbst ein Brunnen wurde zu diesem Anlass gestiftet – das heute im »Bürgerwald« ein wenig dürftig dahin rinnende »Sophien-Brünnele«. Königin Sophies Ehe verlief äußerst unglücklich. Sie war eine intellektuell hoch begabte und politisch aktive Persönlichkeit, die einen großen Freundeskreis im In- und Ausland pflegte und in ihren Ansichten sehr liberal eingestellt war. Ihr Ehemann und auch ihre Söhne teilten diese Interessen in keiner Weise, sie verbrachten ihre Tage vorzugsweise in der Pariser »Demi-Monde«.[10] So entfloh Sophie dem unerfreulichen Hofleben durch ständige Reisen durch halb Europa. Außerdem unterhielt sie einen ausgedehnten Briefwechsel. Im Dezember 1855 konnte sie eine Trennung von ihrem Gemahl »von Tisch und Bett« erreichen. Am 3. Juni 1877 verstarb sie überraschend in Den Haag. Man hat sie in Delft in der Königsgruft beigesetzt.

Katharina

Von Königin Paulines Kindern heiratete zuerst Prinzessin Katharina, am 20. November 1845 in Stuttgart ihren Vetter ersten Grades, Prinz Friedrich von Württemberg, einen Sohn ihres Onkels Paul. Der Prinz stand in württembergischen Militärdiensten, war Mitglied der Ersten Ständekammer und wurde im Jahre 1865 von seinem Schwager, König Karl, als Mitglied in den Geheimen Rat berufen. Friedrich war eine »fürstlich schöne, ritterliche und liebenswürdige

Erscheinung«. König Wilhelm schätzte diesen Neffen und Schwieger-
sohn sehr, wogegen anscheinend Königin Pauline und ihre Tochter
Katharina ständig etwas an dem jungen Mann auszusetzen hatten.
Vielleicht missfiel den Damen seine große Jagdleidenschaft, die er
wohl auch auf seinen einzigen Sohn übertragen hatte, den späteren
König Wilhelm II. Außer dem Sohn Wilhelm ist ein zweites Kind des
Paares 1850 tot geboren worden. So widmete sich Katharina ganz der
Erziehung dieses einen Sohnes und später auch der Pflege ihres nach
einem Unfall leidend gewordenen Gemahls.

Die meiste Zeit aber verbrachte sie wohl in der Nähe der Mutter
am Stuttgarter Hofe oder in Friedrichshafen. Katharina wurde die
engste Vertraute der Königin und begleitete sie zu allen Veranstaltungen und Besuchen, auch nahm sie an den meisten Reisen Paulines teil.
Nachdem Prinz Friedrich gestorben war und wenig später auch die geliebte Mutter, lebte Katharina vorzugsweise auf dem Besitz »Villa Seefeld« am Schweizer Ufer des Bodensees, den sie als Alleinerbin von der
Mutter übernommen hatte. Die von Königin Pauline ins Leben geru-
fenen Stiftungen und Einrichtungen führte sie verantwortungsvoll bis
zu ihrem Tode fort. Am 6. Dezember 1898 ist sie gestorben und neben
der Mutter in der Fürstengruft in Ludwigsburg beigesetzt worden.

Auguste

Die jüngste Tochter, Auguste Wilhelmine Henriette, war eine
äußerlich nicht besonders anziehende, aber geistreiche und leb-
hafte Prinzessin. Sie verliebte sich in den gut aussehenden Prinzen
Hermann von Sachsen-Weimar, den sie auch, mit Genehmigung des
Vaters, heiraten durfte. Auf die Frage des Königs: »Aber Gustchen, ist
er denn gescheit?«, soll sie geantwortet haben: »Lieber Papa, welcher
von Ihren Schwiegersöhnen ist denn gescheit?« Prinz Weimar – wie er
allgemein genannt wurde – diente in der württembergischen Armee
und stieg bis zum Kommandeur der Leibgarde auf. Die Hochzeit
fand am 17. Juni 1851 in Friedrichshafen statt, die Trauung vollzog
Oberhofprediger Karl Grüneisen. Das Sommerschloss war zu diesem

Fest prächtig beleuchtet worden, auf dem See davor lag das Dampf-boot »Kronprinz«, umringt von zwölf kleineren Schiffen. Mit Musik und 100 Fackelträgern fuhr man vom Wasser aus zum Schloss.

Die Ehe verlief harmonisch, mit ihren vier Söhnen und zwei Töch-tern lebten sie eher bescheiden, aber glücklich etwas abseits vom im-mer betriebsamen Hof in Stuttgart. Das Paar verband das gemeinsame Interesse für Kunst und eine gepflegte Geselligkeit. In ihrem Haus an der Neckarstraße, vom Architekten Christian Friedrich Leins erbaut, versammelten sie einen illustren Kreis von Künstlern und Literaten. Als »Palais Weimar« ist es in die Stadtgeschichte eingegangen. Prinz Weimar stand bis ins hohe Alter an der Spitze zahlreicher Komitees und gemeinnütziger Vereine der Stadt. Prinzessin Auguste starb drei Tage vor ihrer Schwester am 3. Dezember 1898 und ist auf dem Stuttgarter Pragfriedhof bestattet. Im Stuttgarter Westen erinnern heute drei Straßennamen an dieses Paar: die Augusten-, die Hermann- und die Weimarstraße.

Karl

Der von seiner Mutter in der Kindheit als einziger Sohn ängstlich bewachte und vom Vater ungewöhnlich streng und militärisch erzogene Kronprinz Karl war ein eher zarter, musisch veranlagter Knabe. König Wilhelm, in seiner Jugend selbst übertrieben hart erzo-gen, empfand den Sohn als unsoldatisch, zu empfindsam, zu schwäch-lich. Der Heranwachsende entwickelte musische und geistige Interes-sen. Er studierte in Tübingen und Berlin und promovierte zum Dok-tor der Philosophie. Karl nahm auch Gesangstunden und spielte hervorragend Klavier, außerdem liebte er die Natur und züchtete mit Freude und Erfolg Rosen. Über die Jahre hinweg entwickelte sich ein Vater-Sohn-Konflikt, dem entgegenzutreten Königin Pauline leider nicht in der Lage war. Erst ihre Schwiegertochter, die russische Groß-fürstin Olga, versuchte mit wechselndem Erfolg, in diesem Span-nungsfeld zu vermitteln.

Ein Leben als Königin

Aus Anmerkungen von Zeitgenossen zu schließen, war Königin Pauline eine sehr fromme Frau. Von ihrer Mutter war sie im christlichen Sinne erzogen worden und sie blieb zeitlebens der protestantischen Kirche eng verbunden. Im 19. Jahrhundert war die evangelische Landeskirche in Württemberg stark geprägt vom Pietismus, wobei Theologen wie Albert Knapp oder Karl Gerok keineswegs engstirnige Frömmler, vielmehr kluge und weitsichtige Köpfe waren, die besonders durch ihre Schriften großen Einfluss auf breite Schichten der Bevölkerung nahmen. Die Pietisten lebten in der Heilserwartung, im Diesseits hatte man seine Pflicht zu erfüllen, »wo einen der liebe Gott hingestellt hat«. Man sollte keine weltlichen Ehren anstreben und immer ehrlich, fleißig, anständig und sparsam leben. Manche behaupten mit feiner Ironie, der württembergische Pietismus habe eine Affinität zum schwäbischen Volkscharakter! König Wilhelm fand für sich eine eigenständige und liberale Glaubensauffassung, welche seine Gemahlin nicht teilen konnte, dazu fehlte ihr vermutlich auch eine gewisse geistige Freiheit.

Pauline besaß einen gesunden Menschenverstand, hingegen war sie weniger mit glänzenden intellektuellen Gaben gesegnet. Wenn man Gemälde miteinander vergleicht, die verschiedene Künstler von ihr gemalt haben, so ist eines allen Bildern gemeinsam: Ihr Blick auf den Beschauer wirkt immer sanft, jedoch auch ein bisschen einfältig. Viele glauben, dass Königin Pauline eine strenge Pietistin war und durch übertriebene Prüderie und Engstirnigkeit ihren Gemahl in die Arme seiner Mätresse getrieben hat. Allerdings gehörte zur Lebensauffassung einer strengen Pietistin, auf jeden äußeren Pomp zu verzichten, dunkelgekleidet und ernst, man möchte beinahe sagen »freudlos« durchs Leben zu gehen. In diesem Sinne kann man nicht behaupten, dass Pauline keine äußere Pracht zu entfalten gewillt war. Jedenfalls zeugt hiervon schon ein Blick in ihre »Fahrniß«, ihre Hinterlassenschaft, worin »Frauenkleider und Zugehör« neben dem Schmuck den größten Posten ausmachen. Selbstverständlich wurde von der Königin am Hofe ein glänzendes Erscheinungsbild erwartet – man hat aber nie gehört, dass sie sich darüber beklagt hätte.

Bemerkenswert war Paulines herzliche, oft humorvolle Art gegenüber ihrer Umgebung oder den Gästen. Kronprinzessin Olga schildert die Geschichte, wie sie einst bei mittäglicher Hitze eine Sitzung des Frauenvereins verschlafen hatte. Es war sehr peinlich und sie erschien atemlos und beschämt vor den konsternierten Damen des Komitees, als ihr die Schwiegermama verständnisvoll und mit Humor über die Verlegenheit hinweghalf. Es wird auch berichtet, dass Pauline Sinn für Situationskomik hatte und mit den anderen lachen konnte. Besonders fröhlich ging es im Sommerdomizil zu, wo meist alle gute Laune hatten,»selbst die Anwesenheit von S. M. beeinträchtigte die gute Stimmung in keiner Weise«, was bedeutet, dass der König auch mal mürrisch sein konnte. Häufig empfing Pauline fürstliche Besucher am Bodensee, einmal hatte sich, im August 1851, König Friedrich Wilhelm IV. von Preußen angesagt. In der gewundenen höfischen Sprache dieser Zeit ist doch ein launiger Ton herauszuhören, wenn er schreibt, er sei vom bayerischen König eingeladen und könne deshalb nur ganz früh in Friedrichshafen mit dem Schiff anlegen, denn »von Lindau bis Hohenschwangau ist es eine starke Tagreise über Berg und Thal und ich will den bayerischen Majestäten nicht eine nach-mitternächtliche Überraschung machen«. Weiter schreibt er: »Ich darf ja nicht hoffen, von Eurer Majestät angenommen zu werden, da die Stunde von 8 oder 9 Uhr früh noch nicht erlaubt, einer Dame überhaupt, geschweige denn gekröntem Haupt, einen Besuch abzustatten!« Königin Pauline war keine Spielverderberin und hat ihn, trotz der frühen Stunde, empfangen, was aus seinem überschwänglichen Dankesbrief hervorgeht.[11]

Ihr Leben war demnach ausgefüllt als Gastgeberin von ständig wechselnden Besuchern, mit Empfängen, Hofbällen oder diplomatischen Diners. Alle Termine nahm sie getreulich war, häufig auch in Vertretung ihres Gemahls, dem »alle Zeremonien ein Greuel waren« und welcher daher immer wieder abwesend war. Am Beispiel eines Jahres-Terminkalenders, in diesem Falle ist es das Jahr 1830, soll deutlich werden, wie lebhaft es in der württembergischen Residenz zuging:

1. Januar:	Ordensstiftung des »Friedrichsordens« (Orden zum Andenken an König Friedrich)
4. Januar:	Prinz Peter von Oldenburg abgereist
Mai:	Für zehn Tage ist Herzog Ferdinand von Württemberg mit Gemahlin aus Wien zu Besuch.
25. Mai:	Besuch des Großherzogs von Baden
28. Mai:	Glänzendes Fest zur Einweihung von Schloss Rosenstein mit 1000 Gästen, der Park ist magisch beleuchtet.
18. Juni bis Ende August:	Sommeraufenthalt in Friedrichshafen
5. August:	König Wilhelm kommt auch an den Bodensee.
7. August:	Große Verlobungsfeier von Prinzessin Elisabeth von Württemberg (eine Schwester der Königin) mit Erbprinz Wilhelm von Baden
26. August bis 30. September:	Herzog Peter von Oldenburg ist wieder zu Besuch.
18. bis 20. September:	Besuch des Herzogspaars von Sachsen-Weimar
20. bis 24. September:	Besuch des Großherzogs von Oldenburg
8. Oktober:	Besuch von Herzog Adam von Württemberg
16. bis 19. Oktober:	Hochzeitsfeierlichkeiten für die Schwester der Königin, Elisabeth von Württemberg
16. Oktober:	Trauung im Marmorsaal des Schlosses, anschließend Empfang im Weißen Saal, abends Ball
17. Oktober:	Oper mit freiem Eintritt
18. Oktober:	Ball
19. Oktober:	Abreise des Brautpaares

Allgemein bemerkt der Chronist: »Die Hoffeste sind in letzter Zeit überhaupt besonders stilvoll und geschmackvoll.«[12]

Wilhelm I. war ein leidenschaftlicher Reiter und züchtete in seinen Gestüten viel bewunderte Araberpferde. Gemälde von Albert Adam, 1829.

Königin Pauline legte also Wert darauf, den württembergischen Hof würdig und mit entsprechender Prachtentfaltung zu repräsentieren. Schwer vorstellbar ist dabei, dass sie allzu engherzig und kleinlich war.

Im Zusammenhang mit der Fertigung eines bekannten Gemäldes des berühmten Münchner Hofmalers Joseph Stieler, das Pauline mit ihrer kleinen Tochter Katharina zeigt, wird ihr nachgesagt, sie habe besonders prüde reagiert auf Stielers Ansinnen, das Kind unbekleidet malen zu dürfen. Hier lohnt ein Vergleich mit dem Gemälde Joseph Stielers, das Erzherzogin Sophie von Österreich mit dem kleinen Franz Joseph zeigt: Dieselbe Haltung von Mutter und Kind, ebenfalls

Königin Pauline

ein üppiges, rotes Samtkleid und gleichfalls ein um das nackte Kind geschlungener Schal – ein Hinweis auf Paulines außergewöhnliche Prüderie scheint also übertrieben.

Vielleicht war nur der Gegensatz zu ihrem Gemahl so auffallend, der seinerseits großen Gefallen an erotischen Bildern und weiblichen Akten fand. In seinem privaten Landsitz, der »Wilhelma«, verbarg er seine Bilder hinter geschlossenen Vorhängen und nur ausgewählte Gäste hatten hier Zutritt. Deren Berichte gewähren Einblick in die »geheimen Leidenschaften« des nach außen hin so nüchtern wirkenden Königs. Fürst Otto von Bismarck beispielsweise schreibt:»Eine ähnliche Sammlung von weiblichen Nuditäten, wie diese Bildergalerie, findet sich schwerlich irgendwo.« Auch Prinzessin Mathilde Bonaparte, eine Nichte des Königs, durfte mehrfach den Bilderschmuck bewundern,»der hinter diskreten Vorhängen verschwand«. Frau von Massenbach, eine Hofdame Königin Olgas, fand es schlicht »unmöglich«, was sie in den »intimen Zimmern« zu sehen bekam.[13]

Diesen kleinen Landsitz am Neckarufer bei Cannstatt ließ sich König Wilhelm nach Plänen seines Baumeisters Karl Ludwig von Zanth in den Jahren 1842 bis 1844 erbauen. Hierher konnte er sich zurückziehen oder mit privaten Gästen feiern. Das Schloss hatte ein Badehaus, einen Festsaal, Gärten und Gewächshäuser, alles nach Ideen des Königs in maurischem Stil erbaut und mit entsprechend aufwändigem Zierrat versehen. Das ganze Ambiente war sehr romantisch und sollte die Illusion des Orients erwecken mit seinen Wasserspielen, exotischen Pflanzen aller Art, Magnolienbäumen – man nannte es »eine Alhambra am Neckar«. Schon zuvor hatte Zanth neben dem Schloss, anstelle des ehemaligen Landsitzes Bellevue, ein kleines Theater errichtet, ebenfalls in maurischem Stil. Es sollte ursprünglich den Cannstatter Kurgästen als Kurtheater dienen, wurde aber meist vom Hof genutzt, da sich die meist schwäbischen, bürgerlichen Kurgäste nicht so theaterbegeistert zeigten. So war ein ungewöhnliches Ensemble entstanden, das anlässlich der Begrüßung des neuvermählten Kronprinzenpaares Karl und Olga am 30. September 1846 eingeweiht werden konnte. Heute zählt der botanisch-zoologische Garten, die »Wilhelma«, zu den beliebtesten Sehenswürdigkeiten Stuttgarts.

Besonders im Frühling, zur Zeit der berühmten Magnolienblüte, ist dieses Flair aus »Tausend und einer Nacht« noch zu spüren, das König Wilhelm einstmals mit diesem Schloss an den Neckar zaubern wollte.

Zwei besondere Feste

Zu Ehren des 25-Jahr-Thronjubiläums König Wilhelms I. im Jahr 1841 sollte in Württemberg ein rauschendes Fest stattfinden, zumal der König im selben Jahr, am 27. September, auch seinen 60. Geburtstag begehen konnte. So legte man die Jubelfeier auf den 28. September, den Tag nach dem Königsgeburtstag fest. Viele Wochen zuvor schon plante ein Festkomitee unter dem Vorsitz von Geheimrat von Gärtner den minutiösen Ablauf der Festfolge. Auch Königin Pauline beteiligte sich an den vielfältigen Vorbereitungen, sie ließ vom Hoffotografen eigens eine Collage mit den Porträts der königlichen Familie anfertigen, es gibt davon heute noch verschiedene Ausfertigungen. Mitten auf dem großen Platz vor dem Schloss wurde eine 30 Meter hohe Granitsäule errichtet, den Entwurf hierfür lieferte Johann Michael Knapp. Bekrönt sollte diese Jubiläumssäule von einer Concordia-Figur werden, die der Bildhauer Ludwig Hofer schuf, die aber erst viele Jahre später fertig gestellt wurde. Noch heute stellt diese Säule einen Blickfang auf dem Schlossplatz dar.

Der große Tag begann damit, dass der König eine Amnestie für alle politischen Gefangenen seit seinem Regierungsantritt erließ. Danach nahm er auf dem Friedrichsplatz die Huldigungen der Stuttgarter Bürgerschaft entgegen. Die Menschen hatten Glück mit dem Wetter, es war noch spätsommerlich warm und so konnte der von langer Hand geplante Festumzug in bester Stimmung stattfinden. Es muss ein farbenprächtiges Bild gewesen sein, als die 10 000 Teilnehmer mit 30 Musikchören zu Fuß oder auf einem der 40 Wagen, dazu noch 350 Reiter mit Fahnen in einem riesigen Festzug durch die Stadt und am Schloss vorbeizogen. Es waren alle Stände, Zünfte, Gewerbe, Handel, Landwirtschaft, Wissenschaft und Künste vertreten – immer mit passenden Sinnbildern dargestellt und in ihre spezifischen Trachten oder Berufskleider gewandet, kurz – »es war eine Zurschaustellung des Besten und Schönsten, welches sich Württemberg erfreut«. Als am Ende des Umzuges von allen Beteiligten gemeinsam der Choral »Nun danket alle Gott« gesungen wurde, muss das sehr beeindruckend gewesen sein.

Nach Einbruch der Dunkelheit wurde von der Höhe herab ein prächtiges Feuerwerk inszeniert und auf allen Hügeln der Stadt leuchteten Freudenfeuer. Das Volk bereitete seinem König ein Fest, welches vom hohen Ansehen zeugte, das König Wilhelm I. in der Bevölkerung genoss. Den Menschen im Lande ist dieses Jubiläum noch lange in Erinnerung geblieben.

Noch einmal stand die württembergische Residenzstadt im Blickpunkt des europäischen Interesses, als im September 1857 die beiden Kaiser Napoleon III. und Zar Alexander II. auf Einladung König Wilhelms in Stuttgart zusammen trafen. Wilhelm war zu dieser Zeit der »dienstälteste Monarch« in Europa, sein Wort hatte Gewicht und seine Verdienste in der Politik seines Landes wurden allgemein gewürdigt. Als Russland nach dem verlorenen Krimkrieg innerhalb Europas in die politische Isolation zu geraten drohte, wollte König Wilhelm vermitteln. Seine sowohl familiären als auch persönlichen Bindungen und Beziehungen zu beiden Kaisern sollten helfen, in einer privaten Atmosphäre eine Annäherung zwischen dem russischen Zaren und dem französischen Kaiser zu erreichen.

Prinzessin Mathilde Bonaparte, König Wilhelms Nichte, war eine Tochter seiner Schwester Katharina und Jérôme Bonapartes, einem Bruder Napoleons I. Sie lebte in Paris und hatte großen Einfluss am Hofe ihres Cousins, Napoleon III., mit dem sie auch einmal eine kurze Zeit verlobt war. König Wilhelm traf immer wieder mit Mathilde zusammen und hatte so auch einen persönlichen Kontakt zum französischen Kaiser.[14] Im August 1857 trafen sich die beiden Monarchen in Biarritz, wo man die beabsichtigte Zusammenkunft mit dem Zaren besprach. Zar Alexander II. hatte schon angekündigt, dass er anlässlich des Geburtstages von König Wilhelm seine Schwester, die württembergische Kronprinzessin Olga, in Stuttgart besuchen wolle. So bot sich eine gute Gelegenheit, ein »privates Treffen« zu arrangieren.

Man kann sich vorstellen, dass das Zusammentreffen dieser beiden Kaiser in der vergleichsweise kleinen württembergischen Residenz nicht ohne politische Brisanz blieb. Zarin Marie hatte zunächst Vorbehalte gegenüber Napoleon III. und wollte daher ihren Gemahl nicht nach Stuttgart begleiten, weshalb auch die französische Kaiserin zu Hause blieb. Erst kurzfristig entschloss sich die Zarin, doch noch zu reisen, was jedoch Kaiserin Eugénie viel zu spät erfuhr, um ihrerseits noch an der Veranstaltung teilnehmen zu können. Besonders die internationale Presse nahm rege Notiz von diesem Treffen und für die Stuttgarter Bevölkerung stellte es ein großartiges und bedeutendes Ereignis dar.

Am 24. September 1857 kam Zar Alexander II. von Russland mit Extrazug nachmittags um 3 Uhr auf dem Bahnhof in Feuerbach (nahe Stuttgart) an. Der König selbst empfing den Zaren und den russischen Gesandten, Fürst Gortschakow, und begleitete seine Gäste feierlich zur Villa Berg, wo der Zar bei Kronprinzessin Olga und Kronprinz Karl wohnte. Am folgenden Tag traf Napoleon III. abends auf dem Stuttgarter Bahnhof ein, vom König und den württembergischen Prinzen erwartet, die ihn zum Schloss geleiteten, wo sich schon der Hofstaat zur Begrüßung am Hauptportal versammelt hatte. Der französische Kaiser wohnte mit seinem Gefolge in einem Trakt des Residenzschlosses. Bereits eine Stunde nach seiner Ankunft erschien der Zar bei ihm zu einem ersten Gespräch. Am Abend des 26. Septembers fand ein prachtvolles Hoffest in der »Wilhelma« statt, die Gärten waren angestrahlt und wirkten feenhaft in dieser Beleuchtung. Inzwischen waren auch Königin Amalie von Griechenland und Königin Sophie der Niederlande eingetroffen und verliehen dem Fest weiteren Glanz. Der Geburtstag König Wilhelms am 27. September begann mit einer Gratulations-Cour im Schloss, anschließend ritten alle Majestäten, begleitet von der Stadtgarde zu Pferde, nach Cannstatt zum Besuch des alljährlich stattfindenden Volksfestes. Auf besonderen Wunsch Napoleons III. wurde bei der abendlichen Theatervorstellung die Oper »Der Freischütz« von Weber aufgeführt. Besonders beeindruckt waren die Stuttgarter, dass in der Hofloge sieben Majestäten nebeneinander saßen, ein seltenes Bild.

Da beide Kaiser mit einem größeren Gefolge angereist waren, fanden auch zahlreiche kleine und mehr private Empfänge und Diners statt, sozusagen auf niedriger diplomatischer Ebene. Die Stadt war überfüllt mit Schaulustigen und Berichterstattern, es war in diesen Tagen kein freies Bett mehr in Stuttgart zu bekommen. Zar Alexander II. und Kaiser Napoleon III. reisten am darauf folgenden Tag wieder ab, sie hatten Zeit für private Gespräche gefunden und die Grundlage für eine bessere Verständigung gelegt. Es war dies wohl der letzte große politische Auftritt des greisen württembergischen Monarchen.

Der Tod König Wilhelms I.

Im Jahre 1844 war Wilhelm erstmals ernsthaft erkrankt und die Ärzte fürchteten um sein Leben. Seine widerstandskräftige Natur aber konnte die Krankheit besiegen und er erholte sich zusehends. Noch 20 Jahre lang konnte er weiter regieren; dem Rat seiner Ärzte folgend fuhr er jedoch seit dieser Zeit regelmäßig zur Kur. In seinen letzten Lebensjahren »überwinterte« er auch gerne im milden Klima der Côte d'Azur in Nizza, was ihm auch manche Kritik aus dem Volke einbrachte. Im März 1859 schrieb die Schriftstellerin Ottilie Wildermuth an ihren Freund Justinus Kerner: »Ist bei Euch auch schon Kriegslärm? Ich lasse die Sache noch nicht an mich kommen [...] Über die Schlafhauben von Deutschem Bund und über die Nachtmützen von deutschen Fürsten und über unsern alten König, der unnötigerweise in fremdländischen Bädern herumsitzt, während er heimgehört und zu seinem Volk, habe ich einen beständigen Ärger und Zorn.« Damit brachte sie deutlich zum Ausdruck, wie unzufrieden Teile der Bevölkerung waren mit der Politik des alternden Königs.

Ende März 1864 fühlte sich Wilhelm allgemein schwächer werden und legte nun die Staatsgeschäfte in die Hände des Kronprinzen. Die ärztlichen Bulletins lauteten nicht zufriedenstellend: »Im Befinden seiner Majestät ist keine Besserung eingetreten. Die Nächte sind fast schlaflos unruhig.« Ende Juni reiste die Königin, wie jedes Jahr, an den Bodensee, und das Kronprinzenpaar fuhr nach Kissingen zur Kur. Man rechnete offenbar nicht mit dem Schlimmsten. Der König übersiedelte nach seinem geliebten Schloss Rosenstein, obwohl er nie zuvor dort übernachtet hatte. Angeblich hatte ihn Jahre zuvor eine Zigeunerin gewarnt, er werde dort sterben, falls er einmal eine Nacht dort verbringen sollte.

In der Nacht zum 25. Juni trat überraschend eine Verschlechterung seines Befindens ein und der Leibarzt Dr. Elsässer musste bei ihm wachen. Gegen Morgen schickte man reitende Boten nach Stuttgart und zu allen Familienmitgliedern ab, die sofort an sein Sterbebett eilten. Seine Töchter Marie und Auguste mit den Schwiegersöhnen Prinz Friedrich und Prinz Hermann trafen ihn gerade noch lebend an. Morgens, um 5.10 Uhr, ist König Wilhelm verstorben. Am Abend zuvor hatte er sich noch von seinem Stallmeister, Graf Taubenheim, mit den Worten verabschiedet: »Es tut weh, von einem so schönen und guten Land Abschied nehmen zu müssen.«

Sein geschlossener Sarg wurde ins Stuttgarter Schloss überführt und dort drei Tage später im Marmorsaal öffentlich aufgebahrt, obwohl er dies eigentlich nicht gewünscht hatte, da »mir in meinem Leben nichts widerwärtiger war, als Ceremonien und Etikette«. Sein Sohn wollte jedoch dem Vater eine würdige Trauerfeier gestalten. »Der Katafalk war wundervoll arrangiert, die ganze Zeremonie fürs Auge schön. Die notwendige Ohnmacht kam auch vor, bei einer Hofdame der Herzogin Eugen.« Der neue König Karl ordnete eine dreimonatige Landestrauer an und es gab zehn Tage lang dreimal täglich Trauergeläute.

Bei der eigentlichen Bestattung hielt man sich an den Wunsch des Verstorbenen in seinem Testament vom 20. April 1844, in dem es wörtlich heißt: »Mein Leichnam soll in nächtlicher Stille das Schloss verlassen, nur begleitet von dem Hofprediger, dem Hofmarschall und meinem diensttuendem Adjutanten; außerdem wird mir meine Garde den letzten Liebesdienst erweisen, meinen Leichnam zu seiner Ruhestätte zu begleiten. Ich wünsche, dass diese Fahrt so eingerichtet werde, dass ich mit dem ersten Sonnenstrahl auf dem Rotenberge ankomme, ein einziger Kanonenschuss soll das Ende des Begräbnisses andeuten [...] Ich will ruhen in dem vor Jahren gebauten Grab neben meiner verewigten Gemahlin Katharina, wie ich es ihr versprochen habe.«

Bei aller Nüchternheit, die man König Wilhelm oftmals attestiert hatte, hier schwingt doch ein gewisser Sinn für Theatralik, ja für Romantik mit, und die Worte gehen zu Herzen. Den Trauerzug begleiteten nur sein Sohn Karl, die drei Schwiegersöhne, der Stiefsohn Peter und der Enkel Wilhelm.

Königin Pauline schien ruhig und gefasst zu sein, obwohl für sie keine leichte Zeit begann und sie manche Demütigung zu ertragen hatte. Nach dem Willen ihres Gatten war sie bei der feierlichen Einsenkung seines Sarges in die Gruft ausgeschlossen. Auch in der Trauerrede des Oberhofpredigers Grüneisen war sie als Witwe nicht angesprochen worden, nur Katharina, ihre Vorgängerin, wurde erwähnt, was auch die anwesenden Trauergäste als taktlos empfanden. Pauline bezog das ihr zustehende Wittum vom Land, im Testament ihres Gemahls war sie mit keinem Legat bedacht worden.

Die Villa Seefeld

Nach dem Tode König Wilhelms und der Thronbesteigung von König Karl und Königin Olga zog sich Pauline mehr und mehr von den Repräsentationspflichten zurück und überließ diese Aufgaben der Schwiegertochter. Nur um ihre eigenen Stiftungen kümmerte sie sich nach wie vor. Als Witwensitz war ihr das Kronprinzenpalais, gegenüber dem Residenzschloss, zugewiesen worden. Für den Sommer hatte sie Wohnung im Ludwigsburger Schloss. Aber sie hatte über 40 Jahre jeden Sommer in Friedrichshafen verbracht und liebte den See und das Schloss sehr und es fiel ihr schwer, darauf verzichten zu müssen. Natürlich war sie als Gast immer willkommen, aber das gesellschaftliche Leben unter dem neuen Königspaar war ihr dort zu unruhig geworden.

So war sie froh, als sie im Juni 1868 ein kleines Anwesen am Schweizer Ufer des Bodensees in Goldach, nahe bei Rorschach, erwerben konnte, die Villa Seefeld. Nach dem Kummer, vom Ehemann

Königin Pauline war stolz auf ihren Besitz am Bodensee und genoss in ihren letzten Lebensjahren den Sommer in der Villa Seefeld in Goldach.

kein Erbteil erhalten zu haben, war sie sichtlich stolz, sich diesen lang gehegten Wunsch nun aus eigenen Mitteln erfüllen zu können, wie sie selbst in ihrem Testament schreibt: »Und bin ich dankbar gegen Gott, der mir so barmherzig geholfen hat, meinen so langjährigen Wunsch zu erlangen.«

Königin Pauline

Sehr klein und bescheiden war die »Villa« nicht. Es handelte sich um ein Herrschaftshaus, ein Wohngebäude für die Dienerschaft, ein »Ökonomiegebäude« und eine »Eremitage« am Waldrand. Dazu kamen drei Pavillons, jeweils einer im Garten, in den Reben und im Gut. Weiterhin gehörten zum Anwesen noch Weinberge, Wald und Gartenland. Der ganze Besitz reichte bis zum Seeufer, bei schönem Wetter konnte sie von ihrem Hause aus über den See hinweg bis nach Friedrichshafen schauen. Pauline hat sich diesen Sommersitz offenbar ganz nach ihrem Geschmack ausgebaut und eingerichtet, denn nach ihrem Tod wurde »durch sehr bedeutendes Mobiliar« eine beträchtliche Wertsteigerung der Villa Seefeld festgestellt.

Die Bürger von Goldach waren anscheinend hocherfreut, nun eine »königliche Villa« in ihrer Gemeinde zu haben, und bereiteten Königin Pauline zu ihrem Geburtstag am 4. September 1868 einen großen Empfang. Die Dorfmusik spielte auf und »4 Pfund Pulver wurde verschossen bei dieser republikanisch–monarchischen Feier.«[15]

Das Leben dort gestaltete sich beschaulich mit Handarbeiten und Gesprächen im lauschigen Garten mit seinen schattigen Pavillons und dem herrlichen Blick zum See. Auch machte man Besuche in der Nachbarschaft, beispielsweise bewohnte in unmittelbarer Nähe Prinzessin Marie von Baden, Herzogin von Hamilton, die Villa Mariahalden. Ganz abgeschieden vom politischen Leben war Pauline jedoch auch in ihrer Villa nicht, was aus einem Brief an ihre Enkeltochter hervorgeht. Sie beschreibt, wie sie den Jubel über den Sieg bei Sedan am 2. September 1870 von der Schweiz aus erlebte, den ganzen Tag fielen Salutschüsse entlang des Sees, von Lindau bis Friedrichshafen, und dass sie nie aufhören wird, »für unser theures Württemberg zu beten«.

Diesen Lieblingswohnsitz vererbte Pauline an ihre Tochter Katharina, »denn sie weiß, welche Freude ich an dieser Villa hatte«. Katharina verbrachte viel Zeit hier und setzte später ihre Enkeltochter, Pauline zu Wied, als Erbin ein. Diese hat dann die Villa Seefeld im November 1928 an einen Schweizer Bürger verkauft – heute ist die Liegenschaft in viele kleinere Parzellen aufgeteilt und mit modernen Häusern bebaut. Von der einstigen königlichen Villa steht leider nichts mehr.[16]

Stiftungen

Sehr positiv wirkte sich bereits etwa ab dem Jahre 1820 in Württemberg aus, dass pietistische Kreise über die Bibelarbeit hinaus ihren sozialen Auftrag entdeckten und in der Gründung von Rettungsanstalten ein weites Betätigungsfeld fanden. Bis zum Jahre 1845 entstanden 22 solcher Anstalten im Lande. Vom König wurde die Initiative gefördert und auch finanziell unterstützt, er wusste diese Anstalten in den Händen der Pietisten bestens aufgehoben. Außerdem entlastete dies den Staat in seiner Verantwortung für die arme Bevölkerung. Selbst der Staatsrechtler Robert von Mohl, ein Gegner des Pietismus, sagte: »Kein Ministererlass könnte zustande bringen, was die Opferbereitschaft der ›Frommen‹ vollbringt.«

So war es auch für Königin Pauline selbstverständlich, Aufgaben in der Armenfürsorge und in anderen sozialen Bereichen zu übernehmen. Zunächst sorgte sie dafür, dass die von Katharina begonnenen Projekte weitergeführt wurden. Fraglich ist, ob dies nur aus dem Ehrgeiz heraus geschah, es der Vorgängerin gleichzutun, denn: »Pauline hatte ein wahrhaft frommes Gemüt und einen sanften Charakter, war glücklich, anderen Freude zu machen.« Obwohl ihre eigenen finanziellen Möglichkeiten eher bescheiden waren, war sie dennoch unermüdlich tätig in der Hilfe für Kranke und Bedürftige.

Paulinenpflege Stuttgart

Im Jahre ihrer Eheschließung gründete Pauline, zum Geburtstag des Königs am 27. September 1820, die »Kinderrettungsanstalt Paulinenpflege« für Kinder aus verarmten Familien, um sie aus der »Verwahrlosung durch Müßiggang« herauszuholen. Schon seit Juni 1818 bestand eine von Katharina gegründete Schule, in der Knaben aus armen Familien in der schulfreien Zeit zu sinnvoller Arbeit angehalten wurden. Mädchen bekamen kostenlosen Unterricht in Nähen und Stricken. In der neuen Paulinenpflege wurden die Kinder rundum versorgt mit Nahrung, Kleidung, Wohnung und Unterricht. Aufnahme in dieser Rettungsanstalt fanden »hiesige Kinder, ohne Ansehen der Konfession, arm und verwahrlost, aber körperlich gesund und vollsinnig«. Das Haus bot Platz für 25 Kinder, wobei sich die Königin selbst die Gewährung des Aufnahmegesuchs vorbehielt. Ziel der Erziehung in der Paulinenpflege war, den Jungen die Voraussetzung zu geben, eine Lehrstelle zu finden, oft wurde auch bei der Bezahlung der Zunftgelder geholfen. Die Mädchen wurden darauf vorbereitet, als Mägde in guten Häusern zu dienen.

Pauline begleitete ihr Leben lang die Entwicklung dieser Anstalt, kam zu allen Jahresfesten und an Weihnachten. Auch bekam jedes Kind zur Konfirmation festliche Kleidung und ein Geschenk der Königin »in den Sparhafen«. Finanziert wurde die Schule hauptsächlich aus Spenden und Legaten vermögender Bürger, allen voran aber stiftete die königliche Familie regelmäßig an Weihnachten und zu besonderen Ereignissen. Zur Feier des 50-jährigen Bestehens der Schule war auch Königin Pauline anwesend, die Festrede hielt Prälat von Gerok und lobte, dass bereits 50 Pfleglinge »Versorgung für Leib und Seele« hier finden könnten. König Karl überreichte der Schule ein Gemälde seiner Mutter, der Gründerin. Dieses ist wohl, wie manches andere, bei der Zerstörung des Schulhauses im Zweiten Weltkrieg verloren gegangen, nachdem das Haus 123 Jahre lang an der Stuttgarter Kasernenstraße bestand.

Heute hat die Paulinenpflege auf der Rohrer Höhe in Stuttgart eine neue Heimat gefunden und trägt den Namen »Albert-Schweitzer-Schule – Paulinenpflege Stuttgart«. Sie hat insgesamt 135 Schüler und sieht ihre Aufgabe darin, »Kinder, die in ihrer aktuellen Lebenssituation beeinträchtigt sind, durch liebevolle Zuwendung und Erziehung in ihrer Entwicklung zu unterstützen.«[17] Neben der Schule gibt es Therapieangebote jeglicher Art, auch betreutes Jugendwohnen. Man sieht, die Vorstellungen der einstigen Gründerin haben auch in heutiger Zeit noch ihre Gültigkeit. Für Königin Pauline war diese Anstalt seit der Gründung »das nie vergessene, treugeliebte Pflegekind« geblieben.

Paulinenhilfe

Im Sommer 2005 ist das neue »Diakonie-Klinikum Stuttgart/Diakonissenkrankenhaus und Orthopädische Klinik Paulinenhilfe« feierlich eingeweiht und seiner Bestimmung übergeben worden. Der Baukomplex wurde nach neuesten medizinischen und städtebaulichen Erkenntnissen erstellt, die Leitung aber ist in der Tradition der Diakonissen verankert. Welche Entwicklung hat doch dieses Haus, dem Königin Pauline einstmals ihren Namen gab, seit seinen Anfängen als »Armenanstalt für Verkrümmte« durchlaufen! Die Paulinenhilfe stellt auch insofern etwas Besonderes dar, als sie die älteste fortbestehende orthopädische Klinik weltweit ist.

Die Anfänge der Orthopädie in Württemberg liegen in der Kurstadt Cannstatt, das heute zu Stuttgart gehört. Hier unterhielt Jacob Heine, mit Unterstützung des Königs, seit den 1830er-Jahren eine orthopädische Anstalt, die allerdings mehr den Charakter eines vornehmen Sanatoriums besaß. Die Verweildauer der Patienten betrug damals mindestens ein Jahr, oft auch länger. Meist betraf es Kinder mit Fußdeformitäten und vielfach die höheren Töchter aus vermögendem Haus, die unter Bewegungsmangel litten und daher Verkrümmungen der Wirbelsäule aufwiesen. Gepflegte Gartenanlagen und ein Mineralwassersee, der zum Institutsgelände gehörte, ermöglichten heilgymnastische Übungen und Bewegung im Wasser zur Kräftigung der Muskulatur. Um die königliche Geldzuwendung zu erhalten, war Heine verpflichtet, immer auch mittellose Kranke kostenfrei aufzunehmen, die sogenannten »armen Verkrümmten.«[18]

Ein weiteres orthopädisches Institut gründete in Stuttgart 1835 Gottlieb Ebner, welches nach seiner Erweiterung mit Genehmigung des Königs am 15. November 1845 als Paulineninstitut eröffnet wurde. Nach Streitigkeiten der ärztlichen Leitung mit Ebner führten die Doktoren Camerer und Heller eine eigene »Armenanstalt für Verkrümmte« ab Oktober 1850, die »mit allerhöchster Protektion« den Namen »Paulinenhülfe« tragen durfte. 30 Jahre lang gab es in der Residenzstadt zwei orthopädische Anstalten: Paulineninstitut und Paulinenhülfe – »überlebt« hat nur die heutige Paulinenhilfe.

Die Protektion durch die Königin bewirkte, dass Adel und reiche Bürger das Institut immer wieder mit Geldmitteln bedachten, teilweise mit beträchtlichen Summen, sodass die Heilanstalt bestehen bleiben konnte. Namhafte Orthopäden leiteten in der Folgezeit die Klinik und prägten sie. Auch heute gelten hier noch Begriffe wie Arbeitsethik, Gemeinsinn, auch Verzicht, und verweisen auf eine Tradition, deren Wurzeln im Pietismus des 19. Jahrhunderts zu finden sind.[19]

Weitere Einrichtungen

Bei größeren Vorhaben, wie der Gründung weiterer Krankenhäuser, konnte Pauline die Mitwirkung König Wilhelms erreichen. So entstanden nacheinander das Stuttgarter Wilhelms- und Paulinenhospital und das Wilhelmspital in Kirchheim, das von Herzogin Henriette gefördert wurde. Nach dem Vorbild Paulines in Stuttgart gründete Henriette in Kirchheim 1823, anlässlich der Geburt des Kronprinzen, eine Erziehungsanstalt für arme Kinder, die sie zu Ehren der Tochter auch »Paulinenpflege« nannte und die 1826 eingeweiht wurde. Die Anstalt war so erfolgreich, dass am Geburtstag des Königs und als Vorfeier zum Regierungsjubiläum am 27. September 1841 bereits ein Neubau eingeweiht werden konnte.

Auch in Winnenden entstand eine »Paulinenpflege«. Hier war es Pfarrer Heim, der mit Hilfe Paulines am 7. August 1823 eine »Rettungsanstalt für verwahrloste vollsinnige, auch für taubstumme Kinder« einrichtete, »um sie durch christliche Erziehung dem sittlichen Verderben zu entreißen«. Einige Jahre später verkaufte der König Schloss Winnenthal an das Land und die Paulinenpflege konnte im Schloss neue Räume beziehen und erweitert werden. So entstand am 1. März 1834 die erste Heilanstalt in Württemberg für geistig und seelisch Kranke unter dem Arzt Dr. Albert Zeller.

Ein ganz besonderes Protektorat Königin Paulines war die Schutzherrschaft über den »Weinsberger Frauenverein«, der auf Anregung des Dichters und Arztes Justinus Kerner im Dezember 1823 in Weinsberg gegründet wurde. Er war der erste Verein in Deutschland, der

nur weibliche Mitglieder aufnahm und der nicht wohltätigen Zwecken diente, sondern denkmalpflegerische Aufgaben übernahm. In den Statuten heißt es, »zum Schutz und Erhaltung der ehrwürdigen Schlossruine auf dem Burgberge zu Weinsberg«.

Königin Pauline blieb bis zu ihrem Tode ihren Stiftungen eng verbunden und nahm die daraus erwachsenen Aufgaben sehr ernst. Sie informierte sich immer über die Fortschritte der Zöglinge und nahm an allen Feierlichkeiten teil. In ihrem Testament schreibt sie:»Meine Armenanstalten übergebe ich meiner Tochter Katharina und bestimme die Summe von 20 000 Gulden.« Dieses machte einen erheblichen Teil ihres gesamten Vermögens aus und sie selbst verteilte das Geld auf zwölf wohltätige Einrichtungen, wovon den größten Betrag »ihre« Paulinenpflege in Stuttgart erhielt.

Königin Paulines Tod

Schon das ärztliche Bulletin des Hofarztes Dr. Gärtner von Anfang Februar 1873 konstatierte einen hartnäckigen Husten, Schlaflosigkeit und »Aggression der Brust«. Prinzessin Katharina wich nicht vom Krankenlager Paulines und auch König Karl kam drei-, viermal täglich herüber ins Kronprinzenpalais zur Mutter. Am Abend des 10. März 1873 ist Pauline von Württemberg friedlich eingeschlafen, nachdem ihr der Hofprediger Karl Gerok das letzte Abendmahl gebracht hatte. Zu Tränen gerührt verließ er die Sterbende: »Hier kann ich selbst nur lernen«, soll er geäußert haben.

Königin Pauline wurde in der Stuttgarter Stiftskirche aufgebahrt. An der Trauer nahm das ganze Land teil, die Familie, Verwandte und viele Fürstlichkeiten reisten zur Beisetzung nach Stuttgart. Am 14. März fand abends um 8 Uhr ein einfacher Trauergottesdienst statt, wie sie es angeordnet hatte. Sie hatte auch den Choral bestimmt, der gesungen werden sollte, »Mein Glaub ist meines Lebens Ruh«.

Die junge Pauline von Württemberg.
Das Bild stammt von einem unbekannten Maler.

Ihr Sarg wurde nach Ludwigsburg überführt und in der königlichen Gruft unter der Schlosskirche beigesetzt. Am 6. April wurde, zur Erinnerung an die Königinwitwe, in den Kirchen des Landes ein »Lebensabriss« verlesen, in dem es unter anderem heißt:»Ihr Ehrgeiz war, ihrem Haus und ihrem Land eine rechte Mutter zu werden, und das ist ihr auch mit Gottes Hilfe gelungen.«

Nachruf

Pauline, die dritte Königin von Württemberg, war eine sanftmütige, in ihrem Glauben verwurzelte Frau, die vielleicht keine herausragenden geistigen Fähigkeiten besaß, aber unermüdlich tätig war für ihr Land. Um ihre eigene Person machte sie wenig Aufhebens, dagegen kümmerte sie sich in vorbildlicher Weise um das Wohl der Familie. Bei Hofe galt sie als gute Gesellschafterin, die ihre Aufgaben in königlicher Würde erfüllte. Leider war es ihr nicht vergönnt, mit ihrem Gemahl in einer glücklichen und erfüllten Ehe zu leben, doch trug sie mit Geduld das Schicksal einer vernachlässigten Ehefrau, wenn sie auch in jungen Jahren dagegen aufbegehrt hatte. »Sie war zum Dulden geboren, ließ aber die Krisis nicht zur Katastrophe werden, dies wohl ihr größtes Verdienst.«

In den Einrichtungen, die sie einst ins Leben gerufen hat, lebt ihr Name bis heute fort und es wird ihr dort ein ehrendes Andenken bewahrt.

Stammtafel Pauline von Württemberg

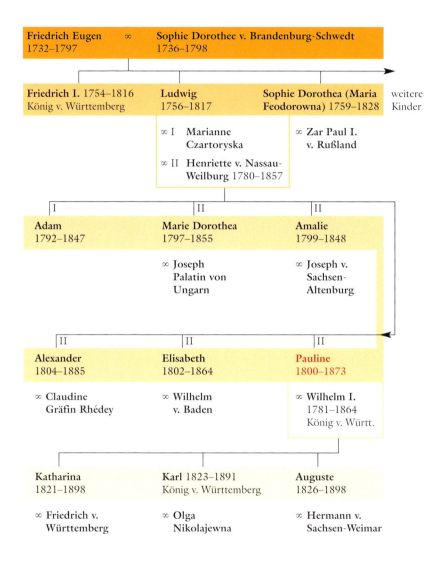

Friedrich Eugen 1732–1797	∞	Sophie Dorothee v. Brandenburg-Schwedt 1736–1798	

Friedrich I. 1754–1816 König v. Württemberg	Ludwig 1756–1817	Sophie Dorothea (Maria Feodorowna) 1759–1828	weitere Kinder

	∞ I Marianne
	         Czartoryska
	∞ II Henriette v. Nassau-
	         Weilburg 1780–1857
		∞ Zar Paul I.
		   v. Rußland	

I	II	II
Adam 1792–1847	Marie Dorothea 1797–1855	Amalie 1799–1848

	∞ Joseph
	   Palatin von
	   Ungarn
		∞ Joseph v.
		   Sachsen-
		   Altenburg

II	II	II
Alexander 1804–1885	Elisabeth 1802–1864	Pauline 1800–1873

∞ Claudine
   Gräfin Rhédey
	∞ Wilhelm
	   v. Baden
		∞ Wilhelm I.
		   1781–1864
		   König v. Württ.

Katharina 1821–1898	Karl 1823–1891 König v. Württemberg	Auguste 1826–1898

∞ Friedrich v.
   Württemberg
	∞ Olga
	   Nikolajewna
		∞ Hermann v.
		   Sachsen-Weimar

Königin

Olga

Prolog

Die Bedeutung der russischen Großfürstin und württembergischen Königin Olga ist heute sehr umstritten. Viele halten ihr ein ehrendes Andenken auf Grund ihres umfangreichen wohltätigen Engagements. Andere hingegen kritisieren, sie sei eine eitle und kühle Monarchin gewesen, die in Württemberg nie wirklich heimisch geworden sei. Ihre äußere Erscheinung beschreibt ein Zeitgenosse: »Sie gleicht einer Statue. Sie hat einen Ausdruck von Würde und Ruhe durch ihr Bewusstsein der hohen Geburt und dem vielen öffentlichen Erscheinen. Reine Blässe ihres Teints und vollendete Gesichtszüge. Griechisches Haupt.«[1]

Meist wird Königin Olga hierzulande als »Russin« bezeichnet, was nicht ganz zutrifft, ist sie doch in einem vorwiegend von Deutschen geprägten familiären Umfeld aufgewachsen. Ihr Vater war der Sohn einer Württembergerin, Prinzessin Sophie Dorothea, der späteren Zarin. Und auch ihre Mutter stammte aus Deutschland. Sie war die Tochter der berühmten Königin Luise von Preußen. Doch ungeachtet dieser deutschen Einflüsse war Olgas Kindheit geprägt vom Glanz des Zarenthrons mit seiner für uns heute orientalisch anmutenden Pracht, von der Großzügigkeit der kaiserlichen Sommerresidenzen und der Weite der russischen Landschaft. Auch die deutsche Sprache blieb ihr zunächst fremd, denn innerhalb der Zarenfamilie und bei Hofe wurde französisch gesprochen. Später zog es sie immer wieder in die russische Heimat und in den Kreis ihrer Familie zurück, doch vergaß sie darüber niemals ihre Aufgabe als Königin von Württemberg und sah es als ihre Pflicht an, für dieses Land und sein Wohl einzutreten.

Kronprinzessin Olga in wertvoller Spitzengarderobe, gemalt am Bodensee. Im Hintergrund des Bildes sind die Schlosskirche in Friedrichshafen und der Säntis zu erkennen.

Glückliche Kindheit

Olga Nikolajewna wurde nach dem russischen Kalender am 30. August 1822 – nach der westlichen Zeitrechnung am 11. September – in Sankt Petersburg im Palais Anitschkow, dem Wohnsitz ihrer Eltern, geboren. Sie war das dritte Kind des Großfürsten Nikolaus von Russland und seiner Gemahlin Alexandra Feodorowna. In der Taufe erhielt sie den Namen Olga, in Erinnerung an eine Schwester des Vaters, die schon im Alter von drei Jahren verstorben war. Zudem ist dieser Name in Russland sehr gebräuchlich, er geht auf die heilige Olga zurück, eine russische Fürstin, die im Jahre 968 starb und schon früh das Christentum angenommen hatte. Die Tauffeierlichkeiten fanden im Palast der Großmutter, Zarin-Mutter Maria Feodorowna, statt, die gleichzeitig Taufpatin war, in Anwesenheit des Großvaters mütterlicherseits, König Friedrich Wilhelm III. von Preußen. Bei der Taufe wurde dem kleinen Mädchen, wie allen Prinzessinnen des Hauses Romanow, der Sankt-Katharinenorden verliehen.

Die prägende Figur in Olgas Kindheit war der Vater, Nikolaus I., dem sie in kindlicher Liebe ein Leben lang verbunden blieb. Er war ein zärtlicher Gatte und liebevoller Vater, was im Kontrast zu seinem ansonsten autokratischen Regierungsstil als Zar stand. Als junger Mann war er außerordentlich gutaussehend, selbstbewusst und charmant, sodass der Preußenkönig Friedrich Wilhelm III. im März 1816 schrieb, seine Tochter folge der Stimme ihres Herzens, wenn sie den russischen Großfürsten heirate. Am 13. Juli 1817 wurde die Ehe zwischen Nikolaus und Charlotte von Preußen, die in Russland Alexandra Feodorowna hieß, geschlossen. Nikolaus verehrte den Schwiegervater und besonders alles »Preußische« sehr, auch Friedrich Wilhelm hatte den Großfürsten ins Herz geschlossen. Die Braut wurde in ihrer neuen russischen Heimat von der Bevölkerung begeistert empfangen, und ihre Schwiegermutter begegnete der jungen Alexandra, die ja die eigene Mutter, Königin Luise von Preußen, so jung verloren hatte, voller Zuneigung.

Die Ehe verlief harmonisch, Nikolaus liebte seine lebhaft fröhliche und liebenswürdige Gemahlin und nannte sie zärtlich seine »Mouffy«.

Als im Dezember 1837 das Winterpalais in Sankt Petersburg brannte, galt die größte Sorge des Zaren der Kassette mit den Brautbriefen seiner Frau, diese sollten nicht zerstört werden. Auch Alexandra Feodorowna äußerte einmal im Rückblick auf ihr Leben, sie seien beide sehr zufrieden und glücklich gewesen. Eine häufig erzählte Anekdote kennzeichnet die spätere Zarin Alexandra sehr gut: Beim russisch-orthodoxen Metropoliten in Moskau wurden einstmals besonders strenge Tugendwächterinnen der russischen Aristokratie vorstellig, die beklagten, dass die Zarin lieber tanze und sich ihrem Vergnügen hingebe, anstatt sich um ihr Seelenheil zu kümmern. Daraufhin die Antwort des Geistlichen:»Das ist schon möglich, aber ich bin überzeugt, dass sie tanzend ins Paradies gelangen wird, während Sie, meine Damen, noch lange an dessen Pforte klopfen werden.« Als nach vielen Jahren die Zarin leidend wurde und sich oft monatelang bei Badekuren im Ausland aufhielt, legte sich Nikolaus eine junge Mätresse zu, die Hofdame Varvara Nelidowa, die ihm über 17 Jahre lang die Freundschaft bewahrte. Seine Ehe scheint dies offenbar wenig beeinträchtigt zu haben.

Im Laufe der Jahre wurden dem Großfürstenpaar sieben Kinder geboren, im Geschwisterkreis erhielten sie alle Kosenamen: Alexander (geboren 1818) nannte man kurz Sascha. Er war der älteste Sohn und wurde später Zar Alexander II. Sascha heiratete 1841 Marie von Hessen-Darmstadt.

Maria (geboren 1819) wurde Mary gerufen. 1839 heiratete sie Max von Leuchtenberg und lebte mit ihm in Sankt Petersburg im für sie erbauten Marienpalais.

1822 kam Olga Nikolajewna zur Welt. Ihr Kosename war Oly.

1825 wurde Alexandra geboren, die Adini genannt wurde. Sie war verheiratet mit Prinz Friedrich von Hessen und starb 1844 im Kindbett.

Konstantin (geboren 1827) wurde Kosty gerufen. Er ehelichte Alexandra von Sachsen-Altenburg. Ihre Tochter Wera wurde vom württembergischen Königspaar adoptiert.

1831 wurde Nikolaus geboren, genannt Nisi. Er war verheiratet mit Alexandra von Oldenburg.

1832 kam schließlich Michael zur Welt, den alle Geschwister Mischa nannten. Er heiratete Cäcilia von Baden, in Russland Olga Feodorowna genannt.

In diesem Familienkreis herrschte ein ungezwungener Umgangston und man pflegte bei allem Glanz des Zarenhofes privat einen einfachen Lebensstil. Zar Nikolaus I. war bestrebt, seine Kinder in einer liebevollen, warmherzigen Atmosphäre aufwachsen zu lassen. Doch war er auch ein strenger, manchmal vielleicht auch etwas pedantischer Vater. Jeden Morgen pünktlich um 10 Uhr erschien er zum Frühstück im Appartement seiner Gemahlin und blieb genau eine Stunde im Familienkreis.»La revue de la famille« nannte er das. Dabei kontrollierte er die Studien seiner Kinder und hatte Zeit für ihre verschiedenen Anliegen. Gegessen wurde immer präzise um 4 Uhr »en famille« oder auch mit engen Freunden des Zarenpaares. Diese Mahlzeiten durften gewöhnlich nie länger als 45 Minuten dauern, anschließend traf man sich zum Kaffee bei der Zarin und danach zog sich der Zar wieder zu seiner Arbeit zurück.

Die Erziehung der Zarentöchter leitete Frau von Baranow, daneben hatte Olga eine englische Kinderfrau, später eine Gouvernante, Charlotte Dunker aus Schweden. Olga konnte schon im Alter von fünf Jahren in drei Sprachen parlieren, französisch, russisch und englisch. In der deutschen Sprache war sie nicht so bewandert, diese lernte sie jedoch nach ihrer Heirat perfekt. Olgas »Muttersprache« blieb aber französisch, die Sprache, in der sich die Eltern unterhielten. Besonderes Talent entwickelte Olga im Malen, was im Unterricht bei Herrn Sauerweid entsprechend gefördert wurde. Sie hat einige Gemälde aus der berühmten Eremitage mit viel Begeisterung und wohl auch sehr geschickt kopiert. Daneben spielte sie gerne Klavier und war allgemein an Musik interessiert.

Insgesamt wurden die Kinder zu Pflichttreue, Gewissenhaftigkeit und Fleiß erzogen. Man spürt die preußischen Vorbilder der Eltern, auch Olga wurde geprägt durch diese Eigenschaften, was sich in ihrem späteren Leben immer wieder zeigen sollte. Im Geschwisterkreis war sie sehr beliebt, obwohl sie eher schüchtern und ernst, nicht so lebhaft wie ihre beiden Schwestern war. Die besondere Liebe Olgas

Bis ins hohe Alter galt die russische Großfürstin Olga als schöne und
faszinierende Frau.

galt der Lektüre, bei den Gesellschaftsabenden mit ihren lockeren Gesprächen fühlte sie sich nicht so wohl. Erst allmählich konnte sie ihre Schüchternheit überwinden und entwickelte mehr Selbstbewusstsein. Doch blieb ihr eine gewisse Zurückhaltung eigen, die ihr immer wieder den Tadel einbrachte, kühl oder hochmütig zu sein.

Als Olga drei Jahre alt war, starb überraschend Zar Alexander I. und ihr Vater bestieg als Zar Nikolaus I. den russischen Thron. Zu den Krönungsfeierlichkeiten durften die Kinder ihre Eltern nach Moskau begleiten, allerdings hatte Olga daran nur schwache Erinnerungen. Die Krönung selbst war eine eindrucksvolle Zeremonie, die Himmelfahrtskirche im Kreml war überfüllt von Menschen. Besonders bewundert wurden die beiden wertvollen Throne, auf denen das Kaiserpaar unter Baldachinen Platz nahm. Der »Diamantenthron« des Zaren war ein Geschenk aus Armenien, er war besetzt mit Perlen und Edelsteinen im Überfluss. Der Thron der Zarin Alexandra war aus purem Gold gefertigt und mit 1500 Rubinen, 8000 Türkisen und zahllosen Perlen bestückt. Man hatte ihn einstmals für die erste Zarin des Hauses Romanow geschaffen.

Vor seiner Thronbesteigung war es innerhalb der kaiserlichen Familie in Bezug auf die Nachfolge des verstorbenen Alexander I. zu erheblichen Irritationen gekommen. Es gab ein geheimes Manifest, wonach Großfürst Konstantin, der ältere Bruder von Nikolaus und Gouverneur in Polen, auf die Thronfolge verzichten wollte. Davon hatte Nikolaus angeblich Kenntnis, weshalb es unklar blieb, warum er in einer Blitzaktion Konstantin dennoch als neuen Zaren proklamieren und die Garde auf ihn einschwören ließ. Nikolaus wollte nicht ohne nochmalige Zustimmung des Bruders an die Macht, jedoch verzögerten sich die Kurierdienste zwischen Warschau und Sankt Petersburg und so blieb einige Zeit unklar, wer nun als Zar nachfolgen sollte. Die Londoner Times beschrieb die Lage in einem Artikel vom 3. Februar 1826 sehr treffend: »Das Reich befindet sich in einer eigenartigen Situation, denn es besitzt zwei Kaiser, die auf den Thron verzichten, und deshalb keinen Herrscher, der regiert.« Dies machten sich gewisse Offizierskreise zu Nutze, die eine liberale Verfassung erzwingen wollten und sich mit der Truppe zum Widerstand formierten. Der 14. Dezember 1825 ging deshalb als »Dekabristenaufstand« in die Geschichte ein. Die Verschwörung wurde blutig niedergeschlagen, die Anführer des Aufstandes erschossen oder nach Sibirien zur Zwangsarbeit verschickt. Der reaktionäre Regierungsstil von Zar Nikolaus I., der jegliches freiheitliche Gedankengut unterdrückte, rührte wohl von diesen Ereignissen bei seinem Regierungsantritt. Man nannte ihn den »Gendarm Europas«, und er blieb unerbittlich gegen alle revolutionäre Strömungen. Doch hat er auch einmal gegenüber seiner Tochter geäußert: »Der Überzeugung nach bin ich Republikaner, Herrscher bin ich aus Gehorsam. Gott hat mir dieses Amt auferlegt. Solange ich es ausüben kann, werde ich die Verantwortung dafür vor ihm tragen.«

Vom Leben am Hofe des Zaren

Schon in der Zeit Peters des Großen hatte sich in Sankt Petersburg und Moskau in Verbindung mit den Handelsbeziehungen der Hanse eine regelrechte deutsche Kolonie gebildet, in der Ärzte, Lehrer und Handwerker tätig waren. Auch die kaiserlichen Leibärzte waren von deutscher Herkunft. Deutsche Adelige, vorwiegend aus dem Baltikum stammend, wie Nesselrode, Adlerberg oder Benckendorff, bekleideten wichtige Staatsämter und Militärposten. Erst unter Zar Alexander II. rückte auch die russische Aristokratie wieder mehr in diplomatische Ämter vor, da sein Reichskanzler Gortschakow die Vormachtstellung der Deutschen in den Gesandtschaften zunehmend verdrängte.

Bei Hofe und im Hofdienst dominierte jedoch der russische Adel. Die Rangordnung der Damen des Hofstaates war dadurch gekennzeichnet, dass die Hofdamen den so genannten »Chiffre« trugen, den mit Diamanten besetzten Namenszug der jeweiligen Zarin. Die Staatsdamen trugen als Zeichen ihres höheren Ranges das mit Diamanten besetzte Porträt der Zarin und zwar an der linken Schulter.[2]

Belebt wurde das Hofleben nicht nur von den Kindern des Zaren, es kamen auch immer wieder die Vettern und Cousinen aus Weimar zu Besuch, oder die Kinder von Großfürstin Helena waren am Zarenhof versammelt. Olga erzählte, wie sie mit ihren Schwestern als halbwüchsige, noch sehr schüchterne Mädchen an Hofbällen teilnehmen durften:»Wir wagten nur mit Generälen oder Adjutanten zu tanzen. Die Generäle waren nicht mehr jung und die Adjutanten fast stets gute Soldaten – und daher schlechte Tänzer.« Von einem solchen Hofball gibt auch Baronin von Spitzemberg eine gute Beschreibung:»Der Eingang verlief über die prächtige Doppeltreppe durch ein Spalier von reichgekleideten Lakaien und Läufern. Der riesige Saal öffnete sich an einer Längsseite, durch Arkaden gelangte man in einen Wintergarten mit Springbrunnen und Statuen. Der Saal war schneeweiß, mit 15 000 Kerzen erleuchtet, an den Wänden oder an 5 Kronleuchtern. 2000 Menschen bewegten sich in Kostümen, Toiletten oder Uniformen – Gold, Silber, Perlen, Diamanten glänzten auf Seide, Samt, Spitzen – ein Anblick wahrlich feenhaft!« Allerdings klagt die gestresste Diplomatengattin nach Abschluss einer ganzen Reihe solcher Festlichkeiten:»Abends mit Wonne zu Hause geblieben […] selig, dass der große Strudel aus ist, denn physisch und moralisch sind unsere Kräfte zu Ende. Wochenlang erst um 12 Uhr aufzustehen, weil man erst um 4 Uhr sich niederlegt, dabei nichts Ernsthaftes tun und seiner Häuslichkeit verlustig gehen, das spannt ab, dass man seine Ruhe erst recht schätzen lernt.«[3]

Ein anderer Diplomat, der preußische Gesandte in Sankt Petersburg, berichtet über die Feier der Osternacht im April 1857. Es muss für ihn ein unvergesslicher Eindruck gewesen sein:»Um 11 Uhr nachts war es noch still in den Straßen, dann eine halbe Stunde vor Mitternacht fiel ein Kanonenschuss von der Festung herab und es begann ein Leben und Treiben in der Stadt. Der Winterpalast strahlend hell erleuchtet, alle Gardeoffiziere eilen dorthin, um den Zarenkuss zu erhalten. Um Schlag Mitternacht Kanonenschüsse von der Festung und alle Glocken der Stadt läuten zusammen. Der Zug von Geistlichen und Sängern zog von der Schlosskapelle durch die Säle des Palastes, dann Messe bis 2 Uhr morgens. Danach wurden die Speisen zum Frühstück geweiht, die ganze Gesellschaft versammelte sich im Speisesaal, der mit Tausenden von Kerzen erleuchtet war. Es gab große Schinken, rot gefärbte Eier und Berge von Pas-cha, eine Art Quark mit Mandeln und Rosinen. Der Champagner floss in Strömen, erst um 4 Uhr ging man auseinander.«[4]

In dieser Atmosphäre also ist Olga Nikolajewna herangewachsen. Allmählich kamen die Großfürstinnen ins heiratsfähige Alter, weshalb sich die Zarin nun häufig von ihren Töchtern auf den zahlreichen Badereisen durch Europas Modebäder begleiten ließ. Dort fand neben dem Gebrauch der Bäder auch ein reges gesellschaftliches Leben statt. Auf vielen Empfängen, gegenseitigen Besuchen und Tanzvergnügungen sollte den jungen Söhnen und Töchtern aus fürstlichem Hause die Möglichkeit geboten werden, sich kennenzulernen und Freundschaften zu schließen. Großfürstin Olga führte eine erste Reise dieser Art im Jahre 1835 nach Teplitz in Böhmen. Dort hatte sich ein kleiner Kreis von Prinzessinnen zusammengefunden, die sich nun immer wieder begegneten und auch brieflich Kontakt hielten. Zu Olgas Freundinnen aus dieser Zeit zählten Therese von Nassau, die später Herzog Peter von Oldenburg heiraten sollte, ihre Cousine Else, eine preußische Prinzessin, und Marie von Altenburg, die spätere Königin von Hannover.

In Russland lernte Olga einige Zeit später ihre »Herzensfreundin« kennen, die gleichaltrige Maria Bariatinsky, die aus einer russischen Fürstenfamilie stammte und mit der sie sich seelenverwandt fühlte, wie sie selbst sagte. Leider endete diese treue Freundschaft schon nach vier Jahren, Maria starb vermutlich im Kindbett, nachdem sie 1841 geheiratet hatte. Mit Marias Geschwistern hielt Olga noch lange Jahre Kontakt, im Besonderen wohl mit dem Bruder, Fürst Alexander Bariatinsky.

»Das schönste Weib der Erde«

» Das schönste Weib der Erde – und vielleicht diejenige Fürstin, die wie keine andere in ihrer Lage es in so hohem Grade verdient, häusliches Glück zu finden, zu genießen, zu verbreiten, auch Segen und Liebe über das ganze Land zu streuen und von ihm

Das württembergische
Kronprinzenpaar auf zwei Gemälden
von G. Bohn um 1852

wieder zu ernten«, sagte Prinz Wilhelm von Preußen über die junge
Großfürstin Olga, seine Nichte. Unter den Zarentöchtern galt sie als
die schönste. Ein Besucher in Sankt Petersburg beschrieb sie folgen-
dermaßen: »Sie hatte eine majestätische Haltung, war ruhig und ge-
messen, eine vollkommene Schönheit, aber mehr durch ihre Würde
anziehend. Sie verleugnet keinen Augenblick die Fürstin.« Dennoch
war es nicht einfach, sie angemessen zu verheiraten. Sie selbst schilderte sehr anschaulich dieses Problem: »Prinzessinnen im heiratsfähigen
Alter sind eigentlich bedauernswerte Geschöpfe. Der Gothaische Al-
manach verrät das Alter, man kommt dich anschauen wie ein Pferd,
das zum Verkauf steht.«[5]

In den folgenden Jahren trafen am Zarenhof verschiedene Heirats-
angebote für die Großfürstinnen ein, nur für Olga begann eine längere Wartezeit, man konnte sich lange nicht für einen Kandidaten ent-

scheiden. Im August 1838 wurde anlässlich eines Besuchs in Berlin eine Heirat zwischen Kronprinz Maximilian von Bayern, dem Sohn König Ludwigs I., und Großfürstin Olga erwogen. Doch beide entschieden sich bei näherem Kennenlernen dagegen. Zunächst aber heiratete Maria, die älteste Schwester Olgas. Sie setzte beim Vater ihren Willen durch und durfte eine Liebesheirat eingehen mit Prinz Max von Leuchtenberg, dem Sohn Eugène Beauharnais' und der bayerischen Königstochter Auguste, obwohl er keinem regierenden Hause entstammte und deshalb nicht ebenbürtig war. Doch er lebte am russischen Hof und so konnte »Mary« nach der Hochzeit weiterhin in der Heimat bleiben.

Auf der Rückreise von einem Aufenthalt in Teplitz lernte Olga Prag kennen, wo es ihr sehr gut gefiel, sie schwärmte vom österreichischen Flair, welches »besser ist als in Sankt Petersburg mit seinen preußischen Gewohnheiten«. Möglicherweise hat dies ja eine Rolle gespielt, als ihr Bruder Alexander vorschlug, sie mit Erzherzog Stephan, dem Sohn des ungarischen Palatins Joseph, zu verheiraten, und sie dem sofort zustimmte. Sieben Jahre lang sah sich Olga nun als Stephans Beinahe-Verlobte an, obwohl dieses Heiratsprojekt auf diplomatischer Ebene von Metternich immer wieder verworfen und dann doch wieder aufgenommen wurde. Das Haus Habsburg machte den Übertritt Olgas zur katholischen Kirche zur Bedingung, doch der Zar wollte nicht allen österreichischen Forderungen nachgeben. So blieb diese Verlobung wohl mehr im Herzen Olgas bestehen, denn auch Erzherzog Stephan selbst hat niemals eine Einladung nach Sankt Petersburg angenommen, um Olga einmal zu sehen.

Deshalb drehte sich das Heiratskarussell für sie weiter. Zarin Alexandra überlegte, ob nicht Herzog Friedrich Franz von Mecklenburg-Schwerin, der zu einem Besuch in Sankt Petersburg weilte, für Olga die geeignete Partie wäre, während Großfürstin Helena Pawlowna, Olgas Tante, sie gerne mit ihrem Bruder, Prinz Friedrich von Württemberg, zu verheiraten wünschte. Dieser wurde jedoch im kaiserlichen Familienrat als zu alt für Olga befunden und deshalb abgelehnt. Bei der Hochzeit ihrer Schwester Mary war Olga dem Erzherzog Albrecht von Österreich begegnet, welcher sich sehr für sie interessierte und ihr einen Heiratsantrag machte, den sie jedoch »wegen unüberwindlicher Abneigung« ablehnte. Der nächste Kandidat, den man im Jahre 1844 für Olga ausersehen hatte, war Prinz Friedrich von Hessen, doch hat sich dieser gleich beim ersten Treffen in ihre jüngere Schwester Adini verliebt und die beiden durften heiraten. Im selben Jahr besuchten die Prinzen Moritz und Adolf von Nassau den Zarenhof und Olga schrieb in ihren Erinnerungen, dass sie mit Moritz von Nassau glückliche Stunden erlebte. Doch aus einer Heirat mit ihm wurde nichts. Sein Bruder Adolf hingegen ehelichte Olgas Cousine Elisabeth, die Tochter von Großfürst Michael und Helena Pawlowna.

So musste sie erleben, wie aus dem Geschwisterkreis einer nach dem anderen den elterlichen Palast verließ und heiratete, nur sie wartete noch auf den Traumprinzen. Mit ihren 24 Jahren fühlte sie sich schon sehr alt, bemühte sich jedoch, sich ihre Enttäuschung nicht anmerken zu lassen. Doch machte sie auf einer Reise an den Rhein und nach Bad Ems, die sie zusammen mit dem jung verheirateten Kronprinzenpaar, ihrem geliebten Bruder Sascha und seiner Marie, unternommen hatte, die Andeutung, sie schwebe im Glück und fühle sich beschwingt. Nur ließ sie offen, wem dieses Glück denn galt.

Liebesgeschichten

Großfürstin Olga hatte sich, abseits sämtlicher Heiratsspekulationen, zweimal wirklich verliebt. Bei der erwähnten glücklichen Rhein-Reise kommen theoretisch beide Liebhaber in Betracht, teilgenommen zu haben: sowohl Prinz Alexander von Hessen als Bruder ihrer Schwägerin Großfürstin Marie als auch Fürst Alexander Bariatinsky, der als Generaladjutant des Zarewitsch dabeigewesen sein könnte.

Den russischen Fürsten Alexander Iwan Bariatinsky (1814–1879) lernte Olga möglicherweise über ihre Freundin Maria, seine Schwester, im Jahre 1839 kennen. Außerdem war er ein Jugendfreund ihres Bruders, Großfürst Alexanders, und dessen Adjutant. Leicht vorstellbar also, dass er als Begleiter Alexanders häufig in Olgas Nähe war, und sicherlich hat dem 17-jährigen Mädchen der um acht Jahre ältere

Offizier imponiert. Als Generalfeldmarschall kämpfte Bariatinsky später erfolgreich im Kaukasus, angeblich war er jedoch wegen dieser Liebesgeschichte mit Olga dorthin verbannt worden.[6] Olga selbst beschreibt in ihren Memoiren eine »jugendliche erste Liebe« – doch habe sie die im selben Jahr erfolgte »Fernverlobung« mit Erzherzog Stephan (angeblich) davor bewahrt, »Unbesonnenheiten zu begehen«, was auch bedeutet, dass diese Liebe wohl nicht als standesgemäß empfunden wurde. Erst viele Jahre später scheint sie ihn wieder getroffen zu haben, jedenfalls besuchte er Olga mindestens zweimal in Friedrichshafen und auch in Sankt Petersburg gab es gemeinsame Soireen.

Eine weitere Liaison hatte Olga mit ihrem Schwager, Prinz Alexander Ludwig von Hessen (1823–1888), dem Bruder von Großfürstin Marie, den sie vermutlich im Jahre 1840 bei der Vermählung des Kronprinzenpaares kennengelernt hatte. Der Zar hatte damals Prinz Alexander aufgefordert, in russische Dienste zu treten, was dieser auch gerne annahm, so dass er in den Jahren 1840 bis 1851 in Sankt Petersburg weilte. Er soll damals so heftig mit Olga geflirtet haben, dass man ihn zu einer Hochzeit mit der jungen Julie Haucke, geadelter »von Battenberg«, wohl mehr oder weniger zwingen musste. Das Ehepaar lebte danach in Hessen, sie haben sich später immer wieder mit Olga getroffen, auch hatte Alexander vorübergehend ein Kommando in Cannstatt inne. Einmal scheint es zu einem denkwürdigen Zusammentreffen gekommen zu sein, als Alexander von Hessen gleichzeitig mit Fürst Bariatinsky zu einem Besuch bei Olga in Friedrichshafen eintraf. Sehr dezent notierte die Hofdame Olgas: »Der Kronprinz wurde ungeduldig über diese alten Kurmacher seiner Frau«.[7]

Hartnäckig hält sich in Württemberg das Gerücht, aus diesen Affären Olgas seien auch Kinder hervorgegangen, wofür jedoch bisher schlüssige Beweise fehlen. Es gibt nur versteckte Andeutungen und angebliche mündliche Überlieferungen. Doch so einfach hätte sich auch am Zarenhof eine Schwangerschaft nicht verheimlichen lassen, man denke nur an die Mode dieser Zeit mit ihren schmalen Taillen, die nichts vertuschen ließen, und wie häufig Olga in diesen Jahren auf

Reisen war und dabei stets im Blick der Öffentlichkeit stand. Sicherlich hatte man schon damals nach Gründen gesucht, weshalb diese schöne, geistreiche, wohlhabende junge Frau, die weitaus bedeutendere Partien hätte eingehen können, mit einem Mann verheiratet wurde, welcher nur in einem kleinen Königreich regieren sollte und dessen homophile Neigungen eingeweihten Kreisen vermutlich bekannt waren. Warum die strikte Ablehnung des österreichischen Kaiserhauses gegen eine Eheschließung mit Olga? War das religiöse Hindernis nur vorgeschoben? Lag denn ein Schatten auf der blütenreinen Tugend dieser Großfürstin? Für die klatschsüchtigen Höflinge an den europäischen Fürstenhöfen war dies seinerzeit ein willkommenes Ratespiel. Doch es wird wohl Olgas Geheimnis bleiben.

Brautwerbung auf Sizilien

Im Jahre 1845 wurde von Fürst Gortschakow, dem russischen Gesandten am Stuttgarter Hof, und seinem Vorgänger, Freiherr Peter von Meyendorff, auf diplomatischer Ebene der Plan für eine Heirat des württembergischen Kronprinzen Karl mit der russischen Großfürstin Olga eingefädelt. Doch erst als Zar Nikolaus nach einem Besuch bei Metternich in Wien endgültig von einer habsburgischen Ehe seiner Tochter Abstand genommen hatte, schien der Weg für eine württembergisch-russische Heirat frei gewesen zu sein. Karl suchte daraufhin den Zaren in Venedig auf, um sich bei ihm vorzustellen, und offensichtlich fand Zar Nikolaus Gefallen am württembergischen Kronprinzen. Jedenfalls äußerte er über Karl: »Das ist ein durch und durch anständiger Charakter«.

Der württembergische Kronprinz Karl war ein musisch veranlagter Mensch, weichherzig und körperlich nicht sehr robust. Er hatte von klein auf eine anfällige Gesundheit, vermutlich wurde er auch von Mutter und Schwestern ein wenig »verzärtelt«. Er selbst schrieb einmal: »Ich war unwohl, man sah mir's an, die Ärzte wurden gerufen, ich bin der einzige Sohn, also ist man ängstlich, brumme und knurre ich dann ein wenig, so heißt es, Ihr sollt auf Eure Gesundheit achten,

Für das Staatsgemälde von Richard Lauchert legte König Karl von
Württemberg seine Uniform an, meist jedoch trug er Zivil.

das erwartet das Land.«[8] Karl schien besonders harmoniebedürftig gewesen zu sein und litt unter der schwierigen Ehe seiner Eltern. Er liebte seine Mutter sehr und verehrte auch den Vater, der ihn jedoch für unmännlich hielt, mit seinen Leistungen nie zufrieden war und kein väterliches Verhältnis zu ihm fand.

Die Erziehung des Kronprinzen war standesgemäß. Zunächst wurde er von Privatlehrern in den üblichen Gymnasial-Fächern unterrichtet, darauf folgte eine militärische Ausbildung in Ludwigsburg, wobei sein Interesse daran eher beschränkt blieb. Es wurden ihm zwar die üblichen militärischen Dienstgrade verliehen, wie sie einem Thronfolger zustehen, doch im Grunde war er »Zivilist« und unsoldatisch. In den Jahren 1840 bis 1841 studierte er an den Universitäten Tübingen und Berlin. Sein besonderes Interesse galt den philosophischen Vorlesungen und den Naturwissenschaften. In Berlin verkehrte er häufig am preußischen Hof und traf mit Kronprinz Wilhelm zusammen, dem späteren deutschen Kaiser. Eine mütterliche Freundin und kluge Ratgeberin wurde ihm in dieser Zeit Bettina von Arnim, die Schwester des Dichters Clemens von Brentano, welche selbst eine berühmte Schriftstellerin war. Mit ihr korrespondierte Karl längere Zeit und Bettina ermunterte ihn immer wieder, sein Augenmerk viel mehr auf die Politik zu richten. Der Arnim'sche Salon war ein gesellschaftlicher Anziehungspunkt in Berlin, hier fühlte sich Karl wohl und genoss »das lustige, lebendige Treiben bei Arnims«. Bald zählte er zu den sehr engen Freunden des Hauses, »man machte keine Umstände mehr mit ihm«. Mit der ältesten Tochter Bettinas, Armgardt, scheint sich sogar eine kleine Romanze angebahnt zu haben.

Dem Studium schlossen sich größere Reisen in Europa an, sie führten den Kronprinzen nach Großbritannien und Italien. Wieder zurück in Württemberg, wurde er vom Vater von jeglicher Einsichtnahme in die Regierungsgeschäfte ausgeschlossen, was mancher kluge Politiker bedauerte, denn Karl hätte sich mit einer verantwortungsvollen Tätigkeit besser auf die Regentschaft vorbereiten können. Doch König Wilhelm I. zweifelte an den Fähigkeiten seines Sohnes und war deshalb bestrebt, dessen aktive Regierungsteilnahme möglichst lange hinauszuzögern. So widmete sich der ohnehin ein wenig phlegmatische Kronprinz lieber seinem Klavierspiel, nahm Gesangsstunden und widmete sich der Rosenzucht. Da er an Literatur interessiert war, verkehrte er viel in der von Friedrich Wilhelm Hackländer gegründeten »Glocke«, einem Literaturzirkel, wo ein lockerer Stil herrschte und sich auch der Kronprinz ungezwungen bewegen konnte.

Zu seiner Brautfahrt im Dezember 1845 nach Sizilien reiste Karl in Begleitung seines Adjutanten Graf Berlichingen, außerdem waren der General Graf Spitzemberg, der Leibarzt Dr. Hardegg und Karls Sekretär Friedrich Hackländer dabei. Nachdem er in Venedig vom Zaren die Erlaubnis erhalten hatte, um die Hand der Großfürstin anzuhalten, schiffte er sich sofort in Richtung Palermo ein, wo er kurz vor dem Jahreswechsel eintraf. Dort hatte sich Olga schon längere Zeit mit der Mutter aufgehalten, die wegen ihrer angegriffenen Gesundheit das milde Klima Siziliens gesucht hatte und sich bereits gut erholt fühlte. Auch Olga gefiel es in der idyllisch gelegenen »Villa Allivuzza«, welche der Fürstin Butera gehörte und die man für die Zarin und ihre Suite für einige Monate angemietet hatte. Sie sah blühend aus und ihre sanfte, heitere und liebenswürdige Art verfehlte ihre Wirkung auf die Herren der württembergischen Delegation nicht, die mit dem Schiff in Palermo angekommen waren, um der Zarin und vor allem deren Tochter ihre Aufwartung zu machen. Vielleicht hat auch die mediterrane Stimmung »im Lande, wo die Zitronen blühen« dazu beigetragen, dass die russische Großfürstin und der württembergische Kronprinz zueinander fanden und ein offensichtlich glückliches Brautpaar abgaben. Auf Befragen des Generals von Spitzemberg, wie ihm denn die Braut gefalle, schwärmte dieser in seinem etwas gebrochenen Deutsch: »Was schön! – wie mag Sie nur so frag', schöner als ich von Prinzessinnen je etwas gesehen – oh, sehr schön und so lieb und offen, dass mir warm um's Herz geworden.«[9]

Ende Januar verließ der Kronprinz Palermo, um zu Hause die nötigen Vorbereitungen für seine Eheschließung in die Wege zu leiten, reiste jedoch Anfang April nochmals nach Italien, um seine Braut und die Zarin in Florenz zu treffen. Zusammen bereisten sie Pisa, Bologna und Venedig und sie entdeckten dabei ihre gemeinsame Vorliebe für Italien und seine Kunstschätze. Es muss wohl für beide eine ihrer glücklichsten Zeiten gewesen sein. Anschließend wurde in Salzburg eine erste Begegnung mit dem württembergischen Königspaar arrangiert, wobei sich herausstellte, dass König Wilhelm zunächst nicht begeistert von den Eheabsichten seines Sohnes gewesen zu sein schien. Jedenfalls herrschte keine entspannte Atmosphäre oder gar Fröhlichkeit, eine herbe Erfahrung für die glücklich Verlobten. Olga schildert dieses Treffen: »Die erste Begegnung fand im Halbdunkel des Treppenhauses statt. Ich war so erregt, Karl drückte mir die Hand, der König schaute mich aus fahlen Augen neugierig forschend an [...] Die Königin schien ein Gewitter zu befürchten und war ganz eingeschüchtert.« Nach diesen Tagen in Salzburg fuhr Karl mit den Eltern zurück nach Stuttgart, während Olga und Zarin Alexandra zunächst nach Linz und dann weiter nach Prag reisten. Hier traf sie zufällig und zum ersten Mal mit Erzherzog Stephan zusammen, auf den sie verständlicherweise sehr neugierig war. Sie fand ihn ein wenig eitel und selbstzufrieden, aber er hätte ihr dennoch gefallen – wenn da nicht inzwischen eben Karl gewesen wäre!

Traumhochzeit in Sankt Petersburg

Der Ehevertrag wurde zügig ausgehandelt und am 4. Juli 1846 von Graf Nesselrode, Fürst Hohenlohe-Kirchberg und Graf Adlerberg unterschrieben, der württembergischen Hofdomänenkammer wurden im September 250 000 Silberrubel angewiesen. Die Aussteuer Olgas war einer Zarentochter würdig. Neben Möbeln, Wäsche, Kleidern, Gold- und Silbertoiletten spielten Teeservice, Tafelsilber und Kristall eine große Rolle. Sie brachte weit über tausend Kristallgläser mit, in allen erdenklichen Formen und Sorten, jeweils immer hundertfach. Die berühmten russischen Pelze durften natürlich nicht fehlen, darunter Hermelin, Blau- und Schwarzfuchs. Auch für die wichtigen Repräsentationspflichten war sie wohl gerüstet mit sechs- bis neunteiligen Schmuckgarnituren aus Perlen, Rubinen, Smaragden, Saphiren, Brillanten und Opalen. Olga konnte auch über einen Fuhrpark verfügen von acht verschiedenartigen Equipagen, zwei- und viersitzig, Landauer, Phaéton, Troika und Kaleschen, weitere Wagen waren in London für sie bestellt worden.

Ende Juni 1846 landeten der Kronprinz und seine Begleitung mit dem Schiff in Sankt Petersburg. Er wurde schon bei Kronstadt vom Zaren selbst und den männlichen Mitgliedern der kaiserlichen Familie auf das Herzlichste empfangen. Sie waren ihm mit dem Schiff entgegengefahren, die Großfürsten Peter von Oldenburg (Karls Stiefbruder) und Max von Leuchtenberg. Ganz vorne am Bug seines Dampfschiffes stand Zar Nikolaus I., eine imponierende Erscheinung, und rief zum Kronprinzen hinüber:»Bonjour, mon garçon« (Guten Tag, mein Junge!). Schon diese erste Begrüßung zeigte, wie liebevoll der Kronprinz in der kaiserlichen Familie aufgenommen wurde. Er fühlte sich wohl in diesem Kreis, verstand sich sehr gut mit den Geschwistern seiner Frau und begegnete seinen Schwiegereltern mit aufrichtiger Liebe und Hochachtung.

Die Hochzeit fand am 13. Juli, dem Geburtstag der Zarin, im Schloss Peterhof statt. Um 11 Uhr vormittags versammelten sich die Zarenfamilie mit dem ganzen Hofstaat, die Heilige Synode, das diplomatische Corps und zahlreiche Gäste in der Schlosskapelle, wo die Trauung zunächst nach orthodoxem Ritus zelebriert wurde. Anschließend fand in einem Saal des Schlosses, der eigens dafür eingerichtet worden war, nochmals eine Zeremonie mit den Trauformeln der evangelischen Kirche statt.»Es war eine fast erdrückende Pracht, die von Gold und Silber strotzenden Wände der kleinen Kirche [...] Ordenssterne aller Art, leuchtende Damentoiletten, wehende Federn, Spitzen und Brillanten, Millionen im Wert auf einem ganz kleinen Raum zusammengedrängt. Umso einfacher, fast ärmlich dagegen erschien anschließend die Trauung nach den Satzungen der evangelischen Kirche«, so berichtet Friedrich Wilhelm Hackländer in seiner Reisebeschreibung. Anschließend war große Gratulationscour, wobei Olga nach dem langen Stehen in ihrem schweren Brautornat nahe einer Ohnmacht war. Sie sah jedoch wunderschön aus im weißen Atlaskleid, die Schleppe kunstvoll um ihre Füße drapiert und mit dem rotsamtenen, goldbestickten Mantel der russischen Großfürstinnen geschmückt. Im Haar trug sie ein wertvolles Diadem mit Brillanten.

Beim Defilee wurde ihr so unzählige Male die Hand geküsst, meist von bärtigen Herren, sodass noch Tage danach gerötete Spuren an ihren zarten Händen zu sehen waren!

An den folgenden Tagen gab es zahlreiche Festlichkeiten in Schloss Peterhof zu Ehren des Brautpaares. Auch Fürst Orloff und die Fürstin Rasumowsky veranstalteten in ihren Landhäusern großartige Bälle, an denen auch der König beider Sizilien und der schwedische Kronprinz Oskar, die eigens zur Hochzeit angereist waren, teilnahmen. Das eindrucksvollste Fest aber war der Ball, den Großfürstin Mary und ihr Gemahl, Max von Leuchtenberg, für das Brautpaar veranstalteten, als Hochzeitsgeschenk sozusagen. Sie luden in ihre Sommerresidenz Sergiewski ein, wo ein Flügel des Palastes so üppig mit Blüten und Sträuchern geschmückt war, dass sich ein betörender Duft durch sämtliche Räume zog. Für russische Verhältnisse war es an diesem Tag ungewöhnlich heiß, doch die vielen Wasserspiele und Kaskaden, die sich überall im Garten fanden, brachten angenehme Erfrischung. Am Abend wurde der Park mit zahllosen Lampions festlich illuminiert, die Musikkapelle spielte vom Balkon des hell erleuchteten Schlosses herab zum Tanz, und nach der Mazurka, dem Höhepunkt eines jeden russischen Tanzfestes, trafen sich die Gäste bei einem großartigen Souper.

In Stuttgart erfolgte der Empfang des neu vermählten Kronprinzenpaares am 23. September 1846, ein Ereignis, welches sieben Tage lang mit zahlreichen Veranstaltungen feierlich begangen wurde. Eine besondere Freude wollte der russische Konsul in Palermo dem Brautpaar bereiten, indem er veranlasste, dass am Tag vor der Ankunft Karls und Olgas ein Esel aus Sizilien in Stuttgart eintraf, ein sinniges Geschenk.

Der Einzug in die Residenzstadt war minutiös festgelegt, sogar das Wetter spielte mit, denn es war ein klarer Spätsommertag und noch angenehm warm. Bei der Ankunft vor Schloss Rosenstein wurden der Königin und Olga Weintrauben von jungen Winzerinnen in den Wagen gereicht, dann bewegte sich der Festzug, eskortiert von den Stadtreitern, unter Kanonendonner und Glockenläuten durch den unteren Schlossgarten. Weiter ging die Fahrt entlang der Neckarstraße bis zur Königstraße, vorbei am Redoutensaal und vor das Hauptportal des Residenzschlosses. So hatte eine große Zahl von Schaulustigen Gelegenheit, einen Blick auf die neue Kronprinzessin zu werfen und ihr zuzujubeln. Sie fuhr im Wagen der Königin, links, und rechts davon ritten der König mit dem Kronprinzen und Prinz Friedrich mit Großfürst Konstantin. 90 weißgekleidete junge Mädchen begrüßten den Konvoi auf dem Schlossplatz, und die Bürgerschaft überreichte dem Brautpaar eine silberne Vase als Geschenk, die mit einem in Elfenbein geschnitzten Wappen verziert war. Sie war von Christian Friedrich Leins kunstvoll entworfen worden und wog ungefähr 60 Pfund, was ein sparsamer schwäbischer Chronist sich nicht enthalten konnte anzumerken. Im Schloss wurde festlich getafelt, während draußen eine Menschenmenge durch die Stadt wogte und die ganze Nacht hindurch feierte. In den darauf folgenden Tagen schloss sich ein ganzer Festreigen an, mit Frühstück im Landhaus Rosenstein, abendlichen Opernaufführungen und einem Hofball. Auch der Geburtstag des Königs fiel in diese Festtage, ebenso wie das Cannstatter Volksfest, beides wurde besonders großartig begangen. Den glanzvollen Höhepunkt jedoch bildete ein großer Empfang mit Souper in den stimmungsvollen Räumen der neu erbauten Wilhelma, die mit ihrer orientalischen Pracht alle Gäste verzauberte.

Die ersten Ehejahre

Olga kam aus einem glücklichen Familienkreis in das württembergische Königshaus und gab sich anfangs frei und unbefangen in dieser Familie, von der Karl einmal sagte: »Es geht öd und kalt zu, wie ein rauher Nordwind.« Und er beschreibt weiter: »Morgens um 8 Uhr frühstücken wir um einen viereckigen Tisch, wo Platz für 16 Personen wäre, wir sind jetzt doch nur zu 5. Man spricht über das Wetter, oder wenn der König verstimmt ist, spricht Niemand etwas, denn dann mag er's nicht, dass man was redet.«[10] Der Kronprinz hegte die Hoffnung, seine Gemahlin könnte zur Integrationsfigur werden und in mancherlei Intrigen und Streit vermitteln. König Wilhelm I.

Die von Karl und Olga so sehr geliebte Villa Berg – ihr nach italienischem Vorbild vom Architekten Christian Friedrich Leins erbautes Landhaus mit herrlichem Park vor den Toren der Residenzstadt

hatte sich mit zunehmendem Alter immer mehr vom Familienleben abgesondert, ging privat seine eigenen Wege und beschränkte den Kontakt auf ein unumgängliches Maß. Einerseits war er stolz auf seine schöne Schwiegertochter und achtete auch ihr reges Interesse am Land und seiner Politik. Doch wollte er auch unbedingt verhindern, dass sich unter dem Einfluss der neuen Kronprinzessin in Württemberg verstärkt russische Interessen ausbreiteten, und verhielt sich daher Olga gegenüber eher zurückhaltend und wenig herzlich.

Mit Königin Pauline verstand sich Olga gut, sie hatte die junge Frau wie eine eigene Tochter aufgenommen. »Für mich war sie die beste Schwiegermutter [...] unwandelbar in ihrer Güte, trotz aller Versuche, die gemacht wurden, sie von mir abzuwenden«, will heißen, es wurde zunächst ein wenig intrigiert gegen die »neue« Prinzessin am Hof. Mit den Jahren jedoch wurde das Verhältnis zu den Schwägerinnen herzlicher, wenn auch die Beziehungen der Schwestern Karls untereinander stets geprägt blieben von Eifersüchteleien und Unfrieden. Am meisten hat sich Olga mit Königin Sophie der Niederlande angefreundet, die auch jedes Mal, wenn sie in Stuttgart weilte, gerne zu einem Besuch in die Villa Berg kam. Immer eine Quelle der Freude und Entspannung waren für das Kronprinzenpaar die Besuche bei Karls Großmutter, Herzogin Henriette von Württemberg, in Kirchheim. Sie kannte Russland noch aus ihrer Jugend, auch wusste sie um die Probleme am Stuttgarter Hof und war somit für beide eine verständnisvolle und gütige Gesprächspartnerin.

Mit den Damen und Herren ihres Hofstaates behielt Olga über lange Jahre hinweg guten und sehr engen Kontakt. Dazu gehörten die Hofdamen Camille von Sturmfeder und Cecile Kahlden sowie Gräfin Taube, deren Gemahl Obersthofmeister bei der Kronprinzessin war, bis er ins Amt des Außenministers wechselte. Einen sehr vertrauten Umgang pflegte Olga, vor allem in ihrer Anfangszeit in Württemberg, mit der Witwe des russischen Generaladjutanten, Gräfin Luise Benckendorff. Doch besonders treu und freundschaftlich verbunden war Olga mit Baronin Eveline von Massenbach, die im Jahre 1851 als Hofdame zu ihr kam und später als Staatsdame dem Hofstaat bis zu Olgas Tod vorstand. Viele Billetts mit kurzen Bleistiftnotizen oder Anweisungen wurden ausgetauscht, immer adressiert an »Eve«. Einige Jahre lang schrieb die Baronin ein Tagebuch, das sich erhalten hat und wertvolle Einblicke in das intime Leben am Hof vermittelt.

Einen wichtigen Dienst versah der Leibkutscher, den Olga aus Russland mitgebracht hatte, Wassily Wassilywitsch Schatin, er blieb bei ihr bis zu seinem Tode im Jahre 1873. In seiner malerischen Uniform, mit Zylinder und russischem Kutschermantel, sah er stets etwas exotisch aus, wenn er seine Herrin oder manchmal auch ihren Gemahl durch die Straßen der Residenz fuhr.

Eine wirklich ungezwungene und heitere Atmosphäre herrschte jeden Sommer in Friedrichshafen, wenn sich meist die ganze Familie bei Königin Pauline traf, die immer rührend bemüht war, ihren Lieben schöne Ferientage zu bereiten. Das Schloss war oft voller Gäste, man fuhr mit Booten auf den See hinaus oder spielte mit den jungen Prinzen und Prinzessinnen im Park. Besonders gerne ging der Kron-

Der aus dem Schwarzwald stammende Franz Xaver Winterhalter stieg zum beliebtesten Porträtmaler seiner Zeit auf. Die schöne Großfürstin Olga saß ihm gleich zweimal Modell, hier als Kronprinzessin.

Königin Olga

prinz mit seinem Schwager zum Schwimmen in den Bodensee. Diese harmonischen Sommerwochen genossen Olga und Karl sehr, die Seeluft bekam beiden gut und so haben sie diesen Sommersitz in Friedrichshafen bald zu ihrer Lieblingsresidenz erkoren. Mit der Zeit erwarben sie benachbarte Grundstücke hinzu und bauten so den Schlosspark zu voller Pracht aus. Oft haben sie ihren Aufenthalt am Bodensee bis in den Herbst hinein ausgedehnt und Familie oder Freunde dort empfangen. Auch Gäste aus Russland reisten immer wieder gerne ins Schloss nach Friedrichshafen und bewunderten seine herrliche Lage mit der Aussicht auf Park und See. Häufig kamen auch die Bewohner der anderen Schlösser rund um den Bodensee zu Besuch, wie beispielsweise Kaiserin Eugénie von Frankreich oder Prinzessin Mathilde Bonaparte, die von ihrem Schloss Arenenberg am Schweizer Ufer herüberfuhren.

König Karl war immer interessiert an technischen Neuheiten, so auch an der Schifffahrt. Er nahm daher regen Anteil daran, als das erste Trajektschiff zur Beförderung von Eisenbahnen in Friedrichshafen auslief, um auf die Schweizer Seite des Bodensees zu gelangen. Schon unter seinem Vater war 1824 in Friedrichshafen das erste Dampfschiff am Bodensee vom Stapel gelaufen. Im Oktober 1890 startete dann der erste Salondampfer »König Karl«, wobei der König und seine Gäste, darunter auch Minister von Mittnacht mit Gemahlin, eine Probefahrt unternahmen. Das Schiff muss so schön gewesen sein, dass Baron von Wolff »gleich damit abgereist ist«, wie die Hofdiarien melden. Besondere Unterstützung bei König Karl fand auch der »Bodenseeverein«, der unter anderem denkmalpflegerisch tätig war; oft lud er die Mitglieder zu ihren Versammlungen nach Friedrichshafen ins Schloss ein.

Als das Königspaar später beschloss, seine Silberhochzeit am 13. Juli 1871 in Friedrichshafen zu feiern, war die ganze Stadt auf den Beinen. Sie jubelten der Königsfamilie und den Gästen zu, worunter sich auch Zar Alexander II. befand, und nahmen regen Anteil an den Feierlichkeiten. Ein großer Festzug bewegte sich damals durch die Straßen der Stadt und abends gab es Musik und Feuerwerk von einem Schiff aus, das zwischen Schloss und Hafen vor Anker lag. Nach den

Franz Seraph Stirnbrand hielt in seinem Gemälde von 1846 die biedermeier-
liche Szene am Hafen in Friedrichshafen fest. Im Hintergrund ist das
Dampfschiff »Wilhelm« zu sehen.

damals gerade überstandenen Kriegswunden war dies ein echtes Freu-
denfest.

Aber zurück zu den Anfängen Olgas in Württemberg.

Unter ihrem Einfluss wurde die württembergische Residenz immer mehr zu einem Anziehungspunkt auch für die russische Aristokratie, und die Botschaft Russlands war im Vergleich zu den anderen
Gesandtschaften am Stuttgarter Hof die größte. Diese Diplomaten
und die oftmals sehr reichen Adeligen aus Russland waren für die
württembergische Hofgesellschaft eine willkommene Bereicherung.
»Im Winter 1859/60 war die russische Gesellschaft wieder zahlreich

und glänzend«, so ein Zeitgenosse. Mit den Jahren bildete sich eine richtige russische Kolonie in Stuttgart, was sich auch an der wachsenden Zahl von Zöglingen aus Russland an den Instituten und Pensionaten des Landes zeigte. Im Korntaler Töchterinstitut beispielsweise wurden in diesen Jahren auffallend viele junge russische Mädchen erzogen, weshalb die Schule auch immer wieder von Königin Olga, später von Herzogin Wera besucht wurde, was man dort als besondere Auszeichnung verstand.

Große Bedeutung besaßen für die russische Großfürstin Olga die Gottesdienste in ihrer Kirche nach orthodoxem Ritus. Ihr Beichtvater, Probst Johann von Basarow, blieb 42 Jahre in Württemberg. Gleich nach der Hochzeit des Kronprinzenpaares wurde im Residenzschloss eine kleine russisch-orthodoxe Kapelle eingerichtet, welche später, nach seiner Fertigstellung, mit ins neue Kronprinzenpalais übersiedelte. Diese Kapelle war besonders schön ausgestattet mit Kronleuchtern, Deckenfresken und einer prächtigen Ikonostase. Die Wände waren mit kostbaren Kirchengeräten geschmückt. Auch auf dem Rotenberg stand der russischen Gemeinde neben der Grabkapelle Raum für ihre Gottesdienste zur Verfügung. Zum Klerus gehörten neben Basarow auch Psalmisten und Sänger, die Königin Olga jeweils begleiteten, wenn sie auf Reisen oder in Friedrichshafen, später auch in Nizza war.

In seinen Erinnerungen schrieb Johann von Basarow: »Der größte Festtag auf dem Rotenberg waren die Pfingsttage. Wir schmückten die Kirche nach russischer Gewohnheit mit Birkenzweigen, Blumen und Grün. Die Großfürstin mit dem Kronprinzen, auch die ganze Kaiserlich Russische Gesandtschaft und alle Russen aus der Nähe und Ferne kamen zu diesem Feste und zur Kirche herbei. Nach dem Gottesdienste kamen alle zu mir zum Tee, manche blieben zum Mittagessen.« Man sieht, auch der Probst nahm teil am geselligen Leben in dieser russischen Kolonie. Später, im Jahre 1893, wurde dann auf Anordnung Zar Alexanders III. und auf Kosten des russischen Staates in Stuttgart an der Hegelstraße eine russische Gesandtschaftskirche errichtet. Maßgeblichen Anteil am Zustandekommen dieses Vorhabens hatte Herzogin Wera, die Adoptivtochter Olgas, welche auch regelmäßig die Gottesdienste dort besuchte.

Vom »Ausland« wurde Olgas Toleranz in Glaubensfragen sehr beachtet, jedenfalls meinte die »Münchner Allgemeine Zeitung« nach ihrem Tod: »Sie war eine wahrhaft fromme Frau, blieb ihrem orthodoxen Glauben treu, hörte aber mit Andacht Predigten von evangelischen Theologen wie Grüneisen und Gerok, aber auch vom katholischen Bischof Hefele.« In Württemberg sei eine »Oase des kirchlichen Friedens« und sie habe stillen Anteil daran.

Der russische Gesandte am württembergischen Hof, Fürst Alexander Gortschakow (1798–1883), wurde einer der engsten Freunde und Vertrauten Olgas, auch als er später seine diplomatische Karriere in Wien fortsetzte und dann unter Zar Alexander II. zunächst Außenminister, später Kanzler des russischen Reiches wurde. Bei ihrer Ankunft in Württemberg gab er Olga den guten Rat: »Erinnern Sie immer daran, dass sie Großfürstin sind.« Wogegen ein anderer Diplomat meinte: »Versuchen Sie, in Stuttgart vergessen zu lassen, dass Sie Großfürstin sind.« Über Jahre hinweg unterhielt Olga mit Gortschakow einen regen Briefwechsel, in dem er sie über die politische Situation, insbesondere in Russland, auf dem Laufenden hielt. Auf diese Weise war die am politischen Geschehen interessierte Kronprinzessin immer bestens informiert, doch nur selten nutzte König Wilhelm I. diesen »Draht der kurzen diplomatischen Wege« und den Sachverstand seiner Schwiegertochter.[11] Fürst Gortschakow hat immer betont, dass die Kronprinzessin ihren Gemahl an Energie und Verstand überrage, von ihm stammt der berühmt gewordene Satz, Olga sei der einzige Mann am Stuttgarter Hof.

Wie aus den Hofdiarien hervorgeht, hatten Karl und Olga, zumindest in ihren ersten Ehejahren, noch ein wenig Privatleben und nicht allzu viele Pflichten. Diese Zeit nutzten sie offensichtlich zu häufigen Reisen, oftmals gemeinsam mit Olgas Geschwistern, so zum Beispiel nach England und den Niederlanden. Weitere Reisen führten sie nach Konstantinopel, wo sie die gerade fertig renovierte Hagia Sophia besichtigen konnten, und nach Rom, wo sie an Ostern 1857 von Papst Pius IX. empfangen wurden. Vielfach besuchte Olga, meist zusammen mit ihrem Gemahl, die russische Heimat. So reisten sie 1851 nach Moskau zum 25-Jahr-Thronjubiläum von Zar Nikolaus I. oder auch im Winter 1854 nach Sankt Petersburg. Damals wurde Großfürstin Wera geboren, Olgas Nichte, und sie nahm, zusammen mit Karl, an der Taufe des Mädchens teil, ohne zu ahnen, dass sie einmal ihre Adoptivtochter werden sollte. Als ein Jahr später die Nachricht von der schweren Erkrankung des Zaren eintraf, reisten sie sofort wieder nach Russland, doch kamen sie zu spät, die Todesnachricht erreichte sie während ihrer Zwischenstation in Berlin.

Immer wieder waren Zarin Alexandra oder Olgas Schwestern und Brüder in Stuttgart zu Gast oder man traf sich in einem der Badeorte, die gerade in Mode waren, um die Gesundheit zu pflegen und gleichzeitig gesellschaftlich in Kontakt zu bleiben.

Einen wichtigen Aufgabenbereich sah das Kronprinzenpaar in der Förderung von Kunst und Wissenschaft, insbesondere haben sich beide immer wieder für den Erhalt von Denkmälern im Lande eingesetzt. Einmal wollte Karl der Kronprinzessin auch die berühmte »Weibertreu« bei Weinsberg zeigen, worüber der Dichter Justinus Kerner an Ottilie Wildermuth im Oktober 1857 berichtete: »Notgedrungen machte ich den Kreuzzug auf die Burg mit. Die Kronprinzessin lief voran und machte dem ganzen versammelten Volk einen guten Eindruck durch Freundlichkeit und einfachen Anzug. Ihr Gang und Wuchs sind besonders schön. Von den Trauben der Burg aßen sie vollauf.«

Beruf Königin

Bei seinem Regierungsantritt Ende Juni 1864 hoffte man im Lande auf neue Impulse durch König Karl, da unter dem greisen Wilhelm I. zuletzt gewisse Erstarrungen zu beobachten waren, trotz seiner ungebrochenen Popularität beim Volk. Der neue König zeigte sich anfangs etwas scheu bei seinen öffentlichen Auftritten, während er im kleinen Kreis oder bei Audienzen seinen Gästen gegenüber einen herzlichen Ton fand und vielen ihre Hemmungen im Gespräch mit einem König nahm. Eine Beobachterin schrieb dazu: »Aus diesem Kapital an Loyalität könnte man mit wenig Mühe und Geschick ganz andere Zinsen schlagen, als es hier geschieht.«[12] Königin Olga hingegen konnte fürstlich auftreten und war eine glänzende Erscheinung, ihr fehlte jedoch eine gewisse Volksnähe. Der preußische Gesandte Philipp von Eulenburg-Hertefeld beschrieb sie später einmal:»Sie steht da wie eine Sonnenblume auf einem freien Feld, groß, angestaunt und fremdartig.« Dieses»Fremdartige« wurde ihr auch als »Unnahbarkeit« ausgelegt, obwohl sie sehr bemüht war, ihrer neuen Aufgabe gerecht zu werden. Schon bald nach ihrer Verlobung hatte sie sich mit Württemberg und seinen Menschen, ja sogar mit den schwäbischen Dichtern vertraut gemacht.

Immer wieder unternahm das Königspaar Reisen im Land, um Fabriken zu besichtigen. Karl und Olga zeigten dabei großes Interesse an den Fortschritten der Industrie. Als Beispiel ist ihre Unterstützung für ein Großprojekt zu nennen, das 1871 durch Oberbaurat Karl von Ehmann im Schmiechtal entstand, die vielbeachtete Albwasserversorgung. 100 Ortschaften auf der Schwäbischen Alb wurden gruppenweise an Wasserleitungen angeschlossen, die das Wasser durch ein modernes Pumpensystem auf die durch Versickerung immer wasserarme Albhochfläche beförderte. Ein wichtiger Erwerbszweig, gerade auf der Alb, waren die Textilindustrie und die Webereien. Die junge württembergische Industrie nahm einen hervorragenden Aufschwung, trotz fehlender Rohstoffe im Land und der noch nicht gut ausgebauten Verkehrswege und ihrer Anbindung an die Nachbarländer. Heutige Weltkonzerne wie Bosch oder Daimler wurden damals gegründet. Das einstige Agrarland Württemberg verwandelte sich in dieser Zeit zu einer aufstrebenden Industrieregion.

Auch König Karl hat sehr gut gewirtschaftet, beziehungsweise wirtschaften lassen, denn er selbst hat sich weniger um seine Finanzen gekümmert. Er war, zumindest zu Beginn seiner Regierungszeit, ein sparsamer König und erhöhte seine »Civilliste«, die vom Staat bezahlte Apanage, nicht. Sein Vater hatte das Kapitalvermögen den Töchtern vererbt und ihm »nur« das Grundeigentum mit den beweglichen Gütern im Wert von 190 000 Gulden vermacht, wovon er noch Schulden zu bezahlen hatte. Nach 27 Regierungsjahren hinterließ König Karl jedoch ein Vermögen von mehr als vier Millionen Mark.

Staatsgemälde Königin Olgas von Württemberg von Franz Xaver
Winterhalter aus dem Jahr 1865

In ihren politischen Anschauungen war Olga geprägt vom zaristisch regierten Russland, in dem der Kaiser die absolute Macht in Händen hielt, und sie hatte wenig Verständnis für die württembergische Verfassungstradition mit dem Mitspracherecht der Volksvertreter. Deshalb hegte sie auch zunächst Vorurteile gegenüber dem bürgerlichen Minister Hermann von Mittnacht, der erst auf Grund seiner herausragenden Leistungen für das Land in den Adelsstand erhoben wurde. Doch mit der Zeit entspannte sich das Verhältnis zwischen Mittnacht und Olga, denn »er steuerte das Land geräuschlos durch die Zeiten«, wie ein Beobachter schrieb. Mittnachts politische Karriere begann 1868, im Jahre 1876 wurde er zum Präsidenten des Staatsministeriums ernannt. Er war politisch sehr begabt, blieb auch in kritischen Zeiten ruhig und distanziert. Viele halten ihn heute für einen Glücksfall für die württembergische Innen- und Außenpolitik dieser Jahre. Auch besaß er, trotz vieler Turbulenzen, das Vertrauen König Karls und seines Nachfolgers, König Wilhelms II. Ministerpräsident Hermann von Mittnacht hat am 9. November 1900 altershalber abgedankt.

Doch zunächst berief König Karl nach seiner Regierungsübernahme Freiherrn Karl von Varnbüler zum Außenminister, welcher sich mit dem Königspaar in seiner antipreußischen Haltung einig wusste. Trotz ihrer familiären Bande zum preußischen Königshaus hegte Olga Misstrauen gegenüber Preußens Politik. Es gab Spannungen zwischen Berlin und Stuttgart, da man in Württemberg zu viel Abhängigkeit von Preußen und den Verlust der eigenen Souveränität befürchtete. In der sich im Jahre 1866 zuspitzenden Auseinandersetzung um die großdeutsche beziehungsweise kleindeutsche Frage stand Württemberg an der Seite Österreichs. Königin Olga hoffte, bei ihrem Bruder, Zar Alexander II., Hilfe und Verständnis für die Politik Württembergs zu finden, und reiste im April 1866 zur Silberhochzeit des Zarenpaares nach Sankt Petersburg. Leider konnte sie nicht viel ausrichten, der Zar fühlte sich eng mit der preußischen Familie verbunden, vertraute dem Preußenkönig und versagte Olga russischen Beistand bei den drohenden kriegerischen Auseinandersetzungen mit Preußen. Obwohl Olga nichts verhindern konnte und ihre Sorge um einen Souveränitätsverlust Württembergs blieb, wurde diese wichtige politische Mission in Württemberg anerkannt. Doch nach der Niederlage Österreichs im preußisch-österreichischen Krieg ließ sich der Anschluss Württembergs an Preußen nicht mehr aufhalten.

Am 13. August 1866 schloss Außenminister Varnbüler mit Preußen ein »Schutz- und Trutzbündnis«, das den süddeutschen Staaten im Kriegsfall preußischen Schutz gewährte, andererseits die württembergischen Truppen unter den Oberbefehl Preußens stellte. Ein Jahr später trat Württemberg auch dem Zollverein bei, der wirtschaftliche Vorteile und eine wichtige Verbindung zu den norddeutschen Staaten herstellte. Wenn auch dieser Zusammenschluss politisch notwendig war, so blieb das Königspaar bei seiner ablehnenden Haltung gegenüber Preußen, zumal wenige Jahre später König Karl gezwungen war, seine Soldaten an der Seite Preußens gegen Frankreich in den Krieg zu schicken. Auch nach dem Sieg über Frankreich und den Vertragsverhandlungen in Versailles zögerte der württembergische König lange, dem neu gegründeten Deutschen Reich beizutreten, und er unterzeichnete den Vertrag am 25. November 1870 als letzter der Monarchen. Mittnacht sah den Zusammenschluss Deutschlands unter Führung Hohenzollerns und den Beitritt Württembergs nüchtern, war aber bestrebt, für das Königshaus ein möglichst hohes Maß an Souveränität noch zu erhalten.

Im Volk wurde die Eingliederung Württembergs ins Deutsche Reich am 1. Januar 1871 mit Kanonendonner, Jubel und großer nationaler Begeisterung gefeiert, König Karl musste sich letztendlich dem Druck aus der Bevölkerung beugen. Auch in die Geschäfte der Stadt hielt der neue Geist Einzug. So konnte man in Stuttgart um die Osterzeit Büsten von Bismarck oder dem deutschen Kaiser in Osterhasenzucker gegossen kaufen, ein beliebtes Geschenk. Das Ladenmädchen erklärte dazu: »Dr Kaiser koschtet 45, dr Bismarck 55 Pfennig, an dem ischt aber au mehr.«

Nachdem die außenpolitische Bedeutung des Königs sehr eingeschränkt war, blieb für die Königin ein wichtiger politischer Bereich erhalten: Es wurde von ihr erwartet, dass sie das Land nach außen und auch nach innen repräsentierte. Königin Olga war ein gern gese-

Szene am Neckar vor Schloss Rosenstein. Im Hintergrund ist die Villa Berg und links die Berger Kirche zu erkennen.

hener Gast an den europäischen Fürstenhöfen, aber auch in der Stuttgarter Residenz mussten ständig Gäste empfangen werden, seien es Mitglieder anderer Herrscherhäuser, die nach Stuttgart kamen, oder das diplomatische Corps. Auch Hofgesellschaften wurden gepflegt, täglich lud man zur Mittagstafel, abends gab es dann vielfältige Veranstaltungen wie Theater, Privatkonzerte in der Residenz oder

Königin Olga

Tanztees und Soireen. Die Höhepunkte des Hoflebens bildeten die Hofbälle oder Gartenfeste, wozu Schloss Rosenstein oder die Wilhelma einen sehr geeigneten Rahmen boten. Auch außerhalb des Schlosses gab es Geselligkeit. Im Olgabau befanden sich verschiedene Clubs, wo sich im ersten Stock der Adel, im zweiten die Finanzwelt traf. Manches einfache Stuttgarter Bürgermädchen profitierte vom Glanz des Hofes. Im Bohnenviertel gab es eine Putzmacherin, die sich ganz pariserisch »Mademoiselle Pauline« nannte und an deren Hut-Kreationen Olga Gefallen fand. Einmal im Jahr wurde sie mit ihren »Probier-Jungfern« ins Schloss gerufen und avancierte so zur Hoflieferantin.

Unter den zahlreichen offiziellen Besuchern des Hofes war auch der österreichische Kaiser Franz Joseph. Dessen Gemahlin, Kaiserin Elisabeth, die bekannte Sisi, liebte Überraschungen. So kam sie zum Beispiel am 9. Mai 1883 zu einem ihrer beliebten Blitzbesuche nach Stuttgart. Mittags um 12 Uhr traf ihr Sonderzug ein, sie wurde nur von ihrer Tochter Valerie begleitet und wollte strengstes Inkognito gewahrt wissen. Mit einem Mietwagen fuhren sie die kurze Strecke zum Residenzschloss, von zwei Kavalieren und zwei Hofdamen eskortiert, wo man sie zwanglos in Morgenkleidung im Vestibül empfing. Danach begab sich die Kaiserin ins Privatappartement Olgas, wo Erfrischungen in Form von Madeira und Sandwiches gereicht wurden. Nach einer Stunde war Sisi bereits wieder auf der Weiterreise. Zwei Tage später begab sich dann Königin Olga nach Baden-Baden, um Elisabeth einen Gegenbesuch abzustatten, sie blieb immerhin einen ganzen Tag lang dort.[13]

Auch mit dem französischen Kaiser Napoleon III. und Kaiserin Eugénie pflegte das württembergische Königspaar freundschaftlichen Kontakt. Einige Male waren sie zu Besuch in Paris, auch zur Weltausstellung im Jahre 1867. Im Juli 1873 reisten Karl und Olga nach Wien zur dortigen Weltausstellung und trafen sich mit der österreichischen Kaiserfamilie, mit der sie anschließend in Bad Ischl Urlaub machten. Einen denkwürdigen Besuch erlebte Königin Olga bei König Ludwig II. von Bayern im Sommer 1876, also zehn Jahre vor seinem Tod im Starnberger See. Er lebte damals schon sehr zurückgezogen, machte selbst keine Besuche mehr und lud nie offizielle Gäste in die Münchner Residenz. Bei Olga machte er eine Ausnahme, denn er verehrte die württembergische Königin sehr und war immer verzaubert von ihrem Charme. Eigens zu diesem Besuch eilte er aus seiner Bergeinsamkeit nach München und holte, in russische Uniform gekleidet, die Königin vom Hotel ab. Ludwig bot alles an Gastlichkeit auf, wenngleich der Empfang ganz intim blieb, denn die übrigen Mitglieder der bayerischen Königsfamilie waren gar nicht eingeladen, sodass die beiden völlig einsam im Wintergarten der Münchner Residenz dinierten. Für die gesellige Olga ein gespenstischer Eindruck. Zu einem Gegenbesuch in Friedrichshafen kam es nicht mehr, in seinem Absagebrief verriet schon seine veränderte Handschrift die fortschreitende Krankheit des bayerischen Königs: »Hochverehrte Tante [...] Ihr bis in den Tod ergebener L.«[14]

Gegen Ende von König Karls Regierungszeit war die Hofgeselligkeit ein wenig verödet, da beide Majestäten oft monatelang abwesend waren. Die Hofbälle wurden dann zwar von den Obersthofmeistern abgehalten, doch fehlte den Festen der rechte Glanz. Der König gewährte immer seltener Audienzen, liebte keine politischen Gespräche und vernachlässigte seine repräsentativen Pflichten erheblich. Einzig die Palastdame der Königin, Gräfin Uexküll, lud regelmäßig abends nach dem Theater noch in ihren Salon zum Tee.

Das Adoptivkind

Die Kinderlosigkeit des Kronprinzenpaares führte zunehmend zu einer Belastung ihrer Ehe; besonders Olga, die sich ein harmonisches Familienleben wünschte, empfand dies schmerzlich. Karl hatte sich in jungen Jahren eine venerische Erkrankung zugezogen, die jedoch zum Zeitpunkt der Eheschließung ausgeheilt war. Nur die Sterilität blieb zurück, was leider häufig mit diesen Krankheiten einhergeht.[15] Vermutlich waren Kronprinz Karl diese Zusammenhänge bewusst, denn er hatte schon früh seinen Neffen, Prinz Wilhelm von Württemberg, zum Nachfolger bestimmt.

Die kleine neunjährige Nichte Olgas, Großfürstin Wera, galt als schwer erziehbares Kind. Sie war renitent und bekam hysterische Wutanfälle, bei denen sie manchmal nur mit Hilfe von Leibwächtern gebändigt werden konnte. Ihr drohte der Aufenthalt in einer Klinik unter strenger ärztlicher Aufsicht, da sich die Eltern mit der Erziehung dieses Kindes überfordert sahen. Hier griff nun Olga ein und nahm das Mädchen in ihre Obhut in der Hoffnung, mit viel Liebe und Geduld das widerspenstige und traumatisierte Kind bändigen zu können. Wera war die Tochter von Olgas Bruder Konstantin und seiner Gemahlin Alexandra von Sachsen-Altenburg. Als kleines Mädchen hatte sie ein Attentat miterlebt, das auf ihren Vater in seiner Eigenschaft als Statthalter des Zaren in Warschau verübt worden war. Der Großfürst überlebte, ließ jedoch daraufhin den Aufstand der Polen für die Unabhängigkeit ihres Landes im Januar 1861 und die Demonstrationen der unterdrückten Bauern in Warschau mit Schüssen auf das Volk blutig niederschlagen. Olga zeigte sich mit der Entscheidung, Wera erziehen zu wollen, nicht nur langmütig, sie war auch so klug, die psychischen Zusammenhänge dieses frühkindlichen Traumas zu erkennen – was damals nicht selbstverständlich war.

So kam Wera Konstantinowna am 7. Dezember 1863, begleitet von ihren Eltern, an den Stuttgarter Hof und wurde von ihrer Tante Olga wie eine eigene Tochter aufgenommen. Auch wenn sie manchmal von den Unarten des Mädchens »sehr ermüdet« war, so hat sie doch die Launen Weras geduldig ertragen, immer unterstützt auch von ihrem Gemahl. Es ist beiden gelungen, die anfänglichen Widerstände des Mädchens zu überwinden. So durften sie erleben, wie Großfürstin Wera mit den Jahren zu einer großartigen Frau heranwuchs. Olga hing in zärtlicher Liebe an ihr und war glücklich, als die Eltern Weras ihre Zustimmung erteilten und sie am 13. Januar 1871 das Mädchen adoptieren konnten. Damit standen Wera auch alle Ehren einer Königstochter zu, nur ein Thronanspruch in Württemberg war ausgeschlossen. Dennoch hielt Großfürstin Wera immer den Kontakt zu ihren leiblichen Eltern und ihren Geschwistern aufrecht, oft weilte ihre Schwester Olga, die Königin von Griechenland, zu Besuch bei ihr in Stuttgart.

Im Januar 1874 verlobte sich Wera Konstantinowna mit dem sieben Jahre älteren Herzog Wilhelm Eugen von Württemberg, dem Enkel des berühmten Siegers von Kulm, der in russischen Diensten gestanden und dem Zaren Nikolaus I. einstmals bei der Niederschlagung des Dekabristenaufstands beigestanden hatte. Es gab also auch hier familiäre Verknüpfungen und Königin Olga schrieb sehr beglückt:»Unser Sorgenkind eine glückliche Braut, liebend und geliebt! Von einem solchen Glück habe ich nicht geträumt, Eugen ist schon wie ein Sohn für den König.«[16] Als Mitgift wies Zar Alexander II. seiner Nichte eine Million Rubel an, eine Summe, wie sie Töchtern und Enkelinnen des Zarenhauses zustanden. Das Geld war in Russland angelegt, über die Zinsen aber konnte sie frei verfügen. Außerdem wurde ihr eine Dotation von 200 000 Rubel zuerkannt. Zusammen mit dem späteren Erbe von Königin Olga ermöglichte dies Herzogin Wera einen standesgemäßen Lebensstil und war der Grundstock für ihre legendäre Großzügigkeit und Hilfsbereitschaft, für die sie in Württemberg berühmt und verehrt wurde. Ihre Hochzeit fand am 8. Mai 1874 in Stuttgart statt, woran viele erlauchte Gäste, darunter auch der Zar, teilnahmen. Am 8. April 1875 kam ein Sohn zur Welt, Karl Eugen, der schon mit sieben Monaten verstarb und, tief betrauert von der ganzen Familie, in der Gruft unter dem alten Schloss beigesetzt wurde.

Am 1. März 1876 wurden die Zwillingsschwestern Elsa und Olga geboren. Vom Glück der Familie und besonders der Großmutter Olga zeugen die Briefe, die sich zum Teil erhalten haben:»Lieber Herzens-Eugen [...] einziger Tag ohne Gäste im Haus! Ich freue mich, dass wieder ein Gartenfest in der Villa Berg stattfand, wie in meiner Jugendzeit, deine Schwiegertante Oly«. Oder ein Billett an Tochter Wera:»Was wünscht sich Eugen zum Geburtstag? Sage mir es ins Ohr. Wie geht's den Kindern? Umarme dich, Oly.« Um seine militärische Karriere fortzusetzen, nahm Herzog Eugen ein Kommando in Düsseldorf an, wo er jedoch überraschend am 27. Januar 1877 verstarb. Die offizielle Version über die Todesursache lautete damals, er sei vom Pferd gestürzt oder auch, er habe sich heftig erkältet – möglicherweise jedoch fand der als lebenslustig bekannte Herzog den Tod in einem

Im Atelier des Stuttgarter Hof-Fotografen Hermann Brandseph entstand
das Bild von Herzogin Wera von Württemberg mit ihren Töchtern Elsa und
Olga. Auch die Hunde durften mit ins Bild.

Duell. Heute erinnert der »Eugensplatz« in Stuttgart an diesen Herzog von Württemberg.

Die beiden heranwachsenden Enkeltöchter waren die große Freude des Königspaares, manche Sommerwochen verbrachten die beiden bei Omama und Opapa in Friedrichshafen, wodurch Herzogin Wera beruhigt größere Reisen unternehmen konnte. Besonders König Karl verwöhnte die Mädchen gerne, legte für sie im Park ein Tiergehege an oder nahm im Winter an ihren Rutschpartien teil. Im Jahre 1897 heiratete Herzogin Elsa Fürst Albrecht zu Schaumburg-Lippe und zwei Jahre später verehelichte sich ihre Schwester Olga mit dem Bruder von Albrecht, Fürst Maximilian zu Schaumburg-Lippe. Beide waren jüngere Brüder der letzten württembergischen Königin Charlotte. Für die beiden Enkelinnen hatte Königin Olga in ihrem Testament vorgesorgt und ihnen eine Mitgift von jeweils einer Million Mark zugedacht. Heute lebt noch eine große Nachkommenschaft von diesen Schwestern.

Herzogin Wera heiratete nicht wieder, sie blieb in Stuttgart und widmete sich ganz ihren Kindern. Daneben war sie eine große Förderin von Kunst und Kultur in der Stadt, besonders aber wirkte sie im sozialen Bereich. Die »Zufluchtsstätten in Württemberg«, das spätere Weraheim in Stuttgart, war im Jahre 1908 ihre Gründung, gedacht als Zufluchtsstätte für Frauen und ledige Mütter. Es ist auch heute noch ein Haus für Mutter und Kind, eine Notaufnahme für Schwangere und Kinder in Not. Im Alter konvertierte Herzogin Wera, die ursprünglich im russisch-orthodoxen Glauben erzogen worden war, zur evangelisch-lutherischen Kirche und war maßgeblich am Bau der Heilandskirche in Stuttgart-Berg beteiligt, deren Einweihung sie jedoch nicht mehr erleben durfte. Sie starb am 11. April 1912 in Stuttgart.

Stiftungen

Königin Olga empfand, im Gegensatz zu Königin Katharina, ihr soziales Engagement nicht als Politikum, sondern als die traditionelle Aufgabe einer Fürstin, einer Landesmutter, die sie gewissenhaft ausfüllte. Schon bald nach ihrer Heirat wurde sie von Königin

Pauline mit den verschiedenen sozialen Einrichtungen des Landes vertraut gemacht und darin eingeführt. Als erstes Protektorat übernahm sie ab 1847 die Heil- und Pflegeanstalt für schwachsinnige Kinder in Mariaberg bei Reutlingen, danach folgte eine ganze Flut von Institutionen und Wohltätigkeitseinrichtungen, die unter ihrem besonderen Schutz standen. Immer war sie aufgeschlossen für neue Vorhaben und meist auch hilfreich bei der Finanzierung. Man sagte von ihr, sie habe die nötige Energie, Herz und Verstand und, nicht zu vergessen, auch die entsprechenden Geldmittel. Vieles wurde im Verborgenen von Königin Olga gestiftet, »viele einsame Dorfkirchlein haben eine Glocke oder ein Altarkreuz erhalten«.

Von der Vielzahl der Einrichtungen, die im Zusammenhang mit Königin Olga stehen, seien hier nur einige herausgegriffen: Die meisten Stuttgarter Kinder kennen das »Olgäle« – das Kinderkrankenhaus im Westen der Stadt. Schon 1842 wurde von den Ärzten Dr. Cless und Dr. Elben ein Kinderhospital gegründet, in dem Kinder aus armen Familien und vor allem Lehrlinge behandelt werden sollten. Im Jahre 1847 nahm Königin Olga die Heilanstalt unter ihren Schutz und diese durfte ihren Namen tragen.[17] Ihre Hofdame schreibt: »Sie war so herzig mit den Kleinen, bekümmerte sich um Alles – gestand aber, wie viel Überwindung es sie manchmal koste, wegen ihrer eigenen Kinderlosigkeit.« Die Kinderheilanstalt genoss hohes Ansehen. In den Jahren 1880 bis 1889 wurde deshalb ein Neubau notwendig, wozu Olga die entsprechenden Mittel bereitstellte. Auch die Stadt beteiligte sich und überließ dem Krankenhaus das Areal als Schenkung. Damals engagierten sich viele Mitglieder des Königshauses mit Spenden, man konnte für den Betrag von 9000 Mark ein sogenanntes »Freibett« stiften, womit bedürftigen Patienten ein kostenloser Klinikaufenthalt ermöglicht wurde. Selbst die Söhne des ehemaligen russischen Diplomaten Gortschakow beteiligten sich an dieser Aktion und spendeten ein solches Freibett, im Gedenken an den Vater und ihre frohe Jugendzeit in Stuttgart.

Auch evangelische »Frauenstifte« wurden gegründet »für einsam stehende, gebildete Frauen«, die dort durch eine gemeinsame Haushaltsführung manche Erleichterung erfuhren. Dies war praktisch als

Familienersatz gedacht, ohne dass die Frauen ein klösterliches Leben führen mussten, wenn auch die aufgehobenen Klöster für diese Zwecke genutzt wurden. Es gab in Kirchheim das Henriettenstift, in Grunbach das Olgastift und in Schorndorf das Karl-Olga-Stift. Daneben entstanden auch überkonfessionelle »Häuser der Barmherzigkeit«, wie in Esslingen und Wildberg, die erwerbsunfähig gewordenen Menschen eine Zufluchtsstätte boten.

In Stuttgart kümmerte sich ein Privatlehrer, Dr. Gottlieb Friedrich Wagner, in seinem Hause um den Unterricht und die Erziehung blinder und sehbehinderter Kinder. Als Königin Olga davon hörte und von seinen »menschenfreundlichen Absichten«, bot sie ihre Unterstützung an. So konnte am 15. Oktober 1856 die Blindenanstalt in der Forststraße eingeweiht werden. Olga nannte sie »Nikolauspflege«, nach ihrem ein Jahr zuvor verstorbenen Vater, Zar Nikolaus I. Bis zu ihrem Tode behielt sie dieses Protektorat, danach engagierte sich Herzogin Wera hier besonders intensiv. Seit 1908 befindet sich die Schule für Blinde und Sehbehinderte am Kräherwald. Sie gehört heute zu den größten Einrichtungen dieser Art in Deutschland. Neben der Internatsschule gibt es auch ambulante Dienste, die »Nikolauspflege« ist ein überregionales Kompetenzzentrum geworden. Inzwischen können hier sehbehinderte Menschen in 20 verschiedenen Berufen ausgebildet werden, sowohl im kaufmännischen als auch im handwerklichen und gartenbautechnischen Bereich.

Anlässlich ihrer Silberhochzeit am 13. Juli 1871 wurde die Karl-Olga-Stiftung ins Leben gerufen, eine »Stiftung für ewige Zeiten zur Erinnerung an diesen Tag«. Laut Paragraph 8 der Statuten behielt sich die Königin selbst die Stelle der Vorsteherin dieser Stiftung auf Lebenszeit vor. Die Korporationen der Ämter von 64 Städten des Landes sammelten eine »Jubiläumsgabe«, von dieser Stiftung wurde die Karl-Olga-Heilanstalt in Ulm gegründet. Wenige Jahre vor Olgas Tod konnte auch in Friedrichshafen ein Karl-Olga-Krankenhaus eingeweiht werden.

Das letzte Projekt des Königspaares war die Errichtung eines eigenen Mutterhauses für die Olga-Schwestern im Osten von Stuttgart. Die Diakonissen kamen aus dem Heilbronner Mutterhaus hierher und

König Karl stiftete den »Olgaorden« für herausragendes soziales Engagement. Hier die Version für Damen im herzförmigen roten Etui.

konnten nun ein eigenes Krankenhaus mit angeschlossener Pflege-schule beziehen. Leider hat die Königin die Einweihung der Gebäude nicht mehr erlebt, doch wurde die Heilanstalt in Erinnerung an sie Karl-Olga-Krankenhaus benannt. Auch die Olga-Schwestern tragen noch heute das von ihr gestiftete Silberkreuz mit der Aufschrift: »Gott sendet seine Güte und Treue« (Psalm 57), das ihnen nach sieben Dienstjahren verliehen wird.

Aus den vielen bildungspolitischen Einrichtungen, denen Olga ih-re Aufmerksamkeit und ihre Unterstützung schenkte, wie Lehrerinnenseminar, Kleinkinderschulen oder Kinderkrippen, sei nur eines herausgegriffen, das nach ihr benannte Olgastift in Stuttgart.

Nach seinem Regierungsantritt übertrug König Karl das Protektorat über das Katharinenstift seiner Gemahlin Olga. Sie nahm diese Aufgabe sehr ernst, wohnte immer den Prüfungen bei und besuchte auch manches Mal überraschend den Unterricht, wobei sie selbst Fragen an die Schülerinnen stellte, beispielsweise in Französisch. Die wachsende Schülerzahl machte die Gründung einer weiteren Schule erforderlich, so entschloss sich Olga zur Finanzierung eines Neubaus an der Johannesstraße, wofür sie die Summe von 200 000 Mark aus ihrer Privatkasse bestimmte. Die Einweihung des neuen »Olgastifts« konnte am 26. September 1878 in Anwesenheit beider Majestäten begangen werden.

Neben den Lehrern gehörten auch Gouvernanten zum Schulbetrieb, die bei den Zöglingen für Sitte und Anstand, Zucht und Ordnung und eine gute Körperhaltung zu sorgen hatten. Durch sie sollte der »heilsame weibliche Einfluss« bei der Bildung der Mädchen gewährleistet sein.[18] Im 19. Jahrhundert war man vielfach noch der Meinung, Mädchen würden durch bessere Bildung ihre »Fraulichkeit« verlieren, dennoch war das Interesse an Mädchenbildung groß. Die Königin besuchte die Schule oft, auch ihr Geburtstag wurde alljährlich mit einem Fest für Schüler und Lehrer begangen. Zu Ostern gab es, nach russischem Brauch, für die Lehrer und Gouvernanten Eier aus Achat, die Zöglinge wurden zu Schokolade in den Festsaal eingeladen! Am 2. Juli 1892 war Königin Olga wieder zu einem kurzen Besuch im Olgastift erschienen, es sollte ihr letzter öffentlicher Auftritt werden.

Nach den Kriegen von 1866 und 1870/71 wurde von ihr der »Sanitätsverein« gegründet. Sie selbst half mit bei der Organisation, Verwundete mit der Eisenbahn zurückzuholen. Sie stand stets zum Empfang der Züge am Bahnhof und begrüßte die ankommenden Soldaten. Am 27. Juni 1871 stiftete König Karl den »Olga-Orden« für soziales Engagement in Kriegs- und Friedenszeiten, »zum Gedächtnis der nach dem Vorbild Königin Olgas während des Kriegs 1870/71 bethätigten, freiwilligen aufopfernden Nächstenliebe«.

Königliche Residenzen

Inspiriert von einer Italienreise 1844 suchte Kronprinz Karl, zusammen mit seinem Freund Hackländer, nach einem geeigneten Platz für ein Refugium vor den Toren der Stadt und fand es auf dem »höllischen Bühl« über dem Neckartal bei der Mündung des Nesenbachs.

Karl schwebte der Bau eines Landhauses im Stil der italienischen Spätrenaissance vor: mit bequemen Räumen, die auch eine schöne Aussicht boten, und einem großen Park. So entstand nach den Plänen des damals noch unbekannten Architekten Christian Friedrich Leins die Villa Berg. Durch die Schönheit und Ausgewogenheit dieses Landhauses mit seinen Terrassen und seiner wohl durchdachten Innenausstattung machte sich Leins einen guten Namen; bald war er ein gefragter Baumeister in Stuttgart. Leins wurde zum Oberbaudirektor ernannt und leitete 1867 den Bau der Johanneskirche im Feuersee und in den Jahren 1855–1859 die Errichtung des Königsbaus, der vortrefflich in den Platz hineinkomponiert ist.

Olga zeigte nach ihrer Heirat reges Interesse für die Baupläne ihres Gemahls und mit Begeisterung kümmerten sich beide um die Frage der passenden Ausstattung. Die Höhe der Baukosten übertraf jedoch bei weitem die veranschlagte Summe, sodass sich der Zar noch beteiligen musste. Zunächst konnte nach der Hochzeit die 1845 erbaute Orangerie als Sommersitz bezogen werden, bis die eigentliche Villa fertig gestellt war. Sie war ein Glas-Eisen-Bau, diese Gusseisenkonstruktion war damals eine der ersten in Deutschland. Es gab herrliche Glashäuser als Wintergärten, innen mit Springbrunnen und Ruhebänken. Hofgärtner Neuner reiste eigens nach Italien und brachte die ersten Orangenbäumchen mit. Er hatte den wundervollen Park angelegt, mit Rasenplätzen, üppigen Blumenrabatten, Statuen und Volieren. Am 29. Oktober 1853 konnte dann die feierliche Einweihung stattfinden. Nach einem Besuch der Zarin Alexandra im Jahre 1856 telegrafierte sie begeistert ihrem Gemahl nach Russland: »Olga wohnt himmlisch.«

Im Inneren herrschten helle Farben, viele Pastelltöne und reiche Blumenmuster vor. Der Ballsaal war säulengeschmückt und besaß eine

Das Kronprinzenpalais am Schlossplatz in Stuttgart wurde von Architekt Ludwig Gaab erbaut und im Zweiten Weltkrieg zerstört. Zu einem Wiederaufbau konnte man sich nicht entschließen.

umlaufende Galerie, ganz in Weiß und Gold gehalten, der Speisesaal hatte schwarze Säulen und war mit dicken, farbigen Teppichen ausgelegt. Sämtliche Räume waren üppig mit Kronleuchtern, Spiegeln, Uhren und Möbel aller Art ausgestattet. Da beide Ehepartner großes Interesse an Kunst hatten, zierten über 100 Ölgemälde die Wände. Auch

Königin Olga

für des Kronprinzen geliebtes Klavierspiel standen zwei Flügel und zwei Hausorgeln zur Verfügung. Nach dem Tod von Herzogin Wera im Jahre 1912 erbten ihre Töchter Park und Villa Berg, verkauften jedoch die gesamte Immobilie noch im selben Jahr für 2 850 000 Mark an die Stadt, auf Rentenbasis. Durch die bald darauf ausgebrochene Inflation und den Währungsverfall verloren die Renten rapide an Wert. Dieses Geschäft war also nur für die Stadt lukrativ.

Bald nach der Hochzeit von Karl und Olga wurde am Schlossplatz mit dem Neubau des Kronprinzenpalais begonnen. Die Pläne hierzu lieferte Oberbaurat Ludwig Friedrich von Gaab aus Tübingen, welcher das Gebäude mit seiner klassisch schlichten Fassade wunderbar in das Ensemble des Schlossplatzes einfügte. Nach acht Jahren konnten Karl und Olga dann endlich ihr eigenes Palais beziehen und am 18. Dezember 1854 die Einweihung mit einem großen Ball feiern. Viele hundert Menschen gingen durch die neuen Säle und bewunderten die Pracht der riesigen Lüster und die gesamte Einrichtung.

Um einen Eindruck vom königlichen Ambiente dieser Zeit zu vermitteln, ein Blick in Olgas Schlafzimmer: Die Möbel waren geschnitzt und reich vergoldet und waren Teil ihrer Aussteuer aus Russland. An den Türen hingen schwere Portieren aus grünem Samt, die Wände waren mit 18 Ölgemälden und weiteren Bildern bestückt. Im Raum stand ein großer Ankleidespiegel mit Leuchtern, ein Putztisch mit weißer Glasplatte und Schubladen und eine Toilette aus vergoldetem Silber. Diese enthielt: ein Waschbecken mit Krug, Spiegel mit Kandelaber, Zahnbürste, Nagelbürste, Pomadenbüchse, Riechfläschchen, Seifenbüchse, Klingel. Das Bettgestell war oben und unten mit weißblauem Brokat bezogen, aus dem gleichen Stoff waren die Kissen und der Bettüberwurf gefertigt, ebenso zwei mit Seide bespannte Körbe für das Bettzeug. Die Matratze bestand aus Rosshaar, eine Seite war mit Wildleder bezogen, die andere aus feinem Saffianleder.[19]

Leider ist das Kronprinzenpalais im Zweiten Weltkrieg zerstört und seine Ruine nicht wieder aufgebaut worden. Heute stehen an dieser Stelle das Kunstmuseum und die Buchhandlung Wittwer.

Als das Königspaar 20 Jahre später das Jagdschloss im alten Kloster Bebenhausen renovieren und zu längeren Wohnaufenthalten ausbauen ließ, hatte sich der Zeitgeschmack verändert und man liebte schwere Möbel und ein Ambiente, das sich Historismus nannte. Beispielsweise wurde für die Ausstattung Prunksilber bestellt, Gefäße, Tischaufsätze und dergleichen, das – nach Vorbildern aus dem 16./17. Jahrhundert – von einer berühmten Silberwarenmanufaktur in Hanau eigens für den württembergischen Hof gefertigt wurde. Dieses Prunksilber ist heute noch in Bebenhausen ausgestellt.

Karls »Eigentümlichkeiten«

Der hochsensible württembergische Kronprinz und spätere König Karl pflegte schon früh Männerfreundschaften, was nicht heißen muss, dass diese zwangsläufig eine homoerotische Komponente hatten. Man weiß auch um andere Liebesaffären Karls, wie etwa zu Madame Silvia Livingstone. Dennoch wurde in Hofkreisen viel über das Wesen dieser Freundschaften spekuliert, sowohl zu seinem Adjutanten, Baron Wilhelm von Spitzemberg, als auch zu seinem Sekretär, dem Schriftsteller Friedrich Wilhelm Hackländer. Mit ihm war Karl jahrelang, »trotz allen Wühlens und Minenlegens« gegen den Norddeutschen, eng befreundet. Er genoss das Vertrauen des Kronprinzen und begleitete ihn auf seinen Bildungsreisen wie auch bei der »Brautschau« in Palermo, sodass Olga anfangs ebenfalls ein vertrautes Verhältnis zu ihm pflegte. Doch scheint sie unsicher geworden zu sein, jedenfalls wurde Hackländer überraschend und ohne ersichtlichen Grund seines Amtes enthoben, man vermutete ihren Einfluss dahinter. Mit Wilhelm von Spitzemberg war Karl aus seiner Tübinger Studienzeit her befreundet. Er war ein charaktervoller Mann, der keinen persönlichen Vorteil aus dieser Freundschaft zog und sich von der Politik fern hielt. Der Vorwurf seiner Schwägerin in ihrem Tagebuch, »er liegt buchstäblich den ganzen Tag in des Königs Armen, dem er unentbehrlich ist [...] Das ist der Fluch der Günstlingsrolle, dass auch die Guten sich nach und nach die Flügel verbrennen im Gifthauch der Hofgunst«, ist so vielleicht nicht gerechtfertigt.

Mit den Jahren traten die Neigungen Karls deutlicher hervor und gaben selbst am Petersburger Hof Anlass zu Gerede. Der Zarenfamilie, die Karl stets wohlgesonnen war, fiel seine Launenhaftigkeit und die Stimmungsschwankungen, auch im Umgang mit seiner Gemahlin, allmählich auf. Doch ließ man sich Olga gegenüber nichts anmerken. Nur Baronin von Massenbach, die Hofdame Olgas, berichtete in ihrem Tagebuch über seine »Eigentümlichkeiten«.

Im Jahre 1883 kam, statt des bisherigen Vorlesers Mr. Jackson, Charles Woodcock an den königlichen Hof. Er stammte aus Chicago und war ein gebildeter, großer, schlanker Mann, der anfangs sehr zurückhaltend auftrat. Er hatte sich schon längere Zeit in Stuttgart aufgehalten und betätigte sich etwas undurchsichtig als Prediger und Therapeut – mit durchaus eigenwilligen Heilmethoden. Er hatte einen Freundeskreis um sich versammelt, zu dem beispielsweise Mr. Hendry oder Fanny Schmitt-Zoller gehörten. Für König Karl wurde Woodcock zunächst ein verständnisvoller Begleiter, bei dem er Rat suchte in seiner ständigen Kränklichkeit. Doch der Einfluss Woodcocks am württembergischen Hof und auf den König wuchs im Laufe der Jahre in einer Weise, die sowohl in politischer wie auch in finanzieller Hinsicht nicht mehr tragbar schien. Ministerpräsident Mittnacht bezeichnete ihn ironisch als »den mächtigsten Mann in Württemberg«, der sich einen luxuriösen Lebensstil leistete, da ihn der König insgesamt mit einer Million Mark »unterstützt« hatte. Eine große Fehleinschätzung der Situation seitens des Königs war die Ernennung Charles Woodcocks zum Kammerherrn und seine Erhebung in den Adelsstand als »Baron Savage« am 19. Oktober 1888. Damit brüskierte König Karl vor allem die württembergische Aristokratie, die schon seit König Friedrichs Zeiten an ihrer »untergeordneten Stellung« im Königreich litt. Freiherr Hans Otto von Ow-Wachendorf schrieb: »Ein solcher Zustand ist eine Beleidigung für den gesamten schwäbischen Adel, der vernachlässigt wird gegenüber diesen Günstlingen. [...] Das ist kein Boden, auf dem die deutschen Edelleute wachsen. [...] Da passt ein Hans von Ow nicht hin.«

Selbst auswärtige Zeitungen berichteten über die Zustände am Stuttgarter Hof, nur Karl schrieb an seinen Leibarzt Professor Liebermeister nach Tübingen, wie weh es ihm ums Herz ist, »in einem höchst lügenhaften, schmutzigen Artikel herumgezogen zu werden. Bald wird sich übrigens alles klären«. Der König erwog abzudanken. »Kommt diese Satisfaction nicht, so abdiciere ich zu Gunsten meines Neffen.«[20] Daraufhin wurde Bismarck zur Vermittlung angerufen und es gelang dem Thronfolger, Prinz Wilhelm, zusammen mit Mittnacht so viel Druck auf Karl auszuüben, dass im November 1888 die Trennung von Baron Savage erfolgte. Dessen Freunde klagten, »er opfere seine hoch beglückende, reine, warme langjährige Freundschaft, obwohl ihm und dem König das Herz gebrochen sei«.[21] Doch der Stern des amerikanischen Freundes sank, denn Karl lernte im Sommer 1890 den Bühnenelektriker Georges kennen. »Er gewährte mir Trost in schwer durchlebter Zeit« und »er leistete mir wesentliche Dienste in Beziehung der elektrischen Beleuchtung der Kreuzgänge in Bebenhausen«, so schrieb der König über seinen neuen Gefährten Georges, den er auch in seinem Testament mit großzügigen Geldzuwendungen und der Villa Taubenheim am Bodensee bedachte.

Das Verhältnis der Ehepartner zueinander war in diesen Jahren nicht einfach. Olga behielt ein hohes Maß an Selbstdisziplin, verlor nie die Nerven, trotz aller Belastungen, denen sie in dieser Ehe ausgesetzt war. Sie hielt nach außen hin die Fassade einer guten Ehe aufrecht und stand hinter den Entscheidungen ihres Gemahls. Sie ertrug seine Launen, wie auch der übrige Hofstaat die gelegentliche Gereiztheit des Königs geduldig hinnahm. Manchmal wirkte Olga verschlossen oder niedergeschlagen, doch nur selten gab sie zu erkennen, wie sehr sie innerlich litt. Aus manchen ihrer Äußerungen geht hervor, dass sie im Grunde ihrem Gemahl herzlich zugetan war, und auch Karl hing sehr an seiner Gattin und fühlte sich ihr innerlich verbunden. Doch ihren Wunsch nach einer glücklichen Beziehung vermochte er nicht zu erfüllen. Bezeichnend dafür ist der Bericht des russischen Schriftstellers Tjutschew von einem Gespräch mit Karl, »der mit seiner Gattin, die so charmant, weiblich und rein ist, einen wahren Kult treibt und der sagt, welchen Kummer er empfindet, dass er das Geschenk einer solchen Frau nicht genügend zu würdigen vermag.«[22]

Schwere Jahre

Auch in fortgeschrittenem Alter behielt Königin Olga ihre würde-volle, fürstliche Haltung, doch konnte sie auch herb und resig-niert wirken. Ihre Nichte Pauline zu Wied beispielsweise schildert sie als eine »hagere, vornehme, aber eisige Erscheinung mit Zügen, wie aus Marmor gemeißelt. [...] Sie war immer bereit, jedermann etwas fast Verletzendes zu sagen. So rollte sich ihre traurige Lebensbahn ab.« König Karl wiederum war im Alter ein von Krankheit gezeichne-ter Mann, ohne Schwung und häufig unter Depressionen leidend, doch vermerkte sein Leibarzt Dr. Fetzer einmal: »Meist schwebt sein Geist über den Wolken – aber oft kann er Personen und Verhältnisse ganz treffend beurteilen.« Karls angegriffene Gesundheit zwang ihn ab den 1880er-Jahren immer häufiger zu Aufenthalten im Süden, in Nizza oder San Remo, um dort regelrecht zu überwintern. Meist wurde er dorthin von seiner Gemahlin, aber auch von seinen Freun-den begleitet. Einmal kam auch Herzogin Wera mit den Kindern zu Besuch nach Nizza, sie störte allerdings »die schwüle Atmosphäre – es ist eben traurig, dass es überall menschelt und speziell bei Hof«, so schrieb sie an ihre Schwiegermutter und reiste wieder ab.

Über einige Jahre hinweg wurde Karl von seinem Leibarzt in den Süden begleitet, sehr zum Unwillen Woodcocks, der ihn lieber selbst mit homöopathischen Mitteln behandeln wollte. Doch Olga hatte Vertrauen zu Dr. Fetzer. Immer wieder lud König Karl von ihm be-sonders geschätzte Personen nach Nizza ein, so beispielsweise im Frühling 1886 seinen Oberhofprediger Karl Gerok, von dem er sich auch manche Wahrheiten sagen ließ. Für den Theologen und Dichter Gerok erfüllte sich ein Lebenstraum beim Anblick der Palmen und des Meeres. Voller Dankbarkeit widmete er dem König ein Gedicht:

> *Schön ist's, unter Palmen gehen,*
> *Wohl im Geist erfuhr ich's oft;*
> *Doch der Palmen Heimat sehen, –*
> *Nimmermehr hab' ich's gehofft.*
> *Nun durch meines Königs Güte*

Ward für's Nieverhoffte Raum,
Und dem Greise noch erblühte
Was des Jünglings kühnster Traum. –

Ja in jenen Maientagen
War die Welt noch einmal schön,
Wie von Wolken sanft getragen,
Durft' ich auf der Menschheit Höhn –
»Sänger mit dem König« – gehen
Und, von Gärten rund umblüht,
In den schönsten Garten sehen,
In ein königlich Gemüt!

Damals waren solche weiten Reisen noch ein höchst privilegiertes Vergnügen und für einen schwäbischen Prälaten nicht leicht erschwinglich, daher die übergroße Freude Geroks.

Im Februar 1887 erlebte das Königspaar bei seiner Reise in Nizza ein großes Erdbeben, wobei sie glücklicherweise beide unverletzt blieben, doch in der Presse wurde der Mut des Königs besonders lobend hervorgehoben. Im April 1889 geriet Olga bei einem Ausflug nach Èze an der Côte Azur in Lebensgefahr, worauf in Stuttgart ein Extrablatt aus Nizza erschien mit der genauen Beschreibung des Unglücks. Demnach scheuten plötzlich die Pferde bei einer Tunnelausfahrt und stürzten den steilen Abhang zum Meer hinunter, eines der Pferde war tot, das andere schwer verletzt. Zum Glück für die Königin und ihre Begleiter brach beim Sprung der Pferde über die Böschung die Deichsel und die Kutsche blieb auf der Straße stehen. Ein Lakai wurde dabei leicht verletzt, doch die Königin konnte zu Fuß weitergehen und Hilfe holen. Nach dieser Meldung trafen in Nizza zahlreiche Schreiben von besorgten Untertanen ein, die Olga zu ihrer »Errettung aus Lebensgefahr« gratulierten.

Für Aufregung sorgte auch ein anonymer Drohbrief, der Königin Olga am 11. Juli 1879 aus Paris erreichte und dessen Absender die Polizei nie ermitteln konnte. In englischer Sprache erklärte ein Unbekannter, es sei beschlossen, dass alle Romanows sterben müssten und sie könnten dem nicht entfliehen. Sicherlich ist bei Olga eine gewisse Unruhe geblieben, zumal in Russland schon mehrere Attentate auf den Zaren verübt worden waren, die jedoch immer fehlschlugen. Viele in Russland glaubten, dies hänge mit den Bemühungen des Zaren um eine liberalere Politik zusammen, die bei der Aristokratie auf heftige Kritik stieß, großen Teilen der Bevölkerung jedoch nicht weit genug ging. Obwohl er im Jahre 1861 die Leibeigenschaft der Bauern aufgehoben hatte und als »der Befreier« galt, blieb er in den Augen seiner Untertanen der Vertreter des reaktionären Zarentums. Am 1.März 1881 fiel Zar Alexander II. einem Attentat zum Opfer, bei dem ihm beide Beine weggerissen wurden. Das württembergische Königspaar trauerte sehr um diesen so sehr geliebten Bruder, wenn auch ihre politischen Ansichten nicht immer übereingestimmt hatten.

Das 25-Jahr-Regierungsjubiläum des Königpaares am 25. Juni 1889 war nach all den Tiefschlägen der vorangegangenen Jahre wieder einmal ein Anlass zum Feiern. Die vielen Beweise der aufrichtigen Verehrung und Anhänglichkeit aus der Bevölkerung in Form von zahlreichen Festschriften und Gedichten waren für den König wohltuend, der damals noch unter dem Eindruck der Trennung von seinem Freund Woodcock stand. Die Menschen im Lande hatten keinen detaillierten Einblick ins Hofleben, Informationen durch die Presse waren einer bürgerlichen Oberschicht vorbehalten. Die einfachen Leute verehrten den König deshalb nach wie vor und waren zufrieden, denn der Aufschwung von Handel und Gewerbe hatte wachsenden Wohlstand nach Württemberg gebracht. Sie empfanden den König als milden Regenten, als Förderer von Kunst und Wissenschaft. Offiziell eröffnet wurde das Fest mit der Gartenbauausstellung am 22. Juni 1889. Mehrere Tage lang gab es glänzende Gartenfeste in der Wilhelma und auf Schloss Rosenstein mit vielen Ehrengästen, darunter das deutsche Kaiserpaar, der päpstliche Nuntius, die englische Königin, die Königin der Niederlande und der belgische König. Auch von anderen befreundeten Höfen trafen Glückwünsche ein. Königin Olga stiftete aus ihrem Privatvermögen 23 000 Mark als Grundlage für die Einrichtung eines Frauenheims. Der Jubel über dieses Fest hat manche Peinlichkeit der Vergangenheit überdeckt, als der König abdanken wollte und es beinahe zum Eklat gekommen war. Der Kaiser zeichnete Mittnacht für seine großen Verdienste mit dem Schwarzen Adlerorden aus und dokumentierte damit die gute Zusammenarbeit mit dem württembergischen Ministerpräsidenten.

Jahrelang ließ die Gesundheit König Karls zu wünschen übrig und er fühlte sich ständig geschwächt. Im Sommer 1891 war ein altes Leiden des Königs, eine Harnwegserkrankung, wieder verstärkt aufgetreten. Dennoch war er, wie immer, nach Friedrichshafen aufgebrochen. Im August jedoch verschlimmerte sich trotz der rührenden Pflege Olgas sein Zustand, sodass er im September nach Bebenhausen zurückkehren musste. Nach Aussagen der Ärzte müssen seine Schmerzen erheblich gewesen sein, doch ertrug er dies in bewundernswerter Weise und war ständig bemüht, freundlich gegenüber seiner Umgebung zu wirken. Am 5. Oktober wurde der König nach Stuttgart gebracht, man befürchtete das Schlimmste und alarmierte den ganzen Hof, auch der Thronfolger und die Schwestern des Königs eilten ins Schloss. Königin Olga wich die ganze Nacht hindurch nicht aus dem Zimmer, saß am Krankenbett ihres Gemahls und sprach mit ihm, wenn er nicht bewusstlos war. Vor dem Schloss, unter den Fenstern des Monarchen, versammelten sich die Menschen und in den Kirchen wurden Bittgottesdienste abgehalten. Am Morgen des 6. Oktobers 1891, um 6.45 Uhr, ist König Karl gestorben.

Königin Olga trauerte um einen geliebten Menschen, mit dem sie doch, wenngleich in einer schwierigen Ehe, mehr als vierzig Jahre verbunden war. Sie legte ihm, dem großen Rosenfreund, einen prachtvollen Strauß weißer Rosen auf sein Sterbebett. Glockengeläute kündeten der Bevölkerung den Tod des Monarchen, überall ruhten die Geschäfte, die Kinder bekamen schulfrei, viele Menschen legten schwarze Trauerkleidung an. Am nächsten Tag wurde der König aufgebahrt, sein Sarg war überhäuft mit Blumen und Kränzen, auch sein Nachfolger, König Wilhelm II., stiftete ein »Blumenkreuz von seltener Schönheit«. 10 000 Menschen bildeten im Schlosshof über mehrere Stunden eine Warteschlange, die sich nur langsam vorwärts bewegte, und defilierten in Zweierreihen, ohne anzuhalten, am Sarg vorbei. Bei Einbruch der

SECRETARIAT
Ihrer Majestät
der
Königin Olga
von
WÜRTEMBERG

Stuttgart,
den 2 Mai 1889.

Euer Hochwohlgeboren!

[handschriftlicher Brief – Kurrentschrift, nicht sicher lesbar]

Hochachtungsvoll

Hofrath Lindner

Sr. Hochwohlgeboren
Herrn Rektor Decker

in

Kornthal.

Ein Glückwunsch-Schreiben an Königin Olga zur »Errettung aus
Lebensgefahr« nach ihrem Wagenunfall in Nizza.

Dunkelheit mussten noch Tausende abgewiesen werden, so stark war der Andrang und die öffentliche Anteilnahme. Am Abend traf der deutsche Kaiser mit einem Sonderzug aus Berlin ein, um an den Trauerfeierlichkeiten teilzunehmen. Einmal äußerte König Karl scherzhaft zu einem Gast, der seine Blumen und Gärten gerühmt hatte, er müsse dafür sorgen, dass es eine Sache gebe, »unter dem, was er gepflanzt hat, um derentwillen auch nach seinem Tod noch gerne an ihn gedacht würde«. Wenn auch seine letzten Lebensjahre von mancherlei Skandalen überschattet waren, so hat Württemberg diesem König doch mehr zu verdanken als nur seine schönen Gartenanlagen.

Der Tod der Königin

Lange schon gab Königin Olgas Befinden Anlass zur Besorgnis. Doch seit dem Tode Karls schien ihre Lebenskraft gebrochen zu sein. Besserung erhoffte sie sich am Bodensee, wohin sie auf Anraten ihrer Ärzte gereist war. Am 9. Oktober 1892 verschlechterte sich ihr Zustand so sehr, dass die Familie benachrichtigt wurde, welche auch sofort ans Krankenlager eilte. Mit Herzogin Wera und ihren Töchtern war auch das Königspaar Wilhelm II. und Charlotte an den Bodensee gefahren; so konnte die Königinwitwe Olga noch einmal die Familie sehen und von ihnen Abschied nehmen. Sonntag, der 30. Oktober 1892, war »ein rechter Herbsttag mit Föhnsturm über dem See und magischer Beleuchtung der Berge« – am Abend dieses Tages verstarb Königin Olga an einer Herz-Lungen-Lähmung, wie die Ärzte in ihrem Bericht feststellten. Das »Seeblatt« in Friedrichshafen schrieb am nächsten Tag: »Das schon längst vorausgesehene Ereignis ist gestern Abend eingetroffen. Der Tod der hohen Frau wird unserem Königshaus von der ganzen schwäbischen Bevölkerung auf das Schmerzlichste mitempfunden.«

In Friedrichshafen nahmen Tausende von Menschen, die aus den Nachbarländern Schweiz, Baden, Bayern und Österreich herübergeeilt waren, Abschied von der Königinwitwe. Am Eingang zu ihrem Sterbezimmer war ein Betschemel aufgestellt worden, auf welchem ein russischer Geistlicher in ständigem Gebet verharrte, und während der Nacht wechselten sich die Kammerfrauen und die Hofdamen bei der Totenwache ab. Am 2. November hielt der Ortsgeistliche noch einen Trauergottesdienst, am Abend wurde der Sarg mit einem Sonderzug nach Stuttgart überführt. Auf dem ganzen Weg vom Schloss zum Bahnhof hatte die Feuerwehr ein Spalier gebildet und leuchtete mit Fackeln. Auch auf allen Bahnhöfen an der Strecke, die der Sonderzug passierte, wurde der Leichenkondukt feierlich begrüßt, in Biberach und Ulm eilten sämtliche Honoratioren der Stadt an den Trauerzug. Kurz vor Mitternacht erreichte der Kondukt die Residenzstadt, wo er vom König und der Familie erwartet wurde. Trotz der späten Stunde fanden sich Tausende ein, die den Sarg auf seinem Weg zum Schloss begleiteten, wo er zunächst in der russisch-orthodoxen Kapelle aufgebahrt wurde.

Am Morgen fand ein Totenamt nach orthodoxem Ritus statt, wozu die weiblichen Mitglieder des Königshauses den russischen Sankt-Katharinenorden mit Stern angelegt hatten, um an die Heimat der Verstorbenen ehrend zu erinnern. Anschließend wurde der Leichnam im offenen Sarg auf einem schwarzsilbern verzierten Katafalk im Marmorsaal aufgebahrt, wobei das Haupt der Toten leicht umhüllt war mit etwas Tüll, den Körper bedeckte ein Hermelinpelz. Sämtliche Orden der Königin und die Krone lagen ausgebreitet um ihren Sarg, überall brannten Kerzen und der ganze Saal war mit frischen Blumen geschmückt. Am Nachmittag defilierten über 20 000 Menschen am Sarg vorbei, nahmen Abschied von der Königinwitwe Olga und bewunderten wohl auch die zahllosen Kränze, die eingetroffen waren, einen besonders schönen Kranz aus Orchideen und weißen Hyazinthen überbrachte das deutsche Kaiserpaar.

Am Tag der Beisetzung versammelte sich die königliche Familie zusammen mit den angereisten Fürstlichkeiten, dem diplomatischen Corps, den Ministern und dem gesamten Hofstaat am Katafalk. Die fürstlichen Damen trugen lange, schwarze Roben mit dichten Crêpeschleiern. Die Trauerrede hielt Prälat von Schmidt nach einem Text aus dem Römerbrief, »Der Geist hilft unsrer Schwachheit auf«, den sich Olga schon mit 18 Jahren für ihre Trauerfeier ausgewählt hatte, offenbar behielt dieser Text eine hohe Bedeutung für ihr ganzes Leben. Während sich der Trauerzug, an dessen Spitze der deutsche Kaiser Wilhelm II. neben König Wilhelm II. von Württemberg schritt, um den ganzen Schlossplatz und zurück zur Schlosskirche bewegte, ruhten in der Stadt alle Geschäfte und die Läden blieben geschlossen. Danach wurde der Sarg mit dem Leichnam Olgas in der Fürstengruft unter dem Alten Schloss, an der Seite ihres Gemahls, beigesetzt.

Am zehnten Todestag Königin Olgas konnten in einer Feierstunde die schönen, lebensgroßen Grabfiguren des Königspaares, die der berühmte Bildhauer Adolf Donndorf aus Carrara-Marmor gefertigt hatte, enthüllt werden. Herzogin Wera hatte Donndorf mit den Arbeiten beauftragt, ebenso mit einer Liegefigur für den Sarkophag ihres schon im Jahre 1877 verstorbenen Gemahls, Herzog Wilhelm Eugen von Württemberg. Später schuf der Bildhauer auch eine Grabfigur für den Sarkophag Herzogin Weras.

Das Vermächtnis

Nach dem Tod Königin Olgas erschien in der »Münchner Allgemeinen Zeitung« ein Nachruf: »Olga war eine geistig ungewöhnlich hochstehende Frau, auch eine kluge Fürstin, mit dem König zeitlebens in herzlichstem Verhältnis, wahre Vornehmheit und höchster Adel der Gesinnung verband die beiden, wenn auch persönliche Liebhabereien nicht immer von ihnen geteilt wurden«. In Württemberg ist Königin Olga nicht vergessen, in manchen Familien des Landes finden sich noch heute kleine Erinnerungsstücke an diese Königin, die wie ein Schatz von Generation zu Generation weitergereicht werden.

Auch über die Landesgrenzen hinaus ist die Erinnerung an Königin Olga wach, sei es in der Rose »Noisetterose Reine Olga de Wurt-

Die Adoptiv-Enkel, die Zwillingsschwestern Olga und Elsa von Württemberg, waren die große Freude des Königspaares. Sie durften auch mit ihrem Wagen über die wertvollen Teppiche der Villa Berg fahren.

temberg«, die 1881 in Nabonnand gekürt wurde, oder im Norden Australiens, wo es Berge mit dem Namen »die Olgas« gibt, bei den Einheimischen »Kata Tjuta« genannt. Sie befinden sich in nächster Nähe des berühmten Ayers Rock und wurden von Ernest Giles, einem Naturforscher, im Jahre 1872 entdeckt. Der Name »Mount Olga« war eine Reverenz an den Geldgeber dieser Expedition, Baron Ferdinand von Müller, Direktor des Botanischen Gartens in Melbourne, der ein Jahr zuvor von König Karl geadelt worden war.[23]

Ihr reiches Vermögen vermachte Königin Olga ihrer Adoptivtochter Wera; allein ihr erlesener Schmuck und die Villa Berg samt Inventar wurden auf einen Wert von mehreren Millionen Mark geschätzt. Herzogin Wera erwies sich als dankbare und verantwortungsvolle Erbin, sie war immer bemüht, das Andenken an Königin Olga wachzuhalten und hat mit ihrem Vermögen in Stuttgart viel Hilfreiches bewirkt. Zum ersten Jahrestag von Olgas Tod lud sie beispielsweise zu einem Konzert ein, dessen Erlös der Olgaheilanstalt zufloss, worüber der blinde Cellist Reinhold Schaad berichtete, der damals mitwirkte.

Die Gattin des Diplomaten Carl von Spitzemberg schrieb in ihren Erinnerungen:»War sie doch für unser Geschlecht die Königin – und wie königlich vom Scheitel bis zur Zehe in ihrem ganzen Wesen und Gebahren! Solche Frauen werden nicht mehr geboren oder aufgezogen an den Höfen; ein ganzer Typus der fürstlichen Frau, wie sie uns lieb und verehrungswürdig war, sinkt mit Königin Olga ins Grab. Für das Land hat sie viel getan und wird in diesem Sinne schwer vermisst werden.«

Königin Olga

Stammtafel Olga Nikolajewna (Romanow)

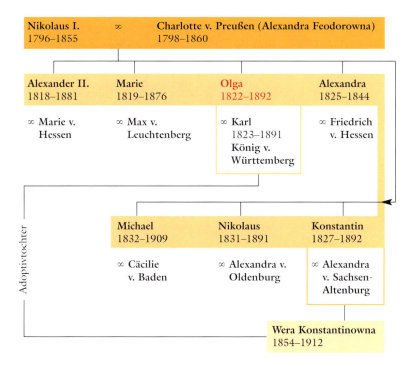

Nikolaus I. ∞ **Charlotte v. Preußen (Alexandra Feodorowna)**
1796–1855   1798–1860

Alexander II.   **Marie**   **Olga**   **Alexandra**
1818–1881   1819–1876   1822–1892   1825–1844

∞ Marie v.   ∞ Max v.   ∞ Karl   ∞ Friedrich
  Hessen   Leuchtenberg   1823–1891   v. Hessen
           König v.
           Württemberg

Adoptivtochter

Michael   **Nikolaus**   **Konstantin**
1832–1909   1831–1891   1827–1892

∞ Cäcilie   ∞ Alexandra v.   ∞ Alexandra
  v. Baden   Oldenburg   v. Sachsen-
                Altenburg

Wera Konstantinowna
1854–1912

Königin

Charlotte

Prolog

Vielen Generationen von Schülerinnen des Stuttgarter Hölderlin-Gymnasiums wird das Bildnis Königin Charlottes noch in lebhafter Erinnerung sein. Hing es doch im silbernen Rahmen auf dem ersten Treppenabsatz des Schulhauses und grüßte – ein wenig streng vielleicht – die jungen Mädchen, die »an der Königin vorbei« ihren einzelnen Klassenzimmern zustrebten. Sie gab dieser Schule ihren Namen, Königin Charlotte Gymnasium, bevor man es im Dritten Reich in Hölderlin-Gymnasium umbenannte.

Diese letzte Königin von Württemberg unterschied sich, rein äußerlich betrachtet, erheblich von ihren Vorgängerinnen: Weder war sie so kapriziös wie Katharina, noch so zart und fragil wie Olga, sondern eine sportliche, eher robust wirkende, jedoch sehr feinfühlige Frau. Sie stand, besonders in jungen Jahren, nicht gerne im Licht der Öffentlichkeit und war deshalb sehr zurückhaltend, was oftmals schüchtern wirkte. Doch hat sie ihre Pflichten als Königin getreulich wahrgenommen, auch wenn ihr das Repräsentieren nicht unbedingt im Blute lag. Sie war politisch sehr interessiert, ihre Aufgaben lagen jedoch mehr im kulturellen und sozialen Bereich und dort hat ihr Wirken deutliche Spuren hinterlassen.

Das geliebte Schloss in Böhmen

Im romantischen Tal der Aupa in Ostböhmen liegt, eingebettet zwischen Wiesen und Waldrand, Schloss Ratibořice, eine großzügige, in altrosa Farbe getauchte Sommervilla, wie geschaffen für Jagdaufenthalte oder Sommerfrische. Hier wurde am 10. Oktober 1864 Charlotte Marie Ida Luise Hermine Mathilde zu Schaumburg-Lippe geboren. Vermutlich eignete sich der komfortabel eingerichtete und lichtdurchflutete Herrensitz besser zur Geburt eines Kindes als die

Noch heute erinnert dieses Foto im Treppenhaus des Stuttgarter Hölderlin-Gymnasiums an die Schulgründerin, Königin Charlotte.

strenge Burg Náchod, die auf einem Felsen hoch über der gleichnamigen Stadt thront. Náchod liegt an der großen Verbindungsstraße zwischen Prag und Breslau, am Fuße des Adlergebirges, und war im Mittelalter die Grenzburg – das »Tor zu Polen« – und befand sich im Besitz der altböhmischen Adelsfamilie Trcka von Lepa. Nach der Ermordung des Grafen Adam Erdmann Trckas in Eger, zusammen mit seinem Gefährten Wallenstein, wurden seine Güter konfisziert und vom Kaiser an General Octavio Piccolomini für dessen Verdienste im kaiserlichen Heer weitergegeben. Dieser ließ das ehemalige Renaissanceschloss barock umgestalten und erweitern, ebenso das Sommerschloss Ratibořice, welches zur Herrschaft Náchod gehörte. 1792 erwarb Peter Biron, Herzog von Kurland, diesen Besitz und vererbte ihn später an seine Tochter Wilhelmine Katharina, Herzogin von Sagan.

Diese führte ein bewegtes Leben, war jahrelang die Geliebte Metternichs und unterhielt in Wien einen politischen Salon. Doch trafen sich die Diplomaten auch vielfach in Ratibořice, wo sich im Sommer ein lebhafter gesellschaftlicher Treffpunkt entwickelte. Wilhelmine ließ das Schloss modernisieren, im damals neuen klassizistischen Stil, wobei ein äußerlich schlichter, kastenförmiger Bau entstand, mit einem »Belvedere« im Dachgeschoss, innen erlesen ausgestattet. Im Juni 1813 kam es in Ratibořice zu einer politisch bedeutsamen Konferenz zwischen Zar Alexander I., Metternich, Hardenberg und Wilhelm von Humboldt, bei der es um eine Allianz gegen Napoleon ging. Sehr anschaulich berichtet davon der Diplomat Friedrich von Gentz:[1] »Der Ort, wo ich mich befinde, ist ein Lustschloss der Herzogin von Sagan, eine Meile von Náchod; ich habe diesen Ort zu meinem Hauptquartier gewählt, weil ich hier in der Mitte aller großen Verhandlungen sitze, und doch zugleich alle Bequemlichkeiten und Annehmlichkeiten des Lebens genieße [...] Ratiboritz ist der Zentral-Versammlungspunkt; hier haben die ganze vorige Woche bald Metternich, bald Stadion, bald der Staatskanzler Hardenberg, bald mehrere zusammen gehauset. Hier sind große Dinge getrieben worden.«

Heute ist Schloss Ratibořice und das »Großmütterchen-Tal« ein Wallfahrtsort für jung und alt in Tschechien, ein nationales Kulturdenkmal. Dieses Schloss mit seinen Nebengebäuden war der Schauplatz von »Babička« (Großmütterchen), dem 1855 erschienenen Roman von Božena Němcová, der größten tschechischen Schriftstellerin des 19. Jahrhunderts. Hier erlebte sie in ihrer Kindheit die Sommermonate. Ihr Vater war Kutscher bei der Herzogin von Sagan und es ging sogar das Gerücht, Božena sei ihre uneheliche Tochter. Ihr Roman Babička wurde äußerst populär und beliebt. Sie erzählt darin in romantisch sentimentaler Weise vom Leben der einfachen Leute und der Herrschaften im Schloss, Herzogin Wilhelmine und Ratiboritz dienten ihr dabei als Vorbild.

Es waren also geschichtsträchtige Mauern, in denen Charlotte aufgewachsen ist. Als ihr Großvater, Fürst Georg Wilhelm zu Schaumburg-Lippe, die Herrschaft Náchod im Jahre 1840 erwarb, war dies ein lukratives Geschäft, denn die Ländereien hatten eine Ausdehnung von nahezu 7200 Hektar. Es gehörten Mühlen, Brauereien, eine Glashütte und ein Bergwerk dazu. Außerdem waren mit dieser Herrschaft Sitz und Stimme an der königlichen Landtafel in Prag verbunden. Die Nähe zum habsburgischen Kaiserhaus bedeutete für den Fürsten zu Schaumburg-Lippe eine gesellschaftliche Aufwertung. 1856 überschrieb er Náchod als Fideikomiss an seinen zweitgeborenen Sohn Wilhelm, sodass dieser mit damals 22 Jahren besser ausgestattet war als sein älterer Bruder Adolf. Der erbte erst nach dem Tod des Vaters die Stammbesitzungen in Bückeburg, was zu erheblichen Familienstreitigkeiten führte.[2] Auf Fürst Wilhelm folgte 1906 dessen ältester Sohn Friedrich Wilhelm in der Sekundogenitur Schaumburg-Lippe in Böhmen nach, wurde jedoch nach dem Zweiten Weltkrieg enteignet. Heute gehören Náchod und Schloss Ratiboritz dem tschechischen Staat.

Familienbande

Charlottes Vater, Fürst Wilhelm Karl August zu Schaumburg-Lippe, war seit 1862 verheiratet mit Bathildis Amalgunde von Anhalt-Dessau, die ihm in 17-jähriger Ehe neun Kinder geboren hat. Charlotte war das älteste Kind der Familie. Der Fürst war General der Kavallerie im österreichischen Heer und sehr befreundet mit Erzher-

Das in idyllischer Landschaft gelegene Schloss Ratibořice in Ostböhmen, die Heimat Königin Charlottes. Dieses Schloss war auch Schauplatz des Romans »Babička« von Božena Němcová.

zog Stephan, dem Palatin von Ungarn. Überhaupt verfügte die Familie Schaumburg-Lippe über einen hohen Rang in Böhmen, was auch dadurch zum Ausdruck kam, dass allein zwei der Töchter in regierende Fürstenhäuser einheirateten und der Erbprinz die Prinzessin Luise von Dänemark, Tochter von König Frederik VIII., ehelichte. Fürstin Bathildis, Charlottes Mutter, wurde in Náchod sehr verehrt, besonders bei den einfachen Leuten. Auch wenn sie die Landessprache nie erlernt hatte, war sie doch unermüdlich tätig in der Fürsorge für die arme Bevölkerung. Als sie im Februar 1902 starb, legten die so genannten Armenhäusler einen Blumenkranz am Sarg nieder als besonderes Zeichen ihrer Liebe zu dieser Fürstin.

In der Erziehung ihrer Kinder legte das Fürstenpaar Wert auf eine sehr gute Bildung durch ausgewählte Hauslehrer. Für die Töchter lag der Schwerpunkt, wie damals üblich, auf den Naturwissenschaften, der Literatur und der Kunst. Charlotte war anscheinend besonders musikalisch, sie hatte eine schöne Stimme und war sehr begabt im Klavierspiel, weit über den Stil höherer Töchter hinausgehend. In der Familie wurde viel musiziert, auch später hat Charlotte ihren Ehemann, der ebenfalls Musik liebte und eine gute Baritonstimme hatte, gerne auf dem Klavier begleitet.

Ungewöhnlich und bemerkenswert für die damalige Zeit war Charlottes Liebe zu sportlicher Betätigung, insbesondere zum Wintersport mit Eislaufen und Skifahren. Hier wirkte sich die Nähe zum Riesengebirge aus, denn vom elterlichen Schloss aus war die Schneekoppe zu sehen, wo schon sehr früh Ski gelaufen wurde. Auch Reiten, Tennis und Schwimmen gehörten zu den Liebhabereien dieser Prinzessin, deren Lebensstil damit sehr unkonventionell war. Die Freude an der Bewegung draußen in der frischen Luft setzte sich für Damen ihres Standes erst allmählich durch.

Den Kontakt zu ihren Geschwistern hielt Charlotte ein Leben lang aufrecht, sie blieb mehr in ihrer böhmischen Familie verwurzelt, als dass sie in der württembergischen richtig heimisch geworden wäre. Dazu haben sicher ihre nicht immer glückliche Ehe und die eigene Kinderlosigkeit beigetragen. Häufig reiste sie alleine in die alte Heimat und nahm lebhaften Anteil am Leben der Nichten und Neffen, gerne übernahm sie auch die Patenstelle bei den Kindern ihrer Geschwister. Doch manchmal wurde Charlotte auch von ihrem Gemahl nach Ratibořice begleitet oder ihre Familie war zu Gast in Württemberg. Ihr ältester Bruder, Friedrich Wilhelm, war durch seine Ehe mit Prinzessin Luise nahe verwandt mit den skandinavischen Königshäusern Dänemark und Norwegen – nicht unwichtig für den württembergischen König. Leider erkrankte Luise mit 31 Jahren lebensgefährlich. In seiner großen Sorge um die Schwiegertochter starb Fürst Wilhelm plötzlich an Herzversagen und nur wenige Stunden nach ihm erlag auch Luise ihrer tödlichen Krankheit. Dieser tragische Trauerfall ging damals durch die Presse, von allen europäischen Fürstenhöfen kamen Kondolenzschreiben und in Wien, Oslo und Kopenhagen wurde Hoftrauer angeordnet, was den Rang der Náchoder Familie unterstrich.[3]

Charlottes Schwester Bathildis, genannt Tilly, war oft in Württemberg zu Gast. 1895 heiratete sie Fürst Friedrich von Waldeck-Pyrmont, einen Bruder von König Wilhelms erster Frau. Sie betätigte sich als Schriftstellerin und verfasste für ihre vier Kinder ein Weih-

Fürst Wilhelm zu Schaumburg-Lippe und seine Gemahlin, Fürstin Bathildis Amalgunde, die Eltern Charlottes. Die Gemälde hängen im Schlossmuseum Ratiboŕice in der Tschechischen Republik.

nachtskinderbuch, in welchem auch die Spitzerhunde des württembergischen Königs sowie seine Tochter Pauline verewigt wurden. Eine andere Schwester von Charlotte, Adelheid, war eine aufgeschlossene, modebewusste junge Frau. Sie heiratete den Fürsten Ernst von Sachsen-Altenburg, wurde aber nach einigen Jahren von ihm geschieden. Die jüngste Schwester Alexandra blieb unverheiratet.

Ein gutes Verhältnis hatte Charlotte zu ihren Brüdern Maximilian und Albrecht, welche gleichfalls wie sie selbst nach Württemberg geheiratet hatten, die Zwillingstöchter Herzogin Weras von Württemberg, Olga und Elsa. Die Prinzessinnen waren gleichermaßen mit Wilhelm wie auch mit Charlotte verwandt, da ihr Vater, Herzog Eugen von Württemberg, ein gemeinsamer Vetter des Königspaares war. Prinz Maximilian heiratete im November 1898 Olga von Württemberg und lebte mit ihr in Ludwigsburg. Er war Rittmeister im Ulanenregiment. Schon mit 33 Jahren starb er nach schwerer Krankheit in Abazia und hinterließ zwei Söhne, Eugen und Albrecht. Auch Eugen kam früh ums

Leben, bei einem Flugzeugabsturz in England – wie übrigens ein paar Jahre später (1936) auch sein Cousin und dessen Ehefrau aus der Bückeburger Linie. Der andere Bruder Charlottes, Prinz Albrecht, war schon seit Mai 1897 mit Elsa von Württemberg verehelicht und beim österreichischen Militär. Sie lebten in Wels, später auf Schloss Pfaffstätt in der Nähe von Salzburg und hatten vier Kinder. Ihr ältester Sohn Max wurde bekannt als »Prinz Sause«: Er war als Rennfahrer für Mercedes und BMW sehr erfolgreich. Seine Witwe, Helga-Lee zu Schaumburg-Lippe, spielte im internationalen Jetset eine Rolle und ist erst vor kurzem hochbetagt in New York verstorben.

Wilhelm II.

Für Prinz Wilhelm von Württemberg stand schon seit seiner Jugend fest, dass er einmal den württembergischen Thron besteigen würde, nachdem sein Onkel, König Karl, kinderlos geblieben und er deshalb der nächste Thronanwärter war. Wilhelm wurde am 25. Februar 1848 in Stuttgart, im Prinzenbau, der Wohnung seiner Eltern, geboren. Er blieb das einzige Kind von Prinz Friedrich von Württemberg und Prinzessin Katharina von Württemberg und verbrachte seine Kindheit in Stuttgart, die Sommerwochen häufig auch am Bodensee. Eine Anekdote von dort hat er selbst erzählt: Wilhelms Großmutter, Königin Pauline, hatte in Friedrichshafen 1856 das Paulinenstift, eine Mädchenreal- und Haushaltungsschule gegründet. Als Junge war es für ihn ein harmloses Vergnügen, mit den jungen Mädchen aus dem Stift in seinem Ponywagen spazieren zu fahren oder bei Theateraufführungen mitzuwirken. Doch »dann kam der Tag, an dem die Vorsteherin, Fräulein von Cramer, meiner Mutter eröffnete, dass ich jetzt zu alt sei, um im Stift ein- und auszugehen; das war ein bitterer Schmerz in meinem Jugendleben.«[4]

Sein Erzieher und Lehrer war zunächst der Theologe Karl Günther, später übernahm Hauptmann Linck seine Weiterbildung auf militärischem Gebiet. Es folgte 1865 das Studium in Tübingen, das er zusammen mit seinem Vetter, Herzog Eugen von Württemberg, aufnahm, mit dem er auch später die Universität in Göttingen besuchte. In Tübingen trat er in die Verbindung »Suevia« ein, wollte jedoch als Student keine Sonderstellung haben. Durch den preußisch-österreichischen Krieg wurde sein Studium jäh unterbrochen, da er an der Schlacht von Tauberbischofsheim teilnahm. Dort lernte er den Krieg bitter kennen, als sein neben ihm reitender Kamerad von einer Kugel tödlich getroffen wurde. In Göttingen setzte er anschließend sein Studium fort und wurde beim Corps »Bremensia« aktiv. Seinen Freunden aus jener Zeit blieb er immer verbunden, einige berief er später nach Württemberg in verschiedene Hofämter, sodass dieser Freundeskreis über Jahre hinweg zusammenblieb. Namen wie Plato, Neurath, Soden oder Schott stehen in diesem Zusammenhang.

Im Jahre 1869 trat er ins preußische Heer ein und nahm 1870 am Frankreichfeldzug teil. An seine Mutter sandte er Berichte über seine Erlebnisse. Sichtlich erschüttert schildert er von der Schlacht um Champigny am 2. Dezember: »Das Jägerbataillon kam mit 3 Officieren und etwa 70 Mann aus dem Gefecht zurück – anstatt 900! Die beiden Taube! Es ist furchtbar [...]« (die beiden Grafen Erich und Axel Taube waren Jugendfreunde von Wilhelm gewesen). Am 18. Januar 1871 war er dann bei der Kaiserproklamation im Spiegelsaal von Versailles dabei: »Ich stand unter dem Eindruck, einen großen, weltgeschichtlichen Augenblick miterlebt zu haben.« 1875 verließ er die preußische Armee als Oberst der Gardehusaren. Danach unternahm er zunächst eine ausgedehnte Italienreise, bevor er, auf Wunsch seines Onkels, in den württembergischen Militärdienst eintrat und ab Herbst 1877 ein Kommando bei der Kavallerie in Ludwigsburg übernahm. Dort ließ er sich in der Nähe der Kaserne in einem Landhaus nieder mit Prinzessin Marie, seiner jungen Frau, die er im Februar 1877 geheiratet hatte.

Wilhelm war der reizenden und sehr hübschen Prinzessin Marie von Waldeck-Pyrmont bei seiner Mutter in der Villa Seefeld am Bodensee im September 1876 mehr zufällig begegnet, als diese mit ihren Eltern, Fürst Georg Victor und Helene von Waldeck-Pyrmont und der Schwester Emma einen Verwandtenbesuch abstatteten. Sie waren auf der Durchreise nach Bad Stachelberg, wo sich Marie von einer über-

Das für eine fürstliche Familie bescheidene Landhaus »Marienwahl« bei Ludwigsburg war der bevorzugte Wohnsitz des württembergischen Thronfolgers Wilhelm II. und seiner ersten Gemahlin.

standenen Augenoperation erholen sollte. Sie gefiel dem Prinzen sehr gut. Und da von ihm als Thronfolger eine standesgemäße Ehe erwartet wurde, konnte er sich eine Verbindung mit dieser Prinzessin vorstellen. Seine große, aber unglückliche Jugendliebe zu einer Göttinger Professorentochter hatte er damals, im Bewusstsein seiner hohen Stellung und ihrer bürgerlichen Herkunft, beendet. Er scheint jedoch lange Zeit unter dem Ende »dieses schönen Traums« gelitten zu haben, wie er seiner Mutter offenbarte.[5] Am 18. November 1876 fand die Verlobung statt, die Hochzeit wurde in Arolsen gefeiert.

Das Thronfolgerpaar wohnte zunächst im Kronprinzenpalais in Stuttgart, bis ihr neuer Landsitz an der Eglosheimer Allee in Ludwigsburg fertig gestellt war. Marie richtete ihr neues Zuhause ganz nach ihrem Geschmack ein und nannte es »Marienwahl«. Hier wuchs das erste Kind des Paares heran, die Tochter Pauline. Glücklich schob Marie selbst den Kinderwagen, wie eine Bürgersfrau. Trotz einer erneuten Schwangerschaft nahm Marie an der Hochzeit ihrer geliebten Schwester Emma mit König Wilhelm III. der Niederlande teil. Der enge Kontakt zur niederländischen Königsfamilie blieb auch in späteren Jahren erhalten. Am 28. Juli 1880 gebar Marie den lang ersehnten Thronerben, mit diesem Sohn Ulrich war das Glück der Familie perfekt. Doch an Weihnachten erkrankte das nur wenige Monate alte Kind an Diphterie und starb innerhalb von drei Tagen. Die Eltern waren völlig gebrochen, besonders der Vater hat diesen Schicksalsschlag wohl nie ganz überwunden. Im April 1882 wurde dem Paar noch eine Tochter geboren, das Kind kam jedoch tot zur Welt, und noch im Wochenbett verstarb auch, am 30. April 1882, Prinzessin Marie. Die Ärzte konnten ihr nicht mehr helfen. Prinz Wilhelm blieb mit seiner Tochter Pauline alleine zurück und lange Zeit war er kaum zu trösten.

Im Schatten der ersten Gemahlin

Man weiß nicht genau, wann und bei welcher Gelegenheit Prinz Wilhelm die neue Frau in seinem Leben, Charlotte zu Schaumburg-Lippe, zum ersten Mal getroffen hat; angeblich im Dezember 1884 in Königsstein im Taunus. Es könnte jedoch auch bei einem Familienfest der Waldecks gewesen sein. Die Familien Schaumburg-Lippe und Waldeck-Pyrmont hatten mannigfache verwandtschaftliche Beziehungen zueinander, etwa über die Großmutter Ida Carolina oder die Tante Hermine, geborene Waldeck-Pyrmont. Jedenfalls fand die Verlobung des Paares am 10. Januar 1886 in Náchod statt. Der Altersunterschied zwischen dem 38-jährigen Witwer und der 22-jährigen Braut war groß, doch durch die ernste und verständige Art Charlottes wurde vieles überbrückt. Sie hatten auch einige Gemeinsamkeiten, denn beide liebten die Natur, Pferde und die Jagd. Auch waren sie theaterbegeistert, insbesondere für die Oper – auch im Schloss von Náchod gab es ein kleines, barockes Theater.

Am 8. April 1886 wurde im Schloss Bückeburg, dem Stammsitz der Familie Schaumburg-Lippe, die große Hochzeit gefeiert, von der wir eine detaillierte Hofberichterstattung haben. Wie in Norddeutschland überall Sitte, mehr noch als im Süden, war ein Polterabend geplant, der jedoch nicht stattfand, vielleicht fand man diesen Brauch zu wenig »königlich«. Stattdessen wurde ein großes Hofkonzert gegeben, zu welchem alle bei Hofe vorgestellten Damen und Herren sowie natürlich sämtliche Hochzeitsgäste geladen waren. Die Braut trug an diesem Abend eine rosafarbene Atlasrobe mit Spitzen und dunklen Rosen am Dekolletee, in ihrem Haar funkelten Diamantsterne. Der Bräutigam kam in der Uniform des württembergischen Dragoner-Regiments, während er sonst Zivil trug. Am meisten beeindruckte anscheinend Herzogin Weras »wahrhaft blendend reicher Brillantschmuck, der bei jeder ihrer Bewegungen in den schönsten Farben glühte.« Gespielt wurde eine bunte Mischung aus Brahms, Beethoven, Schumann-Liedern und der Jubelouvertüre von Weber, zum Schluss huldigte man dem Brautpaar mit dem Liebeslied aus der Walküre.

Schon drei Tage vor der Hochzeit war Prinz Wilhelm mit seiner Tochter Pauline und deren Erzieherin in Bückeburg eingetroffen, ein Tag später folgte seine Mutter, Prinzessin Katharina, in Begleitung von Herzogin Wera von Württemberg, Herzog Albrecht und Herzog Ernst von Weimar, Vettern des Bräutigams. Mit ihren Hofbeamten und Hofdamen zusammen bildeten sie eine respektable Gästeschar aus Württemberg. Die Feierlichkeiten zogen sich über mehrere Tage hin, die eigentliche Trauung erfolgte am 8. April nachmittags in der Schlosskapelle. Gerade noch rechtzeitig zur Hochzeit waren die umfangreichen Restaurierungsarbeiten an der Kirche mit ihrer herrlich reichen Deckenausmalung aus der Zeit der Renaissance fertig geworden. Die Fresken wurden einstmals von den Brüdern Wolff aus Hildesheim geschaffen, wie auch die »Götterpforte« im Goldenen Saal, wo später das Galadiner stattfand, beides hervorragende Beispiele der berühmten Weser-Renaissance. Die kleine Kapelle fasste kaum die vielen Gäste, in welcher Hofprediger Merzyn die Trauzeremonie vollzog. Charlottes Brautkleid war geschmückt mit Myrte und Orangenblüten, ihr Brautbukett aus weißen Kamelien durfte die kleine Tochter des Bräutigams tragen. Bei der anschließenden Hoftafel wurde zu Ehren des Brautpaares das Württemberger-Lied von Lindpainter intoniert.[6]

Laut Ehevertrag war die Mitgift der Braut nicht gerade üppig. Dennoch war Charlotte standesgemäß ausgestattet worden und außerdem stand ihr ein jährliches Nadelgeld zu, welches der Ehemann bezahlte und von König Karl noch aufgestockt wurde. Wilhelm musste auch für angemessenes Personal und eine Equipage sorgen, bei Personalentscheidungen hatte sie ein Mitspracherecht. Dies wurde eigens betont, offenbar war es also nicht selbstverständlich damals.

Ihren Einzug in die württembergische Residenz hielt das Brautpaar am 13. April. Zuvor hatte Wilhelm seine zweite Gemahlin noch den Schwiegereltern aus erster Ehe in Arolsen vorgestellt, möglicherweise kannten sie aber Charlotte schon. Die Stuttgarter Bevölkerung jubelte der Braut zu, man freute sich mit Prinz Wilhelm über sein neues Glück und war voller Hoffnung für den vom Schicksal so schwer getroffenen Prinzen. Zur Begrüßung am Bahnhof spielte eine Musikkapelle auf. Dann geleitete die Stadtgarde zu Pferde das Brautpaar zum Prinzenpalais. Auf dem ganzen Weg dorthin bildeten die Schuljugend und alle Vereine der Stadt und des Umkreises ein dichtes Spalier. Vom Balkon aus zeigte sich die Braut der Menge und nahm die Ovationen entgegen. Die ganze Stadt war festlich mit Fahnen geschmückt, erstmals erstrahlte das Rot-blau-weiß der schaumburglippischen Farben im Stadtbild. Am Abend brachte der Liederkranz vor dem Schloss ein Ständchen dar, wobei der ganze Platz bengalisch beleuchtet war. Das Prinzenpalais wurde eigens mit elektrischem Licht angestrahlt, damals immer noch etwas Besonderes in Stuttgart. Schon drei Tage später reiste Wilhelm mit seiner Frau nach Nizza, um sie dem Königspaar vorzustellen, welches um diese Zeit noch an der Côte d'Azur weilte. Kurze Zeit danach mussten sie nochmals auf Reisen, diesmal zum 90. Geburtstag des Kaisers nach Berlin, als offizielle Vertreter von König Karl. Die neue württembergische Prinzessin wurde dort sehr bewundert.

Als junge Frau war Charlotte eine anmutige Erscheinung, doch von Natur aus ein zurückhaltender, eher ernsthafter Mensch, der nicht so leicht und spontan auf die Menschen zugehen konnte. Der nicht ausbleibende Vergleich mit der fürstlichen Königin Olga und der besonders herzlichen und liebreizenden, so früh verstorbenen Marie war für die Nachfolgerin schwer. Sie gewann mit ihrer manchmal etwas spröde wirkenden Art am Anfang in Württemberg nur verhalte-

Prinzessin Marie von Waldeck-Pyrmont als Braut

ne Sympathien. Erst mit den Jahren erkannte man die Qualitäten dieser Frau. Zunächst jedoch wehte ihr Kritik entgegen, man warf ihr Unnahbarkeit und Kühle vor, obwohl sie ihre königlichen Pflichten im karitativen und kulturellen Bereich vorbildlich und mit Fleiß wahrnahm. Doch mit der Zeit hat Charlotte auch die öffentlichen Auftritte, gegen die sie so viel Abneigung hatte, souverän und würdevoll gemeistert.

Wenige Monate nach der Hochzeit wurde von der Presse das Gerücht in die Welt gesetzt, Wilhelm habe eine Liaison mit der Frau seines Freundes und Hofmarschalls Freiherr Detlef von Plato. Der Prinz setzte sich vehement dagegen zur Wehr und war froh, dass Charlotte vernünftig reagierte, sich nicht nach Böhmen zurückzog und bald Gras über die Sache gewachsen war. Anna von Plato war am Hofe nicht besonders geschätzt und gesellschaftlich keineswegs anerkannt, so ist es denkbar, dass sie Wilhelm, als er Witwer war, in einer Weise ihre Freundschaft bekundet hat, die zu Gerede Anlass gab.[7]

Zu seiner zweiten Hochzeit hatte Wilhelm die ganze Göttinger »Clique« nach Bückeburg mitgebracht. Auffallenderweise wohnte damals Frau von Plato nicht bei den anderen, sondern privat. Dieser Kreis um den Thronfolger aus Göttinger Zeiten übte nach Meinung der württembergischen Hofbeamten keinen guten Einfluss auf ihn aus. Es ging soweit, dass sich Wilhelm 1905 zumindest von Plato trennte.

Stets hat König Wilhelm seine Gemahlin ritterlich und voller Respekt behandelt. Dennoch wurde ihre Verbindung nicht glücklich, auch wenn sie über 35 Jahre eine »unaufgeregte« Ehe führten, wie viele Zeitgenossen übereinstimmend vermerken. Die Partnerschaft war getragen von vielen gemeinsamen Interessen, jedoch ohne erkennbare Gefühlsregungen, eher lebten beide nebeneinander her. Der große Kummer Charlottes war ihre Kinderlosigkeit. Ein ganzes Land erwartete den Thronerben, ständig stand sie unter Beobachtung, wann sie denn nun endlich schwanger sein würde. Und sie fühlte auch die mehr und minder versteckte Kritik mancher Hofkreise an ihrer Person. Verständlicherweise reagierte sie in diesem Punkt sehr empfindlich und war verletzlich, denn offenbar konnte ihr auch von gynäkologischer Seite nicht geholfen werden, weshalb Wilhelm ihr hierbei mit großem Feingefühl begegnete. Doch litt auch er unter dem Ausbleiben eines männlichen Erben und erst im Jahre 1903, nach bald 20-jähriger, kinderloser Ehe entschloss er sich, seinen Vetter, Herzog Albrecht von Württemberg, offiziell zum Thronfolger zu bestimmen.

's Königs Päule

Das einzig überlebende Kind des letzten württembergischen Königs war seine geliebte Tochter Pauline, im Volksmund »das Päule« genannt. Eigentlich war sie getauft auf die Namen Pauline Olga Helene Emma, Prinzessin von Württemberg. Sie wurde am 19. Dezember 1877 in Stuttgart geboren, von allen europäischen Fürstenhöfen trafen Glückwünsche für das Thronfolgerpaar zur Geburt der Tochter ein. Nach dem schmerzlichen frühen Tod der Mutter blieb Pauline lange Zeit der einzige Trost des tief trauernden Vaters, häufig sah man die beiden spazieren gehen, das kleine, blondgelockte Mädchen immer an der Hand des Vaters. Noch auf dem Sterbebett hatte Prinzessin Marie dem Töchterchen mit auf den Weg gegeben: »Sei immer lieb gegen deinen Papa!« Pauline hielt dieses Versprechen, Vater und Tochter blieben sich ein Leben lang innig verbunden.

Pauline war neun Jahre alt, als sie Charlotte zur Stiefmutter bekam. Ein Jugendfreund Prinz Wilhelms, Eugen Gantter, schilderte nach einem kurzen Treffen, wie liebevoll Charlotte das kleine Mädchen an der Hand geführt und betreut hatte. Ganz fremd war diese Art von mütterlicher Fürsorge Charlotte nicht, ihre jüngeren Schwestern waren im selben Alter wie Pauline. Allerdings scheint sich das Verhältnis der beiden in den folgenden Jahren nicht frei von Problemen entwickelt zu haben. Es wurde nie besonders innig, woran vermutlich alle Beteiligten ein wenig Schuld trugen. Zum einen litt Charlotte zunehmend an der eigenen Kinderlosigkeit, zum anderen blieb Pauline der erklärte Liebling ihres Vaters, der sie auch etwas verwöhnt hatte, sodass es nicht ohne Eifersüchteleien abging. Pauline empfand die Stiefmutter als Eindringling in die enge Vater-Tochter-Beziehung und begehrte nicht selten dagegen auf.

Es war auch keine leichte Aufgabe für Charlotte, aus dem in ländlicher Umgebung frei erzogenen und mit Pferden aufgewachsenen Mädchen eine junge Dame zu formen, die sich auch bei Hofe zu bewegen verstand. Pauline war immerhin die Tochter des Thronfolgers und manche gesellschaftliche Verpflichtung kam auf sie zu, wenn man ihr auch als Kind viel nachgesehen hatte. Die elterliche Haushaltung wurde sehr sparsam geführt, erst nach seiner Thronbesteigung wurde der Vater etwas großzügiger, berichtete Pauline später selbst. Im Sommer fuhr die Familie bevorzugt in die Villa Seefeld bei Rorschach, wo sich Pauline mit den Töchtern aus den benachbarten Villen anfreundete, so zum Beispiel mit Marie-Luise von Bourbon-Parma, der späteren Königin von Bulgarien, die damals mit ihrer Mutter in der Villa Wartegg lebte. Am 20. Oktober 1889 wurden Vater und Tochter jedoch jäh daran erinnert, dass Wilhelm im Dienste der Krone stand: Ein geistesgestörter Mann wollte seinem Unmut über das Königshaus Luft machen und schoss auf den Thronfolger und Pauline, als sie gerade mit dem Wagen zur Kirche fahren wollten, glücklicherweise wurde niemand verletzt.

Die Pferdeleidenschaft teilte Charlotte mit ihrer Stieftochter, doch beklagte sich Pauline in ihren Memoiren über manche diesbezügliche Strafpredigt seitens der Stiefmutter. Pauline war keine überragende Reiterin, dafür eine sehr gute Gespannfahrerin und vor allen Dingen eine ehrgeizige Züchterin. König Wilhelm II. vererbte ihr nach seinem Tode seine privaten Gestüte in Weil und Scharnhausen, gleichfalls sein Landhaus Marienwahl. Dort hielt Pauline in späteren Jahren auch Pferde. Sehr verdienstvoll war, dass sie 1932 ihre Privatgestüte mit dem Landgestüt in Marbach zusammenlegte und es seitdem nur noch das vereinte Landesgestüt Marbach auf der Schwäbischen Alb gibt.

Am 29. Oktober 1898 heiratete Pauline den um fünf Jahre älteren Erbprinzen Friedrich zu Wied, nachdem ihr Vater bestimmt hatte, sie dürfe frei entscheiden, wen sie ehelichen wolle. Die Familie zu Wied gehört zu den ältesten Adelsfamilien in Deutschland und ist im Westerwald ansässig. Zunächst lebte das Paar jedoch in Potsdam, wo Prinz Friedrich im selben Regiment der Gardehusaren diente wie einstmals sein Schwiegervater. Pauline, dem höfischen Zeremoniell und Prunk gänzlich abhold, kam im Schatten des Kaiserhofes immer wieder in Konflikt mit der Kaiserin, weil sie Einladungen zu Hoffesten ausschlug und Ähnliches. In Potsdam kamen auch ihre beiden Söhne zur Welt, 1899 Prinz Hermann und zwei Jahre später Prinz Dietrich. König Wilhelm war glücklich mit seinen Enkelsöhnen. Häufig waren die Enkel beim Großvater zu Besuch, besonders gerne im Sommer am Bodensee, wo er ihnen Reitstunden erteilte oder mit ihnen auf den See hinausruderte. Als im Ersten Weltkrieg der ältere von beiden an die Front musste, schrieb er an einen Freund, er habe Angst, denn er kenne die Gefahren im Schützengraben:»Die Gefahren sind größer, als das Herz des alten Großpapas aushalten kann.«

Nach dem Tod des alten Fürsten zu Wied übersiedelte das Erbprinzenpaar 1907 nach Neuwied, wo es dessen Nachfolge antrat. Eine Tante von Paulines Mann war die rumänische Königin Elisabeth, besser bekannt als Schriftstellerin unter ihrem Pseudonym »Carmen Sylva«. Auf ihre Anregung hin wurde Paulines Schwager, Wilhelm zu Wied, zum König von Albanien proklamiert, ein unsicheres Abenteuer, das nach einem halben Jahr schon wieder durch einen Volksaufstand beendet wurde. Wilhelm zu Wied musste das Land verlassen.

Lange Jahre lebte Pauline mit ihrer Familie in Neuwied, erst als Witwe kehrte sie 1945 nach Württemberg zurück. Nach dem Tod König Wilhelms II. kam es zu keinen großen Begegnungen mehr zwischen Pauline und Charlotte, wenn man von offiziellen Familienfesten absieht. Fürstin Pauline, als Haupterbin ihres Vaters, benahm sich gegenüber der Stiefmutter wenig zartfühlend, was wohl auch nicht ihrem Naturell entsprach. Auch Paulines braune Gesinnung und ihre Mitgliedschaft in der NSDAP trugen nicht zum besseren Verständnis der beiden Damen bei. Pauline wurde nach dem Krieg als Mitläuferin »entnazifiziert«.

1965 verstarb sie in Marienwahl. Selbst im Tode wollte sie in der Nähe ihrer geliebten Pferde sein, so erhielt sie von der Ludwigsburger Stadtverwaltung die Sondergenehmigung, auf ihrer Pferdekoppel bei Marienwahl bestattet zu werden. Während der Trauerfeier wurde ein Gatter geöffnet und die Pferde kamen herangaloppiert. Ein einfaches Steinkreuz kennzeichnete die eigenwilligste Grabstätte des württembergischen Königshauses.[8]

Nach Fürstin Pauline zu Wied ist in Stuttgart ein Brunnen benannt, der anlässlich ihrer Hochzeit 1898 geschaffen wurde. Die Brunnenschale war geschmückt mit einer Figurengruppe aus Bronze, Mutter und zwei Kinder, hergestellt nach einem Modell des berühmten Bildhauers Adolf Donndorf. Leider wurde die Bronzeplastik im Zweiten Weltkrieg eingeschmolzen.

Grüß Gott, Herr König!

Jeder Einwohner in Stuttgart oder Friedrichshafen wusste, wer kam, wenn zwei Spitzerhunde, fröhlich bellend, einem elegant gekleideten Herrn in Zivil voransprangen – der König unternahm seinen täglichen Spaziergang. Man grüßte höflich und er zog den Hut und grüßte freundlich zurück. Mit wenigen Ausnahmen, wie einmal am Bodensee, als sich ein kleiner heulender Bub gar nicht mehr beruhigen ließ. Auf die Nachfrage der Königin, weshalb er denn so schreie, rief er: »Deine Sau-Spitzer hend mir d' Hos verrisse!« Die Volksnähe dieses Königs, aus der seine große Popularität erwuchs, wurde nicht in allen Gesellschaftskreisen positiv bewertet. Freiherr Hans von Ow warf Wilhelm II. sein »unkönigliches, unvornehmes Auftreten« vor. Er meinte, gewisse Regeln sollten eingehalten werden und nicht aus Gutmütigkeit verloren gehen. Auch die Diplomatengattin Baronin von Spitzemberg bemängelte: »Sie sind eben keine Fürsten mehr von Gesinnung, sie mögen nicht mehr herrschen und geben sich selber auf, noch ehe sie aufgegeben werden.«

Der Adel befürchtete, die Monarchie könne durch den eher bürgerlichen Lebensstil des Königs Schaden nehmen, zumal auch das reich gewordene Großbürgertum inzwischen ähnlich feudal lebte wie der Adel, langsam verschwammen die Grenzen. Doch darf man sich nicht täuschen lassen: Wilhelm II. war durchaus standesbewusst, er kam im Habitus eines »Grandseigneurs«, war kein Biedermann, bei aller Volkstümlichkeit.

Wilhelm stand in dem Ruf, etwas träge zu sein und nicht besonders dynamisch, doch war er pflichtbewusst und verantwortungsvoll und nahm gewissenhaft seine vielen Termine wahr – häufig zusammen mit Charlotte. Er war keine Herrscherpersönlichkeit, verhielt sich innenpolitisch zurückhaltend, ernannte zwar die Minister, aber mischte sich möglichst wenig ein. Sicherlich kam seinen Neigungen entgegen, wenn er sich mehr der Kulturpolitik des Landes zuwandte. Nach seiner Thronbesteigung am 6. Oktober 1891 wurde bald klar, dass er keinen politischen Kurswechsel einschlagen wollte und sich nicht zum Werkzeug des Kaisers machen ließ, wie viele zu Beginn seiner Regierung befürchtet hatten. Er achtete auf eine reichstreue Politik, doch kam es immer wieder zu Spannungen zwischen Berlin und Stuttgart, denn die württembergischen Demokraten waren dem deutschen Kaiser suspekt, während sowohl Mittnacht als auch Wilhelm II. tolerant gegenüber den liberalen Strömungen im Lande waren. Ministerpräsident von Mittnacht blieb bis zu seiner Pensionierung 1900 im Amt. Die Sozialdemokraten ihrerseits zollten dem König Respekt: »Der schwäbische Demokrat geht selbstverständlich zu Hofe, wenn er geladen ist.«

Das Königspaar lebte persönlich sehr einfach, obwohl Wilhelm II. zu den reichsten Männern des Landes zählte. Er hatte ein Einkommen von beinahe drei Millionen Mark, wobei nur seine Civilliste steuerfrei blieb. Die Einkünfte aus dem Familienvermögen musste er, wie jeder Bürger auch, versteuern – allerdings genossen alle Mitglieder des königlichen Hauses volle Porto- und Zollfreiheit, was nicht unwichtig war.

Die Repräsentation am Hofe wurde auf ein Minimum beschränkt, Wilhelm und Charlotte hatten beide eine Abneigung gegenüber den steifen Hoffesten. Nur einmal im Jahr, im Januar, gab es einen Hofball, der gleichzeitig als Neujahrsempfang galt, bei dem 600 Gäste eingeladen waren. Dennoch war das Königspaar nicht ungesellig. Wilhelm führte so genannte »Herrenabende« im Wilhelmspalais ein, bei denen er das Gespräch und die Unterhaltung im zwanglosen Rahmen pflegte, ohne die einengende Hofetikette. Diese Abendessen fanden meist einmal im Monat im Winter statt. Es war eine Runde von 30 Gästen, Vertretern aus Wirtschaft, Kunst und Wissenschaft, aber auch Beamte aus den Ministerien oder Militärs. Hierbei sollten auch

Die Butter ist so oft ranzig, sie riecht sauer, ist entweder zu alt oder nicht richtig kühle aufbewahrt. Ich verlange dass die Butter frisch sei.

Ch

Anweisung Königin Charlottes an das Personal – sie moniert die ranzige Butter!

nicht hoffähige Bürger die Möglichkeit erhalten, den König einmal persönlich zu treffen. Dieser zeigte sich dabei auf vielen Gebieten immer gut informiert.

Kennzeichnend für König Wilhem II. war sein Humor, manchmal auch mit feiner Ironie gewürzt, wie beispielsweise in einem Brief an seinen Generaladjutanten, Freiherrn Hermann von Bilfinger: »Gestern waren [...] mit einer Anzahl Tübinger Stiftlern bei uns zu Tisch, heute kommt eine zweite Gruppe; heute Nachmittag wollen uns die Brooklin-Schwaben etwas vorsingen und sich bewirthen lassen.« Auch im Urlaub am Bodensee wurde ihnen häufig »etwas vorgesungen«, meist vom See aus, wenn sich herumgesprochen hatte, dass der König im Schloss war. Geduldig trat er dann auf den Balkon hinaus und winkte den Besuchern zu. Es wird berichtet, dass Charlotte nicht so begeistert war, wenn sich diese Szene am Tage mehrfach wiederholte. Der König soll sie dann manches Mal ermahnt haben: »Charlotte, für die Menschen da draußen ist es das erste Mal.«

Pferdestärken

Die Liebe zu Pferden verband die Familie König Wilhelms II. Charlotte kam aus dem Mekka des Reitsports und der Pferdezucht Ostböhmens. Nicht weit vom elterlichen Schloss entfernt liegt Pardubice mit einer der größten Reitbahnen der Welt, wo damals wie auch heute wieder alljährlich im Oktober das härteste Hindernisrennen Europas ausgetragen wird. In Chlumec befindet sich seit 1836 das große Gestüt der Familie Kinsky, die dort ihre berühmten Kinsky-Pferde, Isabellen und Falben mit goldglänzendem Fell, züchten. Das Schloss der Kinskys wurde zum Mittelpunkt der aristokratischen Gesellschaft Böhmens. So kam Charlotte schon früh in Berührung mit dem Reitsport, zumal auch die Geselligkeit unter den adeligen Familien sehr rege war. Im Sommer zog es alle in die meist sehr idyllisch inmitten herrlicher Parks gelegenen Landschlösser, die teilweise recht luxuriös ausgestattet waren. Dort besuchte man sich gegenseitig und genoss gemeinsame Ausritte oder Landpartien. Im Herbst war Jagdsaison.

Der König mit einem seiner prämierten Pferde

Es wundert also nicht, dass Charlotte eine ausgezeichnete Reiterin war und auch ihre Gespanne sicher zu lenken vermochte. Beleg dafür ist ein Bericht über einen Unfall, der sich am 1. Juli 1892 ereignete: Die Prinzessin fuhr in Begleitung ihrer Hofdame zu Königin Olga von Marienwahl nach der Villa Berg. Im Rosensteinpark brach plötzlich die Hinterachse ihres Wagens und die Pferde gingen durch, wobei der Kutscher vom Bock herabfiel. Auch der Lakai verletzte sich und wurde beim Versuch, die Zügel zu erfassen, mitgeschleift. Da behielt Charlotte die Nerven, setzte einen Fuß auf den Wagentritt und mit erheblicher Akrobatik gelang es ihr, die am Boden schleifenden Zügel zu ergreifen und die Pferde zum Stehen zu bringen. So wurde Schlimmeres verhütet, Kutscher und Lakai waren nur leicht verletzt und auch die Pferde konnten wieder beruhigt werden. Den Weg zur Villa mussten sie allerdings zu Fuß fortsetzen, doch Charlotte wurde wegen ihrer Unerschrockenheit allseits bewundert.

Nach dem Tod König Karls, der für Pferde wenig übrig hatte, erbte Wilhelm die Gestüte Weil und Scharnhausen, wo noch die vom Großvater, Wilhelm I., begründete Araber-Vollblutzucht bestand. Unter der Führung Wilhelms II. wurde diese zu einem einträglichen Geschäft ausgebaut und zusätzlich noch die Zucht englischen Vollbluts aufgenommen, die dem König sehr am Herzen lag. Daraus gingen hoch prämierte Pferde hervor, wie beispielsweise »Frauenfreund«, der 1922 das Deutsche Derby gewann. Die Gestüte verfügten anfangs (1891) über 59 Araberstuten mit 111 Fohlen und der Pferdehandel florierte. Selbst mit dem Sultan von Konstantinopel kam Wilhelm ins Geschäft, obwohl dies mit einigen Schwierigkeiten verbunden war. Auch gab es Fehlkäufe, wie bei einer Stute aus Amerika, die ohne das Zertifikat des New Yorker Jockey-Clubs, der damals höchsten Instanz, nach Württemberg kam und dann nicht gesund war. Um die Namen des Pferdenachwuchses kümmerte sich das Königspaar selbst, manches zeugt dabei von ihrem Humor, wie bei einem Pferd namens »Hagazussa« – so hieß eine Nonne des früheren Klosters in Weil, die ob ihrer lockeren Sitten in Verruf geraten war.[9]

Wilhelm und Charlotte nahmen regelmäßig bei großen Pferderennen teil, sei es in Baden-Baden oder Köln, wo ein guter Freund des Königs, Baron Eduard von Oppenheim, zu den vornehmsten Rennstallbesitzern zählte. Deshalb ließ Wilhelm in Weil eine hervorragende Rennbahn anlegen, damit auch in Württemberg entsprechende internationale Rennen ausgetragen werden konnten. Diese Weiler Rennen gehörten bald zu den glänzendsten gesellschaftlichen Ereignissen der Residenz. Alljährlich im Mai war hier Treffpunkt für die elegante Welt aus Adel, Militär und Großbürgertum. Freiherr Leo Geyr von Schweppenburg, der Sohn des langjährigen Oberstallmeisters, erinnert sich: »In einer dichten Wagenschlange bewegte man sich hinaus zum Gestüt in Weil, die Reiter waren am Sattelplatz, Menschengruppen vor dem Wettbüro, die Dragonerkapelle spielte Walzerklänge. Alles merkte auf, wenn die Königshymne intoniert wurde und ein Viererzug mit schwarzen Hengsten eintraf, der Wagen der Königin. Dahinter lenkte Wilhelm seine Schimmel und Füchse selbst.«

1905 wurde dem Königspaar ein erstes Auto der Marke Mercedes geliefert.

In Weil waren die besten Rennställe beteiligt, denn der »Schwa-benpreis«, mit 20 000 Mark dotiert, und der »Hohenlohe-Preis« des Fürsten Hohenlohe-Öhringen (2000 Mark), waren sehr begehrt. Kö-nigin Charlotte stiftete einen Ehrenpreis von 6300 Mark, den »Preis von Náchod«, als Reverenz an ihre böhmische Heimat. Auch die Wei-ler Pferde haben immer wieder Preise erzielt. Sein letztes Rennpferd erbrachte dem König eine Siegesprämie von 100 000 Mark.

Trotz dieser engen Verbundenheit mit Pferden verschloss sich das Königspaar dem Fortschritt nicht und setzte ab dem Jahre 1905 immer häufiger auf Wagen mit wesentlich mehr Pferdestärken. Ihr erstes Auto war ein Coupé mit 28 PS der Marke Mercedes, zwei Jahre später wech-selte man zu einem größeren Wagen mit 45 PS. Die Königin ließ sich gerne zum abendlichen Theaterbesuch mit dem Auto chauffieren, während der König immer noch mit der Kutsche vorfuhr. Doch den Jagdfreunden musste natürlich das neue Auto gezeigt werden und so fuhr man im September 1905 erstmals motorisiert zur beliebten Brom-berg-Hütte bei Bebenhausen, worüber König Wilhelm reimte:

Mit Auto auf die Hütte,
das war bis jetzt nicht Sitte,
was denken wohl die Hirsche,
von dieser Form der Pirsche!?

Zwei Jahre später notierte Königin Charlotte im Gästebuch besagter Jagdhütte: »Nach Besuch der Hütte auf dem Sträßchen mit Automobil in einem Loch über 1 Stunde stecken geblieben« – damals konnte noch kein ADAC per Handy gerufen werden![10]

Der erste Fahrer des Königs war Gustav Auer, ein Werkmeister der Daimler-Motoren-Gesellschaft, der lange Zeit im Dienste des Königshauses stand und nach dem Tod Wilhelms dessen Nachfolger, Herzog Albrecht, fuhr. Charlotte wurde in Bebenhausen zunächst von Chauffeur Schönberger gefahren, später dann von Heinrich Haug, der sie auch auf ihren Reisen nach Náchod begleitete, die sie ab den 30er-Jahren bis zum Kriegsbeginn stets mit dem Auto zurücklegte. Für ihren neuen roten Mercedes, den sie 1935 bekam, ließ sie Spezialkoffer anfertigen, die zentimetergenau in den Kofferraum passten, um das ganze Gepäck und die Mitbringsel transportieren zu können, denn sie reiste ja meist in Begleitung ihrer Hofdame, Baronin Falkenstein und des Freiherrn von Raßler.

Jagdleidenschaft

Wie sein Vater, Prinz Friedrich, und noch mehr sein Urgroßvater, König Friedrich I., war auch König Wilhelm II. ein leidenschaftlicher Jäger. Ungewöhnlich war, zumindest für die Württemberger, dass auch Königin Charlotte eine gute und vor allem begeisterte Jägerin war und mit dem König die Freude am Waidwerk teilte. Jedes Jahr im Oktober und November zog das Königspaar mit dem ganzen Hof für zwei Wochen nach Bebenhausen zum Jagdaufenthalt und es war eine Ehre, als Gast hier geladen zu sein. Alle drei Tage wechselte die Jagdgesellschaft, damit möglichst vielen Gästen diese Gelegenheit geboten werden konnte. Meist waren es Diplomaten und Mitglieder

der Regierung oder des württembergischen Adels, aber auch Familie und Freunde nahmen daran teil. Seine beiden Göttinger Studienfreunde, von Plato und von Neurath, hatten Wilhelm 1886 überredet, sein Jagdrecht im Schönbuch wieder auszuüben, und von da an ließ ihn das Jagdfieber nicht mehr los. Diese Jagdtage wurden bei Wind und Wetter ausgetragen, um die Mittagszeit kam man zu einem einfachen Frühstück auf der Hütte zusammen, um die steif gefrorenen Finger zu pflegen. Später gab es dann vom König selbst zusammengestellte Hüttendiners. Eines bestand aus: Kräutersuppe, Forellen aus dem Goldersbach, Ochsenfleisch mit Beilagen, Hirschkalbrücken, Salat, Dunstobst, Zwetschgenkuchen, Käse, Bretzeln, Früchte und Nachtisch.

Meist kam Königin Charlotte mit ihrer Hofdame zu Fuß zur Hütte und nahm »noch am Triebe teil, wobei sie manch guten Hirsch erlegt hat«. Denkwürdig war, als sie am 28. April 1905 einen Auerhahn erlegte, der erste, der im Schönbuch seit 230 Jahren geschossen worden war. Im Tübinger Forstamt waren die letzten Urhähne 1675 verzeichnet worden. Die Zeit unter König Wilhelm II. war eine erfolgreiche Jagdperiode im Schönbuch. Seine Majestät erlegte zwischen 1886 und 1921 insgesamt 244 Hirsche, darunter zwei Achtzehnender. Manche Jagdtrophäe des Königs wurde gar auf der Geweihausstellung in Berlin prämiert.

Die Kulturbeauftragte des Landes

Die Königswürde verlangte jedoch vielfältige Aufgaben, die über Jagdpassion und die Liebe zu Pferden weit hinausgingen. König Wilhelm II. äußerte einmal gegenüber dem Stuttgarter Oberbürgermeister Heinrich von Gauß, er sei sich seit seiner Thronbesteigung stets bewusst gewesen, dass der politischen Betätigung in einem Kleinstaat wie Württemberg verhältnismäßig enge Grenzen gezogen seien, auf dem Gebiet künstlerischer und wissenschaftlicher Bestrebungen aber hätten die deutschen Bundesstaaten ein reiches und dankbares Feld der Bearbeitung, er wolle Württemberg zu einem Kulturzentrum machen. In diesem Sinne war die Förderung zu sehen, die das Theaterleben, die Musikwelt, Kunst und Wissenschaft unter Wilhelms Regierung im Lande erfuhren.

Gleich zu Beginn seiner Regierung berief der König den noch jungen Joachim Gans Edler von Putlitz, den er noch aus preußischen Militärzeiten kannte, zum Intendanten des Stuttgarter Hoftheaters. Damit hatte er eine glückliche Wahl getroffen, denn die Stuttgarter Bühne entwickelte sich in der Ära Putlitz zu einer der führenden Theaterbühnen Deutschlands. Der König besprach selbst den Spielplan mit dem Intendanten, viele Manuskripte wurden an ihn geleitet und er versah manche mit Anmerkungen. Auch Charlotte las oftmals die Texte der Neueinstudierungen schon im Vorfeld oder sie erschien bei den Proben. Unter dem liberal eingestellten Königspaar kamen in Stuttgart zum Teil Stücke zur Aufführung, die andernorts der Zensur zum Opfer gefallen waren. Der Kaiser beobachtete es von Berlin aus mit Misstrauen. Einen hohen Stellenwert genoss die Oper, da Wilhelm und Charlotte große Opernfreunde waren, insbesondere Wagnerverehrer, daher besuchten sie regelmäßig die Festspiele auf dem grünen Hügel in Bayreuth und die Villa Wahnfried. Auch in Stuttgart gab es große Opernabende und Erstaufführungen, so beispielsweise »Falstaff« von Verdi. Zum Ensemble gehörten berühmte Sänger und Schauspieler wie Albin Swoboda aus Wien oder die unvergessene Anna Sutter, deren tragisches Schicksal damals die ganze Stadt bewegte. Sie wurde als Opfer eines Liebesdramas in ihrer Wohnung erschossen.

Seit 1901 standen der Hofbühne zwei Theater zur Verfügung, das Hoftheater, in dem vornehmlich Opern gespielt wurden, und das Wilhelmatheater, das dem Schauspiel vorbehalten blieb und an welchem die Goethe-Gesellschaft preisgünstige Sondervorstellungen gab. In der Nacht zum 20. Januar 1902, nach einer Aufführung der »Meistersinger«, ereignete sich ein Brand im Hoftheater, durch den das Gebäude bis auf die Grundmauern abbrannte. Noch in der Brandnacht erschien damals der König am Unglücksort und versicherte dem Intendanten, dass alle Verträge aufrecht erhalten blieben – eine große Beruhigung für das Ensemble und nicht selbstverständlich in einer Zeit, als Künstler noch nicht gut abgesichert waren. Am nächsten Morgen wurde dies bei einer Lagebesprechung im Königsbau allen mitgeteilt, worauf sämtliche Theaterangehörige – Musiker, Schauspieler, technisches Personal – sich in einem langen Zug zum Wohnsitz des Königs bewegten und sich dort im großen Saal versammelten. Sie wollten ihre Dankbarkeit ausdrücken und sangen und spielten alle gemeinsam für das Königspaar das »Wachet auf« aus den Meistersingern – Königin Charlotte hatte Tränen in den Augen vor Rührung und Erschütterung.

Schon nach einem halben Jahr konnte eine Interimsbühne, am Platze des heutigen Landtags, eröffnet werden, denn erst nach zehn Jahren war der Neubau des Hoftheaters fertig. Der Münchner Architekturprofessor Max Littmann, der mit der Planung beauftragt wurde, entwickelte ein neuartiges Konzept mit einem Großen Haus für Oper und einem Kleinen Haus für Schauspiel, das mit einem Verwaltungs- und Magazintrakt verbunden war. Am 14. September 1912 wurde das Theater mit einer Festwoche eingeweiht, wozu auch die Uraufführung der »Ariadne auf Naxos« von Richard Strauss unter der Regie von Max Reinhardt gehörte, bei der Strauss selbst dirigierte. Reinhardt bezeichnete das neue Theater als »das schönste Opernhaus der Welt«, vor allem wegen seiner einmaligen Lage an dem damals noch ovalen Theatersee, welcher den Schwung der runden Theaterfassade aufnahm und somit ein reizvolles Ensemble bildete.

Am Platz des alten Hoftheaters wurde 1913 ein neues Kunstgebäude für Ausstellungen eingeweiht, das heute mit seiner Kuppel und dem goldenen Hirsch, dem württembergischen Wappentier, zu einem markanten Punkt im Stuttgarter Stadtbild gehört. Schon im Jahre 1893 wurde mit Unterstützung Königin Charlottes der württembergische Malerinnen-Verein gegründet, in dem sich kunst- und kunstgewerbetreibende Frauen organisierten. Dieser Verein lag der Königin sehr am Herzen und im Jahre 1907 konnten sie ein eigenes Haus beziehen, in dem Künstlerinnen Wohnraum und Ateliers, aber auch Raum für Ausstellungen und Vorträge fanden. Außerdem ermöglichte der Verein den Künstlerinnen Besuche von Museen oder anderen historischen Kunststätten.

Nicht weit entfernt von der Heimat Charlottes liegt das »böhmische Paradies« mit bizarren Felsformationen, weshalb der Königin auch die Landschaft der Schwäbischen Alb mit ihren Höhlen und Felsen besonders gut gefiel, und sie war erfreut, dass eine neu entdeckte

Tropfsteinhöhle bei Hürben im Brenztal ihren Namen tragen sollte. Im September 1893 kündigte sie sich zur Besichtigung der »Charlottenhöhle« an, und Hürben stand Kopf, um diesen allerhöchsten Besuch würdig zu empfangen. Die Höhle wurde mit 150 zusätzlichen Lampen elektrisch beleuchtet, die in der Höhlenmitte die Initialen »CH« bildeten, der weitere Weg war mit Kerzen ausgeleuchtet. Die konditionsstarke Königin ging unerschrocken noch weiter in die Tiefe, bis sie in einem engen Durchschlupf mit ihrem bauschigen Rock und sonstiger kräftiger Figur stecken blieb – erst mit viel Ziehen und Schieben konnte sie befreit werden. Nach diesem Schrecken servierte ihr die Gemeinde einen Imbiss mit Kapaun, Champagner und dergleichen. Man vergaß nicht aufzuschreiben, was das gekostet hat: 9,40 Mark pro Gedeck, den Wochenlohn eines einfachen Arbeiters.

Neu im Aufgabenbereich einer württembergischen Königin war die Beteiligung an Schiffstaufen. Kaiser Wilhelm II. war sehr stolz auf seine Flotte und sorgte dafür, dass die Monarchen der Bundesstaaten in die Marine-Traditionen eingebunden wurden. Die Ehre, ein Schiff zu taufen, ging reihum. 1902 taufte das Königspaar gemeinsam in Wilhelmshaven das Linienschiff »Schwaben«. Zuvor schon, im Mai 1897, sollte Königin Charlotte die Taufe des Ersatzkreuzers »Freya« in Danzig vornehmen. Der erste Kreuzer war »von den Wellen verschlungen worden«.

Welcher Aufwand für derartige Unternehmungen betrieben wurde, soll einmal detailliert beschrieben werden: Chef der Delegation von Berlin aus war der württembergische Gesandte, Karl von Varnbüler, der zusammen mit Ministerpräsident von Mittnacht den Reiseplan für die Königin ausarbeitete. »Abfahrt in Stuttgart um 9.45 Uhr morgens, Ankunft in Berlin abends um 10.48 Uhr. Schnell mit den Wagen zum Schlesischen Bahnhof, dort Weiterfahrt um 11.20 Uhr (nachts) nach Danzig. Die Zeit ist knapp, aber gerade ausreichend, Gepäck wird vom Hofmarschallamt umgeladen und für schleunigste Expedition gesorgt, nur der Salonwagen I. M. kann nicht umgeleitet werden, es steht ein anderer Wagen für sie bereit. Ankunft in Danzig um 6.52 Uhr früh. Fahrt im Wagen zur Dienstwohnung des Oberwerftdirektors, Kapitän zur See von Wintersheim. Sie liegt direkt an der kaiserlichen Werft, dort

Wir Wilhelm II.

von Gottes Gnaden

König von Württemberg

thun kund und fügen hiemit zu wissen

Wir haben Uns bewogen gefunden, in den Statuten Unseres Friedrichs-Ordens nachstehende Aenderung eintreten zu lassen.

§. 4. Ziffer 1.) erhält als dritten Absatz folgenden Zusatz:

Als besondere Auszeichnung kann das Großkreuz auch mit der Krone oder kann die Krone zum Großkreuz verliehen werden. Diese — eine Königskrone in Gold — ist sowohl über dem Kreuz als auch an dem Stern, und zwar auf dem oberen silbernen Kreuzarme angebracht.

Gegeben Stuttgart, den 6. März 1899.

(gez.) Wilhelm.

(L. S.)

(gegengez.) Mittnacht.

König Wilhelm I. stiftete in Erinnerung an seinen Vater den Friedrichsorden. Wilhelm II. erweiterte die Statuten.

Königin Charlotte

wird seine Gattin die Honneurs machen. Die Taufe beginnt um 11 Uhr, danach Stapellauf. Um 1 Uhr gibt's Frühstück, wozu über 60 Personen, die Spitzen der hiesigen Behörden, geladen sind, hierfür stellt der Magistrat von Danzig den Artushof, ein althistorisches Gebäude, zur Verfügung. Das weitere Programm ist dann abhängig von I. M. Wünschen, Varnbüler empfiehlt: Werft, Kloster, Altstadt.«

Neben Königin Charlotte war Prinz Heinrich von Preußen anwesend, die Musikkapelle spielte die Hymne und nach der Taufe wurde für Charlotte »Preisend mit viel schönen Reden« intoniert. Die Feier endete mit einem Hurra auf die deutsche Marine. Offenbar hat Charlotte auf weitere Programmpunkte verzichtet, denn sie reiste gleich zurück nach Stuttgart, wo sie erst am nächsten Tag wieder eintraf. [11]

Soziales Engagement

Sehr hervorgehoben werden bei Königin Charlotte ihre große Hilfsbereitschaft und ihre vorbildliche Tätigkeit für die verschiedenen sozialen Institutionen im Lande. Allerdings gehörte dies auch zum Betätigungsfeld einer Königin, war ein Schwerpunkt ihrer Aufgaben und durfte von ihr erwartet werden. Von König Karl war Charlotte ein Legat von 400 000 Mark zu ihrer eigenen Disposition bestimmt worden, welches sie auch einsetzte. Ihr persönliches Interesse galt den Frauenfragen, sie unterstützte die »Selbständigmachung der Frauenwelt«. Sie selbst hob sich ja deutlich ab von dem Frauenbild der Zeit, mit ihrer Sportlichkeit und einer gewissen Selbständigkeit. Von den 32 Einrichtungen, deren Protektorat sie innehatte, seien hier nur wenige herausgegriffen.

Das Königin-Charlotte-Gymnasium

Neben dem Katharinen- und Olgastift war es die dritte höhere Bildungsanstalt für Mädchen in Stuttgart. Sie sollte auch den Mädchen humanistische Bildung vermitteln und ihnen die Möglichkeit geben, ein Abitur abzulegen. Neben den Schulen in Berlin und Karlsruhe war dies die dritte humanistische Bildungseinrichtung für Mädchen in Deutschland. Das Gymnasium wurde am 17. April 1899 gegründet. Es wundert nicht, dass Königin Charlotte mit dieser Schule sehr verflochten war, teilte sie doch die Bestrebungen der weiblichen Jugend nach mehr Selbständigkeit und besseren Bildungschancen. Deshalb verlieh sie der Schule auch gerne ihren Namen, manchmal erschien sie unangemeldet bei Schulfesten, womit sie die Lehrkräfte manchmal in protokollarische Schwierigkeiten brachte.

Maßgeblich beteiligt an der Schulgründung war die Palastdame der Königin, Olga Gräfin Üxküll-Gyllenbrand, die im Kuratorium saß, später im Aufsichtsrat und auch sonst im gesellschaftlichen Leben der Residenz eine große Rolle spielte. Eine ihrer Nichten, Karoline Gräfin Üxküll, heiratete den Oberhofmarschall Alfred Graf Schenk von Stauffenberg. Sie waren die Eltern der Hitlerattentäter Claus und Berthold von Stauffenberg. Eine andere Nichte der Gräfin Olga, Gertrud Gräfin Üxküll, wurde von ihr an die neue Schule als Leiterin der Gymnasialklasse berufen, die sich »Fortbildungsanstalt für Töchter gebildeter Stände und Mädchengymnasium« nannte. Das erste Schulgebäude stand in der Kronenstraße 41, erst zum zehnjährigen Bestehen der Schule kam der Umzug in die Hölderlinstraße 28, wo das Gymnasium heute noch besteht.

Die erste Schulleiterin war Fräulein Johanna Bethe, die vormalige Erzieherin der Königstochter Pauline. Danach übernahm die Gesamtleitung Gertrud Schwend-Üxküll. Sie starb sehr früh, ihre Nachfolgerin wurde Leontine Hagmaier, die 30 Jahre lang die Geschicke des Gymnasiums lenkte. Sie war einst die erste weibliche Abiturientin Deutschlands gewesen und bekam 1924 auch als erste Frau den Titel »Oberstudiendirektorin« verliehen. Die ersten vier Abiturientinnen, die 1904 die Prüfung am neuen Gymnasium bestanden, wurden von Königin Charlotte persönlich ins Wilhelmspalais eingeladen, für die jungen Damen ein großer Tag. Noch bis in die 50er-Jahre bereicherte eine von ihnen, Frau Dr. Gertrud Pfeilsticker-Stockmayer, alle Schulfeste und war als vielbewunderte erste Abiturientin Stuttgarts sozusagen eine lebende Legende.

Die Charlottenklinik

Auch die Charlottenklinik in Stuttgart trägt den Namen der Königin. 1883 gründete der Augenarzt Dr. Oskar Königshöfer, der auch weniger bemittelte Augenkranke operieren und stationär aufnehmen wollte, einen Verein, dessen Mitglieder durch ihre Spenden für die Pflegekosten aufkommen sollten. Diese »Dr. Königshöfer'sche Vereinsaugenheilanstalt für weniger Bemittelte und Arme« fand gute Unterstützung, besonders zu nennen ist der bekannte Fabrikant Dr. Gustav Siegle. Durch seine finanzielle Förderung konnte schon 1885 mit dem Bau einer Klinik an der Elisabethenstraße in Stuttgart begonnen werden, wo sie heute noch steht. Im Mai 1889 übernahm Prinzessin Charlotte die Schirmherrschaft und sorgte dafür, dass Spenden aus dem Königshaus oder Wohltätigkeitsveranstaltungen auch dieser Klinik zugute kamen. Nachdem sie Königin wurde, durfte sich die Anstalt »Charlottenheilanstalt für Augenkranke« nennen.

Daneben kümmerte sich Charlotte auch sehr um die Einrichtungen in Ludwigsburg, die schon von Prinzessin Marie ins Leben gerufen worden waren, das Maria-Martha-Stift für gebrechliche Kinder und das Wilhelms- und Charlottenstift für Kinder.

Während des Ersten Weltkriegs hatte Charlotte den Vorsitz beim Roten Kreuz Württemberg übernommen und war unermüdlich tätig bei der Organisation und in der Betreuung von Kranken und Verwundeten. Auch der König machte oft stundenlang Besuche in den Lazaretten, sprach mit jedem Kranken, immer gefolgt von einem Feldjäger, der eine respektable Kiste mit besten Zigarren trug, aus der jeder Verwundete vom König zwei Zigarren erhielt.

Gleichfalls engagierte sich Charlotte bei den Diakonissen und den Olgaschwestern. Im April 1894 war Charlotte schwer erkrankt, sie hatte sich beim Schwimmen eine Blutvergiftung zugezogen und erhielt wochenlange strengste Bettruhe verordnet. Damals benötigte sie eine intensive fachmännische Pflege. Und um niemand zu benachteiligen, wurden sowohl eine katholische Olgaschwester, wie auch gleichzeitig eine evangelische Diakonisse zur Hilfe ins Schloss gerufen.

Bei seiner Abdankung schrieb der König, auch seine Frau trenne sich nur schweren Herzens von den ganzen Institutionen, die sie über so lange Jahre hinweg betreut hatte.

Silberhochzeit, Regierungsjubiläum und das Ende der Monarchie

Am Tag der silbernen Hochzeit des Königspaares, am 8. April 1911, fand in Stuttgart und anderen Städten des Landes ein »schwäbischer Blumentag« statt, an dem von morgens bis abends Nelken, die Lieblingsblumen des Königs, verkauft wurden. Statt der bei solchen Anlässen üblichen Geldzuwendungen für soziale Zwecke sollten diesmal durch den Verkauf von Nelken oder auch Postkarten an nur einem Tag möglichst viel Geld gesammelt werden. Lange vorher schon gab es hierfür Aufrufe an alle Schwaben, selbst in Übersee, sich zu beteiligen. Eine Nelke oder eine Karte kostete 10 Pfennig. Sie wurden überall in der Stadt von weißgekleideten Mädchen verkauft, die sich durch eine Schleife in den württembergisch/schaumburg-lippischen Farben auswiesen. 10 000 Schleifen und 1,5 Millionen Nelken waren bestellt. Der Erlös dieser Aktion betrug 540 000 Mark und wurde vom Wohltätigkeitsverein an die verschiedenen Einrichtungen verteilt. »So ist das, was vom Volke kam, auch wieder ins Volk gegangen. Durch die bescheidene Blume der Barmherzigkeit wurde ein großes Werk geschaffen.«

Manche Bürger luden zu Veranstaltungen im privaten Kreis, bei denen ebenfalls Nelken verkauft wurden. Die ganze Stadt war förmlich in Nelken gehüllt, die Fassaden der Häuser, Pferde und Wagen – überall Nelken. Auf dem Schlossplatz, dem Marktplatz und im Stadtgarten fanden Promenadenkonzerte statt und, trotz des schlechten Wetters an diesem Tag, fuhr das Königspaar zusammen mit der Familie zu Wied und Herzogin Wera im offenen Wagen in der Stadt umher und zeigte sich den Menschen. Am Abend fand eine Abschlussfeier mit Musik und Tanz im Königsbau statt, bei welcher die ehrenamtlichen Helfer, vor allem die vielen Blumenmädchen, freien Eintritt hatten.[12]

Am 10. September 1910 fuhr das Luftschiff LZ 6 über den Cannstatter Wasen, ein Ereignis, das zahlreiche Schaulustige anlockte.

Nach dem Wunsche des Jubelpaares sollte das eigentliche Fest möglichst einfach gefeiert werden, nur mit der königlichen Familie, den Verwandten aus Bückeburg und Böhmen, der Familie Wied und den Gästen aus Baden und Sachsen. Von allen Seiten trafen Glückwünsche ein, selbst der Papst gratulierte dem protestantischen Monarchenpaar. Die Innenstadt war festlich geschmückt und abends herrlich beleuchtet, sämtliche Ladenbesitzer hatten sich angestrengt, mit aufwändigem Blumenschmuck ihre Fassaden zu verschönern. Der große Tag begann mit einem Gottesdienst, danach gab es die übliche Gratulationscour mit anschließendem Festbankett. Abends war Galavorstellung in der Hofoper. Es gab den »Sommernachtstraum«, wobei sich im Schlussbild die Bühne in ein Meer von silbernen Zweigen verwandelte. Spontan wurde dieser Regieeinfall vom Publikum bejubelt und man brachte dem Königspaar Ovationen dar.

Zur Silberhochzeit des Königspaares Wilhelm II. und Charlotte wurden von der Bevölkerung in großer Zahl Erinnerungskarten erworben.

Diesen Festtag der Silberhochzeit nahm ein langjähriger Freund und Weggefährte des Königs, Ferdinand Graf Zeppelin, zum Anlass, eine Huldigungsfahrt mit seinem Luftschiff zu Ehren des Königspaares zu inszenieren. Der Graf, der etwas älter war als Wilhelm, hatte den Prinzen während dessen Militärzeit in Berlin begleitet, da er sehr weltgewandt war. Zeppelin hatte später das preußische Militär verlassen,

Königin Charlotte

um sich ganz der Forschung und dem Bau seines Luftschiffes zu widmen. Hierbei erfuhr er immer die teilnehmende Unterstützung König Wilhelms, der nie am Erfolg dieser Erfindung gezweifelt hatte. Auch 1908, nach dem Unglück von Echterdingen, machte der König Zeppelin Mut und half ihm finanziell bei der Wiederaufnahme des Luftschiffbaus. Er stellte dem Grafen das Gelände der Domäne Manzell am Bodensee zur Verfügung. Zeppelin schrieb: »Nachdem ich dann das eigene Vertrauen in die Sicherheit meines Fahrzeugs durch die Mitnahme meiner Tochter bekundet hatte, durfte ich es wagen, auch I.K.H. einen Flug in die Lüfte anzubieten. Der 8. Juli 1908 ist der in der ganzen Welt bemerkte Ehrentag zur Ehre meines Unternehmens, da König Wilhelm und Königin Charlotte als 1. gekrönte Häupter einen Rundflug unternahmen« – er danke für diese Förderung.

Nun aber sollte am Morgen des 7. April 1911 das Luftschiff vom Bodensee aus in Richtung Residenzstadt starten, in einer Flughöhe von 600 bis 900 Metern. Der Chronist schildert, dass zwar die Sonne schien, doch sei es winterlich kalt gewesen, auch in der eleganten Kabine eisig, trotz Pelz und Cognac. »Dennoch genossen wir die Fahrt, um das Ulmer Münster herum war es von oben gesehen schwarz von Menschen, die mit Trommeln dem Grafen Zeppelin zujubelten. Dann ging die Fahrt weiter nach Stuttgart, wo der Graf über dem Schloss »Königsnelken« regnen ließ, die vom Wind weit verstreut wurden. Eine solche Huldigung wurde nie zuvor einem Herrscherpaar zuteil!« [13]

Mitten in den Ersten Weltkrieg fiel das 25-Jahr-Regierungsjubiläum Wilhelms II., Anfang Oktober 1916. Deshalb hatte sich das Königspaar ein bescheidenes Fest und keinerlei Geschenke ausbedungen. Dafür rief es zu einer so genannten Jubiläumsspende auf. Überall wurde gesammelt, selbst die Schwaben-Vereine in Übersee beteiligten sich. So kam die hohe Summe von 2 525 000 Mark zusammen, die zur Linderung der Not der Kriegsopfer eingesetzt wurden. Der König war sehr gerührt über die große Resonanz in der Bevölkerung und die Spendenfreudigkeit und bedankte sich mit bewegten Worten.

Zum offiziellen Festakt versammelte sich die königliche Familie im Marmorsaal des Schlosses, um die Glückwünsche der Minister, des diplomatischen Corps und der Abordnungen des Landes entgegenzunehmen. Es wurden dabei auch Orden verliehen, vornehmlich das Charlottenkreuz, für besondere Verdienste an Verwundeten und der Zivilbevölkerung. Trotz des schlechten Wetters ließen es sich die Menschen nicht nehmen, die Auffahrt der Gäste im Schlosshof zu beobachten. Der Hymnuschor brachte dem Königspaar ein Morgenständchen und abends spielte die Hofkapelle ein großes Konzert im Beisein aller königlichen Gäste. Zur bleibenden Erinnerung an diesen Tag wurde eine silberne Münze mit den Porträts der Monarchen geprägt und eine Sonderbriefmarke herausgegeben.

Es ist viel darüber berichtet worden, wie wenig Anlass es eigentlich in Württemberg dafür gab, politisch etwas grundsätzlich zu verändern oder die bestehende Staatsform abzuschaffen. Es herrschte allgemein ein gewisser Wohlstand im Lande und mit der Person des Königs und seiner Haltung des »Regierenlassens« war wenig Kritik verbunden. Wenn dennoch auch in Württemberg die Wellen der Revolution hochschlugen, so war dieses nicht gegen den Monarchen selbst gerichtet, sondern, wie es treffend ein Spartakist formulierte: »'s ischt wege dem Syschtem«. In diesen ersten Novembertagen des Jahres 1918 wankten überall in Deutschland die Throne, die Erregung besonders über den Deutschen Kaiser war groß.

Am 2. November begannen in Stuttgart Straßenumzüge, weshalb man zur Sicherheit des Königs die Wache vor dem Wilhelmspalais auf 18 Mann verstärkt hatte. Sie erhielten jedoch die Order, bei Unruhen zunächst nicht zu schießen, um Blutvergießen zu vermeiden. Am 8. November fand eine von der Regierung genehmigte Demonstration der Sozialdemokraten statt und am folgenden Tag zog schon vom Morgen an ein Arbeiterzug die Neckarstraße herauf bis zum Waisenhaus und vor das Wilhelmspalais. Dort nahm der König gerade die Vereidigung des neuen Ministerpräsidenten Liesching vor, der dem Freiherrn von Weizsäcker in diesem Amt nachfolgen sollte. Einige Arbeiter, denen es dann gelang, bis zum König vorzudringen, verlangten, die rote Fahne auf dem Dach des königlichen Wohnsitzes zu hissen. Wilhelm betonte, »dies sei Hausfriedensbruch, aber er beuge sich der rohen Gewalt«. Bis zum Abend zogen sich nun die Verhandlungen hin, die dem Königspaar eine ungehinderte Abreise sichern und

Nr. 23.

Regierungsblatt
für
Württemberg.

Ausgegeben Stuttgart, Freitag, den 13. Dezember 1918.

Inhalt:
Thronverzicht des Königs. Vom 30. November 1918. S. 263.

An das Württemberger Volk!

Wie ich schon erklärt, soll meine Person niemals ein Hindernis sein für die freie Entwicklung der Verhältnisse des Landes und dessen Wohlergehen.

Geleitet von diesem Gedanken, lege ich mit dem heutigen Tage die Krone nieder.

Allen, die mir in 27 Jahren treu gedient oder mir sonst Gutes erwiesen haben, vor allem auch unsern heldenmütigen Truppen, die durch vier Jahre schwersten Ringens mit größtem Opfermut den Feind vom Vaterlande fern gehalten haben, danke ich aus Herzensgrund, und erst mit meinem letzten Atemzuge wird meine Liebe zur teuren Heimat und ihrem Volke erlöschen.

Ich spreche hiebei zugleich im Namen meiner Gemahlin, die nur schweren Herzens ihre Arbeit zum Wohle der Armen und Kranken im bisherigen Umfang niederlegt.

Gott segne, behüte und schütze unser geliebtes Württemberg in alle Zukunft!

Dies mein Scheidegruß.

Bebenhausen, den 30. November 1918.

Wilhelm.

Nach dem Thronverzicht König Wilhelms II. am 30. November 1918 wurde die Bevölkerung in der Presse darüber offiziell informiert.

Schutz gewähren sollten. Danach verließ Wilhelm II. zusammen mit Königin Charlotte, die sich die ganze Zeit im Hintergrund gehalten hatte, seine Residenz in Richtung Bebenhausen. Dort war man bemüht, den so überraschend eintreffenden »Majestäten« noch schnell eine warme Mahlzeit zu servieren, was den König zu der Bemerkung veranlasste, er hätte nicht erwartet, in seinem Lande noch etwas zu essen zu bekommen. Am 30. November 1918 erschien ein Extrablatt mit der öffentlichen Thronverzichtserklärung.

An Herzog Albrecht war gerichtet: »Wehe getan hat mir tief in der Seele die Katastrophe des 9. November und der Abschied für immer von Haus und Vaterstadt.« Nie wieder wollte er Stuttgart betreten, selbst im Tode nicht, weshalb man bei der Überführung seines Leichnams nach Ludwigsburg die Stadtgrenze nicht berührte, seinen Wunsch also respektierte.

Der Witwensitz Bebenhausen

Nach seiner Abdankung lebte das Königspaar hauptsächlich im Schloss Bebenhausen, welches ihnen vom Staat auf Lebenszeit überlassen worden war. Die Räumlichkeiten in den alten Klostermauern waren schon unter König Karl modernisiert worden, um die damals baufällig gewordene Anlage nicht dem Verfall preiszugeben. Viele Räume besaßen elektrisches Licht und eine Dampfheizung. Von der Küche gab es einen mechanischen Aufzug direkt ins Speisezimmer und auch die Bäder entsprachen der damaligen Vorstellung. Kurz, es ließ sich dort recht komfortabel wohnen. Im Sommer hatten sie nach wie vor die Möglichkeit, in das Schloss Friedrichshafen zu übersiedeln, welches im privaten Besitz der nunmehr herzoglichen Familie verblieb. König Wilhelm nahm bei seiner Abdankung den Titel eines Herzogs von Württemberg an, vom Staat wurde ihm eine Rente von jährlich 200 000 Mark bewilligt, die dann nach seinem Tod für Charlotte auf 70 000 Mark reduziert wurde.

Wenn sie auch kein politisches Amt mehr innehatten, so nahmen beide doch regen Anteil am Tagesgeschehen. Beim Volk war der einst so populäre König nicht vergessen, er wurde mit Briefen überschüttet, die er zu beantworten hatte. Häufig kamen auch Besucher ins Schloss. Charlotte lebte sich schnell in der Dorfgemeinschaft von Bebenhausen ein, kannte bald jeden Bewohner und gehörte mit der Zeit einfach dazu, was im Schwäbischen ein hohes Maß an Akzeptanz ausdrückt. Für die Dorfjugend hatte sie stets etwas Schokolade oder ein paar Bonbons in der Tasche.

Ende September 1921 erkrankte Herzog Wilhelm plötzlich schwer an einer fiebrigen Bronchitis, es kamen Herz-Kreislauf-Probleme hinzu und am 2. Oktober, einem Sonntag, schloss er am Vormittag für immer

Nach seiner Abdankung lebte das Königspaar als Herzog und Herzogin von
Württemberg in Bebenhausen.

Der Leichenkondukt des ehemaligen württembergischen Königs Wilhelm II. fährt durch Feuerbach. Nach dem Willen Wilhelms sollte der Trauerzug die Stadtgrenzen Stuttgarts nicht berühren.

die Augen. Seine rasch herbeigeeilte Tochter Pauline fand ihn schon nicht mehr bei Bewusstsein. Sein Leichnam wurde im offenen Sarg im Sommerrefektorium des alten Klosters aufgebahrt. Seine Forst- und Jagdbeamten hielten die Totenwache. Man hatte den Raum mit herbstlichen Zweigen aus dem Schönbuch ausgeschmückt, durch die hohen gotischen Fenster schien die Oktobersonne herein. Es muss sehr stimmungsvoll gewesen sein. Den Trauergottesdienst am 6. Oktober hielt Prälat von Hoffmann, dann wurde der Sarg nach Ludwigsburg überführt und auf dem Alten Friedhof neben Wilhelms erster Frau und den Kindern beigesetzt. Weit über 100 000 Menschen sollen den Trauerzug begleitet und ihm die letzte Ehre erwiesen haben.

Nach Wilhelms Tod kam es zu komplizierten und unschönen Erbteilungen, sowohl mit dem Staat wegen des Kronguts als auch innerhalb der Familie. Pauline war von ihrem Vater als Alleinerbin eingesetzt worden und nahm viele persönliche Gegenstände und Erinnerungsstücke mit. Hier zeigte sich deutlich das gespannte Verhältnis zur Stiefmutter. Mit dem neuen Chef des Hauses Württemberg, Herzog Albrecht, verstand sich Charlotte sehr gut, dennoch suchte sie nun verstärkt den Kontakt zu ihrer eigenen Familie. Regelmäßig verbrachten ihre Nichten und Neffen aus Bückeburg und Náchod die Sommerwochen bei der »Tante Königin«, wie sie genannt wurde, und es entwickelte sich in Bebenhausen ein regelrechter Familientreffpunkt. Mit ihrer Hofdame, Baronin Elsa von Falkenstein, verband Charlotte in all den Jahren eine vertrauensvolle Freundschaft. Die Baronin lebte noch lange nach Charlottes Tod in Tübingen und ist dort im Karolinenstift gestorben.

Den Zweiten Weltkrieg erlebte Charlotte an ihrem Witwensitz in Bebenhausen. Während der Bombennächte im Luftschutzkeller war sie besonders um die Kinder bemüht, brachte jedes Mal Gebäck oder Ähnliches aus der Schlossküche mit und versuchte, mit guter Stimmung alle etwas zu beruhigen. In ihren letzten Lebensjahren litt sie stark unter Arthritis, die sie oft in den Rollstuhl zwang. 1944 kam noch ein leichter Schlaganfall hinzu. Nach Kriegsende 1945 drangen plündernde französische Besatzungssoldaten ins Schloss ein. Es herrschte großes Chaos, bis sich ein Offizier der ehemaligen Königin annahm und das Schloss unter seinen Schutz stellte. Anfang 1946 kam Charlottes Schwester Alexandra zu Schaumburg-Lippe nach Bebenhausen, sie war zusammen mit ihrem Bruder und dessen Frau Antoinette aus Böhmen über die Grenze nach Schlesien geflohen. Fürst Friedrich war auf dieser Flucht in Bad Kudova gestorben, die anderen waren noch wochenlang in einem Viehwaggon unterwegs.

Nun wollte Alexandra bei ihrer Schwester bleiben, doch Charlotte verstarb ganz überraschend am 16. Juli 1946 an Herzversagen. Es war ein strahlender Sommertag, man hatte einen Ausflug mit dem Auto geplant, als sich Charlotte plötzlich unwohl fühlte und die Ausfahrt absagen musste – schon am selben Nachmittag ist sie gestorben. Wie ihr Gemahl wurde auch sie im Sommerrefektorium aufgebahrt, der örtliche Pfarrer Gruner hielt den Trauergottesdienst unter der großen Anteilnahme des ganzen Dorfes. Äußerst schwierig gestaltete sich in der Besatzungszeit, geeignete Transportmittel und Passierscheine zu bekommen, sowohl für die Überführung des Leichnams als auch für die Trauergäste, die an der Beisetzung teilnehmen wollten. Bebenhausen lag in der französischen Zone, deshalb benötigte man die Genehmigung zum Eintritt in das von den Amerikanern besetzte Ludwigsburg. Dennoch gelang es, die württembergische Herzogsfamilie und die noch lebenden Geschwister Charlottes am Grabe zu versammeln.[14]

Königin Charlotte im Kreuzgang des Klosters Bebenhausen. Im benachbarten Schloss verbrachte sie ihre letzten Lebensjahre.

Schluss

Der Abschied von der letzten württembergischen Königin ging verhältnismäßig leise vonstatten, die große Öffentlichkeit nahm nur wenig Notiz von ihrem Tode. Waren noch beim Ableben König Wilhelms II. Tausende auf den Beinen und gedachten der verklungenen Monarchie, so lag jetzt ein Weltkrieg dazwischen und die Menschen hatten mit den Wirren der Nachkriegszeit zu kämpfen. Auch die einst von Charlotte betreuten Institutionen waren längst in die öffentliche Hand übergegangen, sodass auch von dieser Seite wenig Resonanz kam. So ist mit dem Tod Charlottes, der ehemaligen Königin von Württemberg, die letzte gekrönte Monarchin des Landes still und weitgehend unbemerkt zu Grabe getragen worden.

Stammtafel Charlotte zu Schaumburg-Lippe

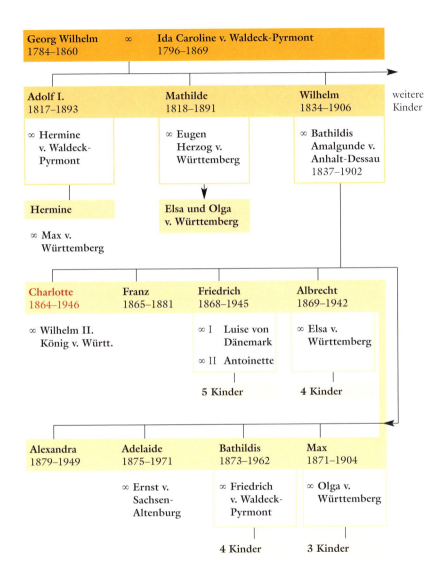

Georg Wilhelm 1784–1860 ∞ **Ida Caroline v. Waldeck-Pyrmont** 1796–1869

Adolf I. 1817–1893
∞ Hermine v. Waldeck-Pyrmont

Mathilde 1818–1891
∞ Eugen Herzog v. Württemberg

Wilhelm 1834–1906
∞ Bathildis Amalgunde v. Anhalt-Dessau 1837–1902

weitere Kinder

Hermine
∞ Max v. Württemberg

Elsa und Olga v. Württemberg

Charlotte 1864–1946
∞ Wilhelm II. König v. Württ.

Franz 1865–1881

Friedrich 1868–1945
∞ I Luise von Dänemark
∞ II Antoinette
5 Kinder

Albrecht 1869–1942
∞ Elsa v. Württemberg
4 Kinder

Alexandra 1879–1949

Adelaide 1875–1971
∞ Ernst v. Sachsen-Altenburg

Bathildis 1873–1962
∞ Friedrich v. Waldeck-Pyrmont
4 Kinder

Max 1871–1904
∞ Olga v. Württemberg
3 Kinder

Quellen- und Literaturverzeichnis

Aubry, Octave: Letizia Bonaparte. Napoleons Mutter in ihren Briefen. Hrsg. von Piero Misciatelli. Zürich/Leipzig 1937.

Bach, Max: Stuttgarter Kunst 1794–1860. Nach gleichzeitigen Berichten, Briefen und Erinnerungen. Stuttgart 1900.

Bacmeister, Albert: Wilhelm II. König von Württemberg. Ludwigsburg 1898.

Beckh, Heinrich: Aus den Zeiten des König Friedrichs, in: Württembergische Neujahrsblätter. Stuttgart 1890.

Blumenthal, Paul: 150 Jahre russische Kirchengemeinde in Stuttgart. Ludwigsburg 1948.

Boelcke, Willi A.: Millionäre in Württemberg. Herkunft – Aufstieg – Traditionen. Stuttgart 1997.

Bott, Gerhard: Prunksilber einer Zarentochter. Katalog zur Ausstellung im Bergbaumuseum. Klagenfurt 2001.

Brandstätter, Horst/Holwein, Jürgen (Hrsg.): Stuttgart. Dichter sehen eine Stadt. Stuttgart 1989.

Brügel, Rudolf: Unvergessenes Stuttgart. Begegnungen nach der Jahrhundertwende. Stuttgart 1958.

Bruns, Victor (Hrsg.): Württemberg unter der Regierung König Wilhelms II. Stuttgart 1916.

Bütterlin, Rudolf: Zur Biographie Marianne Czartoryskas. In: Zeitschrift für württembergische Landesgeschichte, 48. Jahrgang (1989).

Calwer Verlagsverein (Hrsg.): Württembergische Kirchengeschichte. Calw 1893.

Chevallier, Bernard: Kaiserin Joséphine. Napoleons große Liebe. München 1991.

Decker-Hauff, Hansmartin: Katharina. In: Festschrift zum 150-jährigen Bestehen des Katharinen-Stifts. Stuttgart 1968.

Decker-Hauff, Hansmartin: Katharina von Russland. Königin von Württemberg und ihr Hospital. Jubiläums-Vortrag. Stuttgart 1980 (Veröffentlichungen des Archivs der Stadt Stuttgart, Band 31).

Decker-Hauff, Hansmartin: Frauen im Hause Württemberg. Hrsg. von Wilfried Setzler, Volker Schäfer und Sönke Lorenz in Zusammenarbeit mit Andreas Schmauder. Leinfelden-Echterdingen 1997.

Diemel, Christa: Hoher Rang und »glänzendes Elend«. Hofdamen im 19. Jahrhundert. In: Frauen bei Hof. Hrsg. vom Haus der Geschichte Baden-Württemberg in Verbindung mit der Landeshauptstadt Stuttgart durch Otto Borst. Tübingen 1998 (Stuttgarter Symposion Schriftenreihe, Band 6).

Dieterich, Susanne: Württemberg und Russland. Geschichte einer Beziehung. Leinfelden-Echterdingen 1994.

Dieterich, Susanne: Liebesgunst. Mätressen in Württemberg. Leinfelden-Echterdingen 1996.

300 Jahre Schloss Ludwigsburg: Hofgeschichten. Stuttgart 2004.

300 Jahre Schloss Ludwigsburg: Ludwigsburger Geschichtsblätter Nr. 58. Ludwigsburg 2004.

300 Jahre Schloss Ludwigsburg. Schwerpunktnummern von Schlösser Baden-Württemberg. Hefte 2/2004 bis 4/2004.

Elias, Otto-Heinrich: König Wilhelm I. In: 900 Jahre Haus Württemberg. Leben und Leistung für Land und Volk. Hrsg. von Robert Uhland. Stuttgart 1984.

Elias, Otto-Heinrich: Bemerkungen zur Biographie Königin Katharinas von Württemberg. In: Aus südwestdeutscher Geschichte. Festschrift für Hans-Martin Maurer. Dem Archivar und Historiker zum 65. Geburtstag. Im Auftrag des Württembergischen Geschichts- und Altertumsvereins und der Kommission für Geschichtliche Landeskunde in Baden-Württemberg hrsg. von Wolfgang Schmierer u.a. Stuttgart 1994.

Feldmann, Hans/von zur Mühlen, Heinz (Hrsg.): Baltisches historisches Ortslexikon. Teil 2: Lettland. Köln/Wien 1990 (Quellen und Studien zur baltischen Geschichte, Band 8).

Feller, Ilse/Fritz, Eberhard: Württemberg zur Königszeit. Die Photographien des Herzogs Philipp von Württemberg. Stuttgart 1990.

Fellmeth, Ulrich : Geschichte der Universität Hohenheim. Begleitkatalog zum »Museum zur Geschichte Hohenheims« im Spielhaus/Exotischer Garten Universität Hohenheim. Hrsg. vom Archiv der Universität Hohenheim. Stuttgart 1994.

Festschrift 75 Jahre Paulinenstift. Friedrichshafen 1931.

Festschrift: 100 Jahre Goethe-Gymnasium Ludwigsburg. Ludwigsburg 1982.

Festschrift zur Jubelfeier der 25-jährigen Regierung S. M. des Königs Wilhelm von Württemberg. Ludwigsburg 1841.

Fitzgerald, Percy: The Royal Dukes and Princesses of the Family of Georg III. London 1882.

Fleischhauer, Ingeborg: Die Deutschen im Zarenreich. Zwei Jahrhunderte deutschrussische Kulturgemeinschaft. Stuttgart 1986.

Fleischhauer, Werner: Die Boisserée und Stuttgart. In: Zeitschrift für württembergische Landesgeschichte, 45. Jahrgang (1986).

Fritz, Eberhard: König Wilhelm und Königin Katharina von Württemberg. Studien zur höfischen Repräsentation im Spiegel der Hofdiarien. In: Zeitschrift für württembergische Landesgeschichte, 54. Jahrgang (1995).

Fritz, Eberhard: Schloss Ludwigsburg als Sommerresidenz. Friedrich von Württemberg und seine Hofhaltung im frühen 19. Jahrhundert. In: Ludwigsburger Geschichtsblätter, Band 58 (2004).

Fritz, Eberhard: Transskript Korrespondenz zwischen Sekretär Huber und Prinz Paul von Württemberg. Archiv des Hauses Württemberg, Altshausen.

Fromm, Leberecht: Geschichte der Familie Zeppelin. Schwerin 1875.

Gerok, Karl: Palmblätter. Stuttgart 1886.

Gönner, Eberhard: König Wilhelm II. In: 900 Jahre Haus Württemberg. Leben und Leistung für Land und Volk. Hrsg. von Robert Uhland. Stuttgart 1984.

Gollbeck, Eduard: Pferdezucht in Württemberg. In: 900 Jahre Haus Württemberg. Leben und Leistung für Land und Volk. Hrsg. von Robert Uhland. Stuttgart 1984.

Grauer, Karl-Johannes: Wilhelm I. König von Württemberg. Ein Bild seines Lebens und seiner Zeit. Stuttgart 1960.

Griesinger, Theodor: Wilhelm I. König von Württemberg. Ein Gedenkbüchlein für das schwäbische Volk. Stuttgart 1864.

Günzel, Klaus: Der Wiener Kongress. Geschichte und Geschichten eines Welttheaters. München/Berlin 1995.

Haller, Johannes: Aus dem Leben des Fürsten Philipp zu Eulenburg. Berlin 1924.

Haller, Johannes: Lebenserinnerungen. Gesehenes – Gehörtes – Gedachtes. Stuttgart 1960.

Hartmann, Julius: Chronik der Stadt Stuttgart. Stuttgart 1886.

Haug, Hans: Bebenhausen. Geschichten und Erinnerungen rund um unser Dorf. Nr. 4/2002 und Nr. 12/2003. In: Mitteilungsblatt für Bebenhausen.

Haus der Kunst, München (Hrsg.): Krieg und Frieden. Eine deutsche Zarin in Pawlowsk. München 2001.

Hellinghaus, Otto: Carl Maria von Weber in seinen Briefen. Freiburg i. Br. 1924.

Herdt, Gisela: Der württembergische Hof im 19. Jahrhundert. Studien über das Verhältnis zwischen Königtum und Adel in der absoluten und konstitutionellen Monarchie. Dissertation, Universität Göttingen 1970.

Hieber, Ulrich (Hrsg.): Friedrich Wilhelm Hackländer, ein Preusse in Schwaben. Heidenheim a. d. Brenz 1970 (Schwäbische Lebensläufe, Band 6).

Hölzle, Erwin: Württemberg im Zeitalter Napoleons und der Deutschen Erhebung. Eine deutsche Geschichte der Wendezeit im einzelstaatlichen Raum. Stuttgart/Berlin 1937.

Hofmann-Hege, Charlotte: Tausend Sterne hat die Nacht. Ein außergewöhnliches Leben. Heilbronn 1995.

Jena, Detlef: Katharina Pawlowna. Großfürstin von Russland – Königin von Württemberg. Regensburg 2003.

John, Timo: Die königlichen Gärten des 19. Jahrhunderts in Stuttgart. Worms 2000.

Justinus-Kerner-Verein Weinsberg: Mitteilungen. Heilbronn 1999.

Katharina Pawlowna, Königin von Württemberg. Darstellungen aus der Geschichte ihres Geistes und Lebens. Cannstatt 1821.

Kiste, John van der: The Georgian Princesses. Stroud 2000.

Kleine, Georg Helmut: Der württembergische Ministerpräsident Freiherr Her-

mann von Mittnacht. (1825–1909).
Stuttgart 1969 (Veröffentlichungen der
Kommission für Geschichtliche Landes-
kunde in Baden-Württemberg, Band 50)

Kleinmichel, Marie Gräfin: Bilder aus einer
versunkenen Welt. Lebenserinnerungen.
Berlin 1922.

Kemp, Friedhelm (Hrsg.): Rahel Varnhagen
– Briefwechsel mit August Varnhagen
von Ense. München 1967 (Lebensläufe,
Band 9).

Die Königin Witwe Charlotte Mathilde von
Württemberg. Nekrolog. Württembergische Jahrbücher 1828.

Königliche Möbel in Schloß Ludwigsburg.
Johannes Klinckerfuß, ein württembergischer Ebenist (1770–1831). Begleit-
heft zur Ausstellung, Schloß Ludwigsburg, Bildergalerie, 28. April bis 25. Juni 1989. Sigmaringen 1989.

Kretschmar, A.: Ein Sommer in Russland –
Kaiser Nikolaus' Hof- und Feldlager.
Grimma 1846.

Kühn, Joachim: Prinzessin Mathilde Bonaparte. Die Bonapartes nach Napoleon.
Stuttgart 1968.

La Garde, August de: Gemälde des Wiener
Kongresses. 1814–1815. Erinnerungen,
Feste, Sittenschilderungen, Anekdoten.
Wien/Leipzig 1912.

Lahnstein, Peter: Ludwigsburg. Aus der Geschichte einer europäischen Residenz.
Stuttgart/Berlin/Köln/Mainz 1968.

Landfester, Ulrike/Loos, Friderike (Hrsg.):
Lieber Kronprinz! Liebe Freundin!
Briefwechsel zwischen Bettine von Arnim und Karl von Württemberg. Mit einem Anhang: Briefwechsel zwischen
Bettine von Arnim und Julius von Hardegg. Heidelberg 1998.

Ledderhose, Karl Friedrich: Die Herzogin
Henriette von Württemberg, geb. Prinzessin von Nassau-Weilburg. Ein Lebensbild der Gegenwart. Heidelberg
1867.

Lehmann, Hartmut: Pietismus und weltliche
Ordnung in Württemberg vom 17. bis
zum 20. Jahrhundert. Stuttgart/Ber-
lin/Köln/Mainz 1969.

Leisching, Eduard (Redaktion): Der Wiener
Congress. Culturgeschichte, die bilden-
den Künste und das Kunstgewerbe,
Theater – Musik in der Zeit von 1800
bis 1825. Mit Beiträgen von Bruno Bu-
cher u. a. Wien 1898.

Lincoln, W. Bruce: Nicholas I. Emperor and
Autocrat of All the Russias. Reprint,
Bloomington 1989.

Lindemann, Martha: Die Heiraten der Romanows und der deutschen Fürstenhäuser im 18. und 19. Jahrhundert und ihre Bedeutung in der Bündnispolitik der
Ostmächte. Berlin/Bonn 1935.

Lippe, Pauline zur: Eine Fürstin unterwegs.
Reisetagebücher der Fürstin Pauline zur
Lippe 1799–1818. Bearbeitet von Hermann Niebuhr. Detmold 1990 (Lippi-
sche Geschichtsquellen, Band 19).

Lorenz, Sönke u. a. (Hrsg.): Das Haus
Württemberg. Ein biographisches
Lexikon. Hrsg. von Sönke Lorenz, Die-
ter Mertens und Volker Press in Zusammenarbeit mit Christoph Eberlein, Andreas Schmauder, Harald Schukraft und
dem Institut für Geschichtliche Landeskunde und Historische Hilfswissenschaften der Eberhard-Karls-Universität
Tübingen. Stuttgart 1997.

Mann, Golo: Friedrich von Gentz. Geschichte eines europäischen Staatsmannes. Zü-
rich/Wien 1947.

Marquardt, Karl: Die Geschichte der Orthopädie im Königreich Württemberg. Dissertation, Universität Tübingen 1964.

Martenson, Sten: Württemberg und Russland im Zeitalter der deutschen Eini-
gung. 1856–1870. Die diplomatischen
und dynastischen Beziehungen eines
deutschen Mittelstaates. Göppingen
1970 (Göppinger akademische Beiträge,
Band 4).

Matthisson, Friedrich von: Das Dianenfest bei
Bebenhausen. Dargestellt. Zürich 1813.

Maucler, Eugen von/Maucler, Friedrich
von: Im Dienste des Fürstenhauses und
des Landes Württemberg. Die Lebenserinnerungen der Freiherren Friedrich und
Eugen von Maucler (1735–1816). Bearbeitet von Paul Sauer. Stuttgart 1985
(Lebendige Vergangenheit, Band 9).

Maurer, Friedrich: Elend und Aufstieg in
den Tagen des Biedermeier. Erinnerungen und Tagebuchblätter. (1812–1906).
Hrsg. von Walter Meyer. Stuttgart 1969
(Lebendige Vergangenheit, Band 5).

Merkle, Jacob: Katharina Pawlowna Königin
von Württemberg. Stuttgart 1889.

Merkle, Jacob: Segensreiche Wirksamkeit
durch vier Generationen. Stuttgart
1893.

Merten, Klaus: Schlösser in Baden-Württemberg. Residenzen und Landsitze in Schwaben, Franken und am Oberrhein. München 1987.

Merz, Heinrich: Christliche Frauenbilder. Stuttgart 1886.

Meyer, Stefan: Georg Wilhelm Fürst zu Schaumburg-Lippe. (1784–1860). Absolutistischer Monarch und Großunternehmer an der Schwelle zum Industriezeitalter. Dissertation, Universität Hannover 2005.

Missenharter, Hermann: Herzöge, Bürger, Könige. Stuttgarts Geschichte, wie sie nicht im Schulbuch steht. Stuttgart 1955.

Mittnacht, Hermann Freiherr von: Rückblicke. Stuttgart 1909.

Mohl, Robert von: Lebenserinnerungen. 1799–1875. Stuttgart/Leipzig 1902.

Montgelas, Maximilian Graf von: Denkwürdigkeiten des Bayerischen Staatsministers Maximilian Graf von Montgelas (1799–1817). Im Auszug aus dem Französischen Original übersetzt von Max von Freyberg-Eisenberg und hrsg. von Ludwig von Montgelas. Stuttgart 1887.

Mosapp, Hermann: Karl Gerok. Ein Lebensbild. Stuttgart 1890.

Mosapp, Hermann: König Wilhelm II. von Württemberg. Sein Leben und seine Regierung, zur 25jährigen Jubelfeier derselben, 6. Oktober 1916 für Württembergs Volk und Jugend dargestellt. Stuttgart 1916.

Müller, Ernst: Stiftsköpfe. Schwäbische Ahnen des deutschen Geistes aus dem Tübinger Stift. Heilbronn 1938.

Oehler, K. Eberhard: Maria Dorothea von Württemberg. Ein Leben für Ungarn. Metzingen 2003.

Orthopädische Klinik Paulinenhilfe (Hrsg.): 150 Jahre Paulinenhilfe Stuttgart. Stuttgart 2002.

Oßwald-Bargende, Sybille: Die Hofschauspielerin Amalie von Stubenrauch. In: Schlösser Baden-Württemberg, Heft 2/2005.

Palm, Adolf: Briefe aus der Bretterwelt. Ernstes und Heiteres aus der Geschichte des Stuttgarter Hoftheaters. Stuttgart 1881.

Palm, Adolf: König Karl in seinem Wesen und Wollen. In: Schwäbische Heimat, Band 11.

Palm, Adolf: Königin Pauline von Württemberg. Ein Lebensbild. Stuttgart 1891.

Palmer, Alan Warwick: Alexander I. Der rätselhafte Zar. Aus dem Englischen von Irmingard Bechtle. Taschenbuchausgabe, Frankfurt/Berlin 1994 (Ullstein-Buch, Nr. 35402).

Peters, Karin: Herzogin Henriette von Württemberg und ihr soziales Wirken in Kirchheim unter Teck. Ein Beitrag zur Sozialgeschichte Württembergs des frühen 19. Jahrhunderts. Kirchheim unter Teck 1975 (Schriftenreihe des Stadtarchivs Kirchheim unter Teck, Band 1).

Pfitzer, Klaus: Festschrift des Königin-Olga-Stifts [1998].

Philippi, Hans: Das Königreich Württemberg im Spiegel der preußischen Gesandtschaftsberichte 1871–1914. Stuttgart 1972 (Veröffentlichungen der Kommission für Geschichtliche Landeskunde in Baden-Württemberg, Band 65).

Podewils, Sophie Dorothee Gräfin (Hrsg.): Traum der Jugend goldner Stern. Aus den Aufzeichnungen der Königin Olga von Württemberg. Aus dem französischen [Manuskript] übersetzt und hrsg. von Sophie Dorothee Gräfin Podewils. Pfullingen 1955.

Praschl-Bichler, Gabriele: Die Habsburger in Salzburg. Graz/Stuttgart 1999.

Pschyrembel Klinisches Wörterbuch. 260., neu bearbeitete Auflage. Berlin 2004

Raible, G. F.: Königin Olga. Schwabens Volk zur dankbaren Erinnerung. Stuttgart 1892.

Rehm, Max: Königin Katharina von Württemberg. Ihr Leben und Wirken nach Selbstzeugnissen und im Spiegel der Zeitgenossen 1788–1819. Stuttgart 1968.

Reinbeck, Georg von: Catharina von Württemberg. Ein Musterbild für gekrönte Frauen. Stuttgart 1842.

Ritz, Albert: Der Günstling des Königs. Stuttgart 1933.

Roth, Karl Ludwig: Erinnerungen an die sittliche Wirksamkeit der verewigten Königin Katharina von Württemberg. Stuttgart 1821.

Sachs, Jetta: Poesie und Algebra. Als Erzieherin am griechischen Hof. Biographischer Roman. Heilbronn 1991.

Sachs-Collignon, Jetta: Königin Olga von Württemberg. Historischer Roman. Mühlacker/Irdning 1991.

Sauer, Paul: Wenn Liebe meinem Herzen fehlt, fehlt mir die ganze Welt. Herzogin Wera von Württemberg, Großfürstin von Russland (1854–1912). Herausgegeben von der Evangelischen Heilandskirchengemeinde Stuttgart. Filderstadt 2004.

Sauer, Paul: Der schwäbische Zar. Friedrich – Württembergs erster König. Stuttgart 1984.

Sauer, Paul: Geschichte der Stadt Stuttgart. Band 3: Vom Beginn des 18. Jahrhunderts bis zum Abschluss des Verfassungsvertrags für das Königreich Württemberg. Stuttgart 1995.

Sauer, Paul: Reformer auf dem Königsthron. Wilhelm I. von Württemberg. Stuttgart 1997.

Sauer, Paul: Regent mit mildem Zepter. König Karl von Württemberg. Stuttgart 1999.

Sauer, Paul: Württembergs letzter König. Das Leben Wilhelms II. Stuttgart 1994.

Schäfer, Gerhard: Die Evangelische Kirche in Württemberg. In: 900 Jahre Haus Württemberg. Leben und Leistung für Land und Volk. Hrsg. von Robert Uhland. Stuttgart 1984.

Schiemann, Theodor (Hrsg.): Die Ermordung Pauls und die Thronbesteigung Nikolaus I. Neue Materialien. Berlin 1902.

Schiemann, Theodor: Geschichte Russlands unter Kaiser Nikolaus I. Berlin 1904.

Schloßberger, August: Der erste Besuch der Kaiserin Josephine von Frankreich. Stuttgart 1888.

Schlözer, Kurd von: Aus einem köstlichen Leben. Ausgewählte Briefe. Stuttgart/Berlin 1935.

Schneider, Eugen: Aus der württembergischen Geschichte. Vorträge und Abhandlungen. Stuttgart 1926.

Schnitzler, Johann Heinrich: Geheime Geschichte Russlands unter den Kaisern Alexander und Nikolaus. Unter besonderer Berücksichtigung der Krisis von 1825. Grimma 1847.

Schukraft, Harald: Denkmal der Freundschaft. Herzog Friedrich II. und Reichsgraf Johann Carl von Zeppelin. In: Ars et amicitia. Beiträge zum Thema Freundschaft in Geschichte, Kunst und Literatur. Festschrift für Martin Bircher zum 60. Geburtstag am 3. Juni 1998. Hrsg. von Ferdinand van Ingen und Christian Juranek. Amsterdam 1998. (Chloe, Beihefte zum Daphnis, Band 28).

Schukraft, Harald: Die Grablegen des Hauses Württemberg. Stuttgart 1989.

Schukraft, Harald: Wie Stuttgart wurde, was es ist. Ein kleiner Gang durch die Stadtgeschichte. Tübingen 1999.

Schumann, Hans: Königin Katharina von Württemberg. Stuttgart 1993.

Schwab, Gustav: Lebens-Abriß Ihrer Majestät, der am 9. Januar 1819 verewigten Königin Catharina von Württemberg. Zur Trauer-Feier den 5. und 7. März 1819. Stuttgart 1819.

Schwab, Gustav: Lebens-Abriß Ihrer Majestät, der am 6ten October verewigten Königin Wittwe Charlotte Auguste Mathilde von Württemberg. Zur Trauer-Feier den 4ten und 9ten November 1828. Stuttgart 1828.

Schweizerbarth-Roth, Elise Melitta von: Erinnerungen einer alten Stuttgarterin. Stuttgart 1925.

Stuart, Dorothy: Daughters of Georg III. London 1939.

Temperley, Harold (Hrsg.): Das Tagebuch der Fürstin Lieven mit politischen Skizzen und einigen Briefen. Aus dem Englischen von Thea Nowak. Berlin 1926

Torke, Hans-Joachim (Hrsg.): Die russischen Zaren. 1547–1917. München 1995.

Uhland, Robert (Hrsg.): 900 Jahre Haus Württemberg. Leben und Leistung für Land und Volk. Stuttgart 1984.

Uhland, Robert (Hrsg.): Das Tagebuch der Baronin Eveline von Massenbach. Hofdame der Königin Olga von Württemberg. Stuttgart/Berlin/Köln/Mainz 1987.

Gemeinschaft der Freunde des Königin-Charlotte-Gymnasium (Hrsg.): 70 Jahre Königin-Charlotte-Gymnasium, 10 Jahre in Stuttgart-Möhringen. Redaktion: Hans-Georg Hofacker. Stuttgart 1984.

Vierhaus, Rudolf (Hrsg.): Das Tagebuch der Baronin Spitzemberg, geb. Freiin von Varnbüler. Aufzeichnungen aus der Hofgesellschaft des Hohenzollernreiches. Göttingen 1960 (Deutsche Geschichtsquellen des 19. und 20. Jahrhunderts, Band 43).

Weber, Karl Julius: Deutschland, oder Briefe eines in Deutschland reisenden Deutschen. 4 Bände. 2., vermehrte und verbesserte Auflage, Stuttgart 1834 (Carl Julius Weber's sämmtliche Werke, Band 4–7).

Weber, Carl Maria von: Sämtliche Schriften. Kritische Ausgabe von Georg Kaiser. Berlin 1908.

Weber-Kellermann, Ingeborg (Hrsg.): Eine preußische Königstochter. Glanz und Elend am Hofe des Soldatenkönigs in der Memoiren der Markgräfin Wilhelmine von Bayreuth. Aus dem Französischen übersetzt und 1910 herausgegeben von Annette Kolb. Neu herausgegeben von Ingeborg Weber-Kellermann. Frankfurt am Main 1981.

Widmann, Wilhelm: Der Schwabenkönig und sein Haus! Eine Jubiläumsschrift. Stuttgart 1916.

Wied, Fürstin [Pauline] zu: Vom Leben gelernt. Ludwigsburg 1953.

Wiese, Wolfgang: Johannes Klinckerfuß. Ein württembergischer Ebenist. Sigmaringen 1988.

Wildermuth, Adelheid (Hrsg.): Briefwechsel zwischen Justinus Kerner und Ottilie Wildermuth 1853–1862. Heilbronn 1927.

Wilhelm II. – »Württembergs geliebter Herr«. Hrsg. zur Erinnerung an seinen 80. Geburtstag. Stuttgart 1928.

Willmann, Anni: Der gelernte König. Wilhelm II. von Württemberg. Ein Porträt in Geschichten. Stuttgart 1993.

Wintterlin, Friedrich: Nikolaus Friedrich Thouret. In: Allgemeine Deutsche Biographien. 1866.

Wocker, Karl Heinz: Königin Victoria. Eine Biographie. Düsseldorf 1978.

Württembergischer Evangelischer Lehrer-Unterstützungs-Verein (Hrsg.): Aus der Zeit König Wilhelm I. von Württemberg. Stuttgart 1913 (Württembergische Volksbücher, Band 9).

Württembergische Jahrbücher für Statistik und Landeskunde.

Zanker, Richard: Geliebtes altes Stuttgart. Erinnerungen und Begegnungen. Stuttgart 1963.

Zeppelin, Eberhard Graf: Karl I. König von Württemberg. Ein Gedenkblatt im Auftrag des Vereins für Geschichte des Bodensees. Lindau 1892.

Ziegler, Uwe: Die württembergischen Badeorte im 19. Jahrhundert. In: Speculum Sueviae. Beiträge zu den historischen Hilfswissenschaften und zur geschichtlichen Landeskunde Südwestdeutschlands. Festschrift für Hansmartin Decker-Hauff zum 65. Geburtstag. Im Auftrag der Kommission für Geschichtliche Landeskunde in Baden-Württemberg und des Instituts für Geschichtliche Landeskunde der Universität Tübingen hrsg. von Hans-Martin Maurer und Franz Quarthal. Stuttgart 1982.

Sonstige Quellen

Archiv des Hauses Württemberg, Altshausen: Hofdiarien.
Notizen der Königin Olga.
Hauptstaatsarchiv Stuttgart:
Württembergisches Hausarchiv:
G – Bestände.
E 55 Ministerium für Familienangelegenheiten, kgl. Haus.
E 36 Ministerium für auswärtige Angelegenheiten.
E 14 Königliches Kabinett.
Q 2/3 Nachlass Dr. Berthold von Fetzer.
Q 2/24 Nachlass Bertha Haag.
Niedersächsisches Landesarchiv, Fürstliches Hausarchiv Schaumburg-Lippe, Bückeburg: F1 C II Nr. 1 und F1 C I Nr. 2, 2a, 2b.
Landeskirchliches Archiv Stuttgart: Bestände A 26.
The National Archives, London: SP 54/ 24.
Stadtarchiv Stuttgart: Akten des Hölderlin-Gymnasiums, Stuttgart.
Grundbuchamt und Archiv der Gemeinde Goldach, Kanton Sankt Gallen, Schweiz.
Archiv der Albert-Schweitzer-Schule – Paulinenpflege Stuttgart.
Schlossmuseum Ratiboritz, Tschechien.
Archiv DaimlerChrysler AG: Register für Commissionen der DMG 1903–1925.
Jagdgästebuch: Privatbesitz.

Anmerkungen

Abkürzungen

HstA: Hauptstaatsarchiv Stuttgart

Königin Charlotte Mathilde

1 Bericht von Sir Nathanael Wraxhall, in: Fitzgerald, S. 258.
2 Tagebuch der Mrs. Harcourt, in: Kiste, S. 120.
3 James B. Burges, Politiker und Schriftsteller, in: Stuart, S. 17.
4 Bericht von Lady Louisa Stuart, in: Stuart, S. 30.
5 Kühn, S. 2ff.
6 Aubry, S. 185.
7 Bericht des 17-jährigen Herzogs Eugen von Württemberg, einem Neffen Kurfürst Friedrichs, der bei diesem Fest als Gast teilgenommen hatte.
8 Acta vom 28. April 1798, A 26/574, landeskirchliches Archiv, Stuttgart.
9 Schukraft, 1998, S. 670.
10 Chevallier, S. 276.
11 Bericht von Miss Wynn, in: Fitzgerald, S. 46.
12 Schukraft 1989, S.101.
13 Brief an Sir Cox Hippisley, in: Stuart, S. 64.
14 Berichte des Freiherrn von Gemmingen, HStA G 268.
15 Wocker, S. 32ff.
16 In: Maurer 1969
17 Festschrift »100 Jahre Goethe-Gymnasium Ludwigsburg«, S. 7.

Königin Katharina

1 Decker-Hauff 1968, S. 6.
2 Jena, S. 32.
3 Lindemann, S. 66.
4 Pschyrembel Klinisches Wörterbuch.
5 Palmer, S. 267.
6 Grauer, S. 113.

7 Garde, S. 216.
8 HStA G 270 Bü 1.
9 Praschl-Bichler, S. 65.
10 HStA G 270 Bü 10.
11 Brandstätter/Holwein, S. 114.
12 HStA G 270 Bü 8 und E 14 Bü 36.

Königin Pauline

1 Oehler, S. 16.
2 Bütterlin, S. 224.
3 HStA G 246 Bü 26, Brief Zar Alexanders vom Februar 1819.
4 HStA G 246 Bü 25 + 26
5 »Une famille noble sous la terreur«, Erinnerungen der Écherolles; Altenburg, 1846.
6 HStA G 271 Bü 1, Brief vom 5. Oktober 1816.
7 Diemel, S. 184ff.
8 Oßwald-Bargende, S. 32.
9 HStA G 268 Bü 38.
10 Kühn, S. 342.
11 HStA G 271 Bü 2.
12 Hofdiarien.
13 Brandstätter/Holwein, S. 220.
14 Kühn, S. 188.
15 Chronik Gemeinde Goldach, Kanton St. Gallen.
16 Grundbuchamt Goldach, pers. Einsichtnahme d. Verfasserin.
17 Leitbild Stiftungsrat, Nov. 2000.
18 Marquardt, S. 49.
19 Festschrift Paulinenhilfe, S. 61.

Königin Olga

1 Kretschmar, S. 54.
2 Kleinmichel, S. 13.
3 Vierhaus, S. 59ff.
4 Schlözer, S. 93.
5 Podewils, S. 198.
6 Schlözer, S. 109.
7 Uhland 1987, S. 163.
8 Landfester/Loos, S. 68.
9 Hieber, S. 91. Die Familie des Barons Spitzemberg war französischen Ursprungs.
10 Landfester/Loos, S. 69.

11   Martenson, S. 15.
12   Vierhaus, S. 87.
13   Hofdiarien.
14   HStA G314 Bü2.
15   Pschyrembel Klinisches Wörterbuch.
16   HStA G314 Bü2.
17   Marquardt, S. 59.
18   Pfitzer.
19   HStA G314 Bü5.
20   HStA Q2/24.
21   HStA Q2/24, Brief vom 9. Dez. 1888.
22   Uhland, S. 132.
23   Mündlicher Bericht des
     Landeshistorikers Dr. Gerhard
     Raff, Stuttgart.

Königin Charlotte

1   Klemp, S. 131.
2   Meyer, S. 271.
3   dto., S. 289.
4   Festschrift 75 Jahre Paulinenstift.
5   Sauer 1994, S. 36.
6   Preußische Kreuz Zeitung,
     Beilage Nr. 85 vom 8. April 1886.
7   Philippi, S. 185.
8   Schukraft 1989, S. 154.
9   HStA. E 14/ Bü 319 und E 55/
     Bü 658.
10   Jagdgästebuch.
11   HStA. E 55/ Bü 678.
12   Landeskirchliches Archiv A 26/
     Bü 572.
13   dto.
14   Persönliche Erinnerungen von Hans
     Haug, Bebenhausen (dem die Autorin
     hiermit herzlich dankt).

Bildnachweis

Harald Schukraft

Kleine Geschichte des Hauses Württemberg

Die fast tausendjährige Geschichte des Hauses Württemberg
vom renommierten Landeshistoriker Harald Schukraft:
knapp, fundiert und unterhaltsam zu lesen.
Mit vielen historischen und aktuellen Bildern.

300 Seiten, 190 Abbildungen, fester Einband.
ISBN 978-3-87407-725-X

In Ihrer Buchhandlung.

Silberburg-Verlag

www.silberburg.de

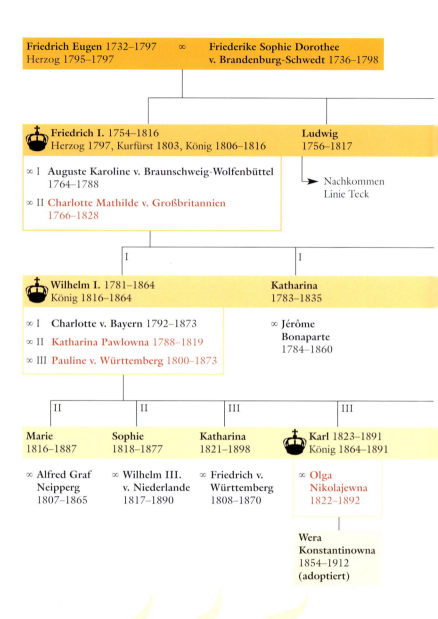

Friedrich Eugen 1732–1797   ∞   Friederike Sophie Dorothee
Herzog 1795–1797   v. Brandenburg-Schwedt 1736–1798

Friedrich I. 1754–1816
Herzog 1797, Kurfürst 1803, König 1806–1816

∞ I Auguste Karoline v. Braunschweig-Wolfenbüttel
      1764–1788
∞ II Charlotte Mathilde v. Großbritannien
      1766–1828

Ludwig
1756–1817

→ Nachkommen
   Linie Teck

I

I

Wilhelm I. 1781–1864
König 1816–1864

∞ I   Charlotte v. Bayern 1792–1873
∞ II   Katharina Pawlowna 1788–1819
∞ III Pauline v. Württemberg 1800–1873

Katharina
1783–1835

∞ Jérôme
  Bonaparte
  1784–1860

II   II   III   III

Marie   Sophie   Katharina   Karl 1823–1891
1816–1887   1818–1877   1821–1898   König 1864–1891

∞ Alfred Graf ∞ Wilhelm III. ∞ Friedrich v. ∞ Olga
  Neipperg   v. Niederlande Württemberg   Nikolajewna
  1807–1865   1817–1890   1808–1870   1822–1892

                                                Wera
                                                Konstantinowna
                                                1854–1912
                                                (adoptiert)

Stammtafel
der württembergischen
Könige